DÉCOUVREURS D'AMÉRIQUES
1492-1550

MARIE HÉLÈNE FRAÏSSÉ

DÉCOUVREURS D'AMÉRIQUES

1492-1550

L'aventure, la rencontre, le pillage

ALBIN MICHEL

Cartes : André Leroux

© Éditions Albin Michel S.A., 1991
22, rue Huyghens, 75014 PARIS

ISBN 2-226-05586-X
ISSN 0761-5582

À Élise, à Alain,
patients compagnons de la traversée.

Les côtes bordaient, en ce temps-là, l'inconnu de la « mer Ténébreuse ». Qu'y avait-il dans l'Océan ? Qu'y avait-il au bout ? Les pointes occidentales de l'Europe se nommaient « fin des terres ». Ce n'était pas figure de style. Le piéton breton, basque, galicien, se voyait riverain de l'infini. Il le peuplait de ses hantises – poissons géants, dragons souffleurs, trou des eaux – , parfois de rêves paradisiaques.

Un peu plus tard surgirent des îles, de plus en plus d'îles, puis une terre ferme, de plus en plus étendue, puis un nouvel océan. Le piéton partit sur l'eau, se fit explorateur, chercheur d'or, coureur de bois, gaucho, planteur, céréalier, marchand d'esclaves, bâtisseur, businessman...

Plus tard encore, le monde commença à se boucler sur lui-même. Terres, mers, rivières, cordillères, tout fut répertorié, figuré. Le piéton de la sphère, dont les ressources s'épuisaient à vue d'œil, se sentit à l'étroit. Le voyage ne fut bientôt plus que la vérification du connu, son radotage. Si tout départ demeurait empreint de la magie des découvertes, le désenchantement guettait. Rencontrant son reflet dans le regard de son semblable, le voyageur identifia sa propre dégradation en « touriste ».

On inventa la mode « aventure », naïf succédané des vertiges. Mais l'audace et l'émotion portaient trop d'autocollants. Le public en quelques saisons se lassa. Le défi, il fallait s'y résoudre, avait déserté la géographie. Allait-on le retrouver dans le cosmos ? Le cerveau humain, l'infiniment petit ?

La nostalgie des horizons ouverts s'accrochait. Où étaient les caravanes de l'impossible, les embarquements pour l'ailleurs ?

Le prisonnier de la sphère, coincé dans le grillage des méridiens et des parallèles, regarda sa bibliothèque et aperçut des in-quarto, parfaitement lisibles quoique rongés par le temps et écrits dans une langue archaïque... Récits du temps des « Découvertes », chroniques d'une planète énigmatique, dangereuse, pleine de mirages et de méprises. Une planète que l'Europe avait eu l'aveuglement de juger dévolue à ses ambitions personnelles.

Le voyage rétrospectif éblouit, et troubla. À l'excitation du jamais-vu se joignit l'accablement du désastre.

La rencontre qui, sous les yeux du lecteur, met face à face l'Européen et l'Amérindien est un choc. Psychologique, matériel, microbien. Celui de deux entités ignorant tout l'une de l'autre, vouées à en créer une troisième qui ne sera pas leur somme. Le paradoxe y est constant. Le même individu peut y révéler une foi sincère et un opportunisme parfaitement cynique. L'avidité y côtoie l'héroïsme. La recherche d'un continent s'y solde par la trouvaille d'un autre. Des caps sont confondus avec des îles, des bêtes prises pour des humains, et vice versa.

Tout compte fait, le plus réjouissant de cette affaire réside dans l'alternance de l'erreur féconde et de la réussite inaperçue. Leçon d'absurde, de modestie, de progression erratique du savoir.

Sur les routes maritimes et terrestres du Nouveau Monde, nous ne tiendrons pas compte de la distinction usuelle entre « découvreurs » (audacieux navigateurs) et « conquérants » (tristes soldats cupides). Tous ont obéi à des valeurs identiques, celles d'une Europe chrétienne persuadée de sa « mission » et de sa rectitude. Tous ont jeté un œil à la fois curieux et supérieur sur le « sauvage ». Tous ont exploré, tous ont exploité, tous ont eu du mal à ajuster leur vision face à la radicale nouveauté du pays et des usages.

Nous assisterons, au nord comme au sud, à la scène initiale toujours identique, toujours différente : le « découvreur » face au « découvert »... Premier croisement de regards, premier geste s'efforçant d'exprimer, hors de tout code, l'intention amicale. L'autochtone offre le produit de sa terre, fruits, poissons, fourrures. L'étranger distribue hachettes, grelots, qu'il sait être de la pacotille. Tout de suite après, il demande s'il y a de l'or. La suite, on le voit, est déjà inscrite. D'un côté ceux qui viennent prendre. De l'autre ceux qui sont là de toute éternité : accueillants, perméa-

bles – jusqu'à la « consommation », au sens strictement aliment-
taire, de l'étranger.

Dès le premier moment, l'inégalité des chances saute aux yeux.
Mais dans ce théâtre forain des civilisations affrontées, aucun
public n'est là pour crier que le vilain approche, et qu'il faut
prendre garde.

Par l'action combinée du calcul, de la manipulation psychologique, du mensonge, mieux que par les armes, les Européens
parviendront rapidement à leurs fins. Plus les sociétés amérindiennes seront complexes, hiérarchisées, plus vite elles tombe-
ront sous leur coupe. Énigmatique paralysie du sédentaire,
incomparablement supérieur en nombre, et qui n'aurait qu'un
mot à dire...

Le demi-siècle que nous partons visiter est véritablement celui
qui a *changé la face du monde*. Entre les dernières cartes inspi-
rées par Ptolémée à la fin du XVe siècle et celle de Desceliers
en 1550, la planète double de surface. Elle s'adjoint un océan plus
vaste que prévu (l'Atlantique), un continent immense et imprévu,
un nouvel océan (Pacifique) encore plus immense... Il n'y a plus
de « bout du monde ». Tout mène à tout, pourvu qu'on vogue assez
longtemps, qu'on marche suffisamment.

Ici se déploie une galerie de personnages. Non qu'il s'agisse de
« célébrer » tel ou tel, dans le concert des fiertés nationales qui
scande l'anniversaire des cinq cents ans de « la Découverte ». Ces
commémorations, ne l'oublions jamais, sont à sens unique. Un
aborigène d'Australie, rencontré à l'occasion du « Bicentenaire »
de la première colonie, en 1988, me glissa dans l'oreille : *« De-
mande-t-on à la communauté juive de fêter le jour inaugural des
camps de concentration ? »*

Si Colomb, Cabot, Cortès, Cartier et les autres, sont au cœur
des chapitres qui vont suivre, c'est que chacun, par son initiative
individuelle, son énergie, son ambition (parfois sordide, pas toujours), a étendu considérablement la zone de contact entre le
« Nouveau » et l'« Ancien » Monde. L'approche par les personnages
peut paraître inadéquate et datée. Force est de constater que
l'Amérique s'est faite à coup d'audaces très personnelles. Les
protagonistes s'y sont révélés d'incroyables parieurs. La plupart
– cela ne les « rachète » en rien – ont mal fini. Tués par les
naturels, dévorés, désavoués par les leurs, désabusés, exécutés...

À vrai dire le personnage principal n'est aucun d'entre eux. Pas même Colomb, le marin génial, mystique et susceptible. C'est le continent lui-même, cette «quatrième partie du monde», riche de civilisations, de plantes, de bêtes inouïes, qui laisse ses premiers visiteurs médusés, et qui finira – effet du hasard encore – par porter le nom d'un lettré florentin entiché de cosmographie. Terre d'Amerigo, Amérige, America, Amérique. Nom féminin, l'un des seuls de toute cette histoire «entre hommes».

C'est sur elle que nous mettons le cap, dans l'odeur des bois de charpente, des toiles neuves, des goudrons. La croisière, d'étape en étape, fournira nombre d'informations glanées à des sources éparses, contradictoires, érudites. Souhaitons qu'elle gagne en clarté ce dont elle s'est «délestée» en complexité.

1.

Les marges du monde

Tout le monde sait, en cette fin du XVᵉ siècle, que la Terre est ronde. Personne, sauf dans les cercles savants fréquentés par le jeune chanoine Copernic, n'imagine qu'elle tourne. Encore moins qu'elle effectue une ellipse autour du soleil. Galilée lui-même n'apparaîtra sur la scène scientifique, avec ses convictions sulfureuses, qu'un siècle plus tard.

Pour Colomb, pour Vasco de Gama, arpenteurs de l'inconnu, la Terre est au centre de l'univers, et fixe. Voilà qui n'aide pas à comprendre les courants marins et les vents infléchis par la rotation terrestre. On se contente de l'observation des phénomènes, et des conclusions pratiques concernant la navigation.

En tout cas elle est ronde. C'en est fini de la grande boîte rectangulaire chapeautée par la voûte céleste, que décrivait Cosmas d'Alexandrie au VIᵉ siècle. Adieu le « disque mystique » d'Isidore de Séville, tout aussi catégorique que son prédécesseur. Tant pis pour saint Augustin refusant de croire à l'existence des antipodes – ces lointains où d'autres hommes marcheraient la tête en bas, qui faisaient s'esclaffer Lactance, le « Cicéron chrétien » :

« Qui serait assez fou pour penser qu'il existe des hommes avec les pieds au-dessus de la tête, des lieux où les choses seraient suspendues de bas en haut, où les arbres pousseraient à l'envers, où la pluie tomberait en remontant ? »

On notera l'arrogance scientifico-théologique, dont les siècles suivants auront tant de mal à se défaire...

Au XVᵉ siècle, donc, la Terre est ronde. Disons : *à nouveau* ronde. Les augustes Pères de l'Église, toujours prêts à allumer un petit bûcher pour remettre les idées en place, avaient simplement ignoré la démonstration indiscutable fournie par les Anciens.

Dès le VIe siècle avant J.C., Pythagore enseigne la sphéricité de la Terre. Après la dispersion de l'École, ses anciens élèves en répandent la nouvelle. La rotondité du globe, déclarent-ils, fidèles au maître, est liée à sa «perfection». L'expérience vient à l'appui de la géniale intuition. Qui n'a constaté la disparition progressive, coque en premier, des bateaux sur la ligne d'horizon? Les marins du pharaon Néchao, jurant avoir vu, après une longue navigation au sud, le soleil «inversé», n'ont pas menti.

Derrière Pythagore, Parménide et Aristote confirment: elle est ronde. Bon. Encore faut-il savoir combien elle mesure, si on veut en tirer des conséquences pratiques.

La question des dimensions est toujours pendante au moment où Colomb défend ses projets face aux commissions scientifiques royales. Elle a pourtant déjà été étudiée, et quasiment résolue quelque mille huit cents années auparavant par un certain Ératosthène d'Alexandrie... Entre les deux, l'éclipse du savoir a occulté ses conclusions, comme beaucoup d'autres.

Que fait Ératosthène, en ce printemps des savants qui mettra si longtemps à porter ses fruits? À défaut de pouvoir effectuer (!) le tour de la Terre, il s'applique à mesurer une fraction de ce tour. Prenons par exemple, se dit-il, la distance connue séparant les deux villes d'Alexandrie et de Syène (l'actuelle Assouan). Le jour idéal pour l'expérience est le solstice d'été. L'ingénieux personnage relève, une année dans une ville, la suivante dans l'autre ville, à midi pile, l'angle entre la verticale et les rayons du soleil. Au terme d'un bref calcul il annonce son résultat: «un cinquantième de tour». La distance entre les cités représente cinq mille stades (un stade égyptien = 157,5 mètres). Il ne reste plus qu'à multiplier. Le cosmographe livre alors un chiffre d'une précision stupéfiante: le tour de la Terre ferait 39 400 kilomètres... Soit une erreur, minime, de quelques centaines de kilomètres!

Ératosthène se trouve désormais en mesure de définir la latitude de n'importe quel point à la surface du globe. Il suffit de savoir quel est l'angle des rayons du soleil et de la verticale de ce lieu, puis de comparer cet angle avec celui qu'on note, en ce même jour, à midi, à Alexandrie. Élémentaire...

Le problème des longitudes, lui, reste entier. Il le sera tout autant à l'époque de Colomb, condamné à voyager *à l'estime* d'est en ouest, alors qu'il connaît à peu près sa position dans l'axe nord-sud.

Une telle ignorance sera cause involontaire de découverte. Colomb serait-il parti, si une énorme erreur de calcul ne l'avait incité à se diriger plein ouest, où il s'attendait à trouver rapidement les rivages de la Chine ?

Revenons un instant à ce IIIe siècle avant J.-C., où les riches heures de la science méditerranéenne sont comptées. Les légions romaines sont sur le pied de guerre. Dans quelques décennies, Jules César brûlera la bibliothèque d'Alexandrie et les précieux manuscrits de son ancien archiviste-cosmographe. Dispersé, oublié, quand il n'est pas persécuté, le savoir antique n'émergera qu'au XIVe siècle finissant, notamment avec la redécouverte de l'astronomie de Ptolémée.

La Terre redevient ronde. À nouveau on ne risque plus le bûcher à le dire... Le pape Pie II, alias Aeneas Sylvius Piccolomini, cosmographe, l'affirme lui-même, dans un ouvrage qu'un certain Colomb Christophe lira et relira en l'annotant copieusement : *Mundi formam omnes fere consentiunt rotundam esse.*

Elle est ronde, mais combien de périls guettent encore les navigateurs !

À la peur médiévale des gouffres marins s'ajoute celle des zones torrides, ceignant le milieu de la Terre. Les eaux, dit-on, y sont bouillantes. Cette *perusta* qui fume au sud de toute terre habitée, loin au-delà de l'Éthiopie et de la Mauritanie, sépare l'aire de la civilisation, l'*Œcoumene* des Grecs, de contrées peuplées d'êtres *forcément* monstrueux.

La description de ces effrayantes latitudes est un thème littéraire qui traverse les siècles. Cicéron, dans son *Songe de Scipion*, attribue à cet « Africain » un développement qui n'incite pas au voyage :

« *Voyez la Terre. Elle est entourée de cercles qu'on appelle zones : les deux zones extrêmes, dont chacune a pour centre les pôles, sont couvertes de glaces. Celle du milieu, la plus grande, est brûlée des rayons du soleil. Il n'en reste donc que deux qui soient habitables. Ainsi les peuples de la zone tempérée australe, qui se trouve aux antipodes, sont pour nous comme s'ils n'existaient pas.* »

Pline se révèle tout aussi affirmatif dans le « torride » : « *Cette partie de la zone du milieu est celle où le soleil fait sa route et qu'il brûle de ses flammes.»*

Jusqu'à une période avancée du XVᵉ siècle, ce type de croyance se perpétue : les antipodes sont vides d'êtres humains et, s'ils abritent des formes animées, elles ne sauraient être qu'aberrantes.

La peur de l'inconnu, les sortilèges de la mer Ténébreuse, courent les ports et les tavernes. Effet de l'habitude, ces fantasmes perdurent après les explorations portugaises dès 1400 le long de l'Afrique, et malgré les évidences qui en découlent.

Si bien que Christophe Colomb, longeant les côtes de l'Afrique de l'Ouest, vers 1482, éprouve encore le besoin de noter en marge d'un de ses livres de chevet, l'*Imago Mundi* de Pierre d'Ailly :

«Zone torride : elle n'est pas inhabitable puisque aujourd'hui les Portugais y naviguent. En vérité elle est très peuplée, et sous la ligne équatoriale se trouve la forteresse de la Mine d'or que nous avons vue et qui appartient au roi sérénissime de Portugal.»

Les incrédules demeurent nombreux. Colomb lui-même, fils d'un tavernier génois, n'a-t-il pas eu une enfance bercée par les histoires de monstres et de sirènes, que les clients racontaient autour du pichet?

Attardons-nous un instant à cette *Image du Monde* (1410), que chérit Colomb. L'auteur, le cardinal Pierre d'Ailly, théologien passionné de géographie et d'astronomie, mêle allégrement, à la manière de son époque, le concret vérifié et le légendaire le plus pur. L'Arabie, *«où poussent la myrrhe et la cinnamome»*, est aussi le pays où l'on *«voit l'oiseau Phœnix»*. Décrivant le royaume des Scythes, le prélat juge nécessaire de préciser : *«Une grande partie de ce pays reste inhabitable, car bien qu'il abonde en or et en pierres précieuses, il est inaccessible aux hommes, en raison de la présence des griffons.»*

L'exemplaire couvert de notes par Colomb permet de saisir comment fonctionne un esprit curieux de cette époque, tâtonnant entre l'affabulation, le conditionnement théologique et le savoir objectif fourni par l'expérience.

À l'heure où le Génois s'apprête à lancer ses caravelles à travers la mer Océane, que sait l'Occident des trois continents connus? En fait, déjà pas mal de choses ainsi qu'en témoignent les cartes, qui commencent à s'orienter (au sens propre) vers une démarche moins approximative.

La partie de l'Afrique qui borde le Sahara au nord appartient au monde connu dans l'Antiquité. À l'ouest, elle a déroulé progressivement ses rivages devant les navigateurs portugais.

Le personnage-phare de cette exploration africaine, qui conclura par l'ouverture de la première route des Indes au tournant du XVIᵉ, est Henri, fils de Jean Iᵉʳ du Portugal, prince aventurier en chambre. Décrit par ses contemporains comme un pisse-froid, confit en dévotion, cet homme semble avoir éprouvé une passion unique : la découverte du continent africain. Par procuration.

La seule aventure à laquelle ait participé physiquement cet austère porteur de cilice est une sorte de mini-croisade, destinée à prendre Ceuta aux Maures. Expédition réussie où se forme la monomanie africaine de l'infant, qui va faire du Portugal la première puissance coloniale moderne.

Au cours de la prise de Ceuta, Henri est ébloui par la somptuosité du butin prélevé sur les Infidèles. À l'ivoire et l'or africains, s'ajoutent de précieuses denrées venues des Indes par voie de terre : poivre, cannelle, girofle... Des bijoux travaillés étincellent. La vision de cette richesse d'Afrique et d'Asie, étalée devant lui, enflamme l'imagination du jeune soldat du Christ. Il y discerne le moyen de servir son pays, en l'enrichissant, d'illustrer sa foi d'une manière exemplaire.

L'idée qui germe est grandiose : prendre les musulmans à revers en descendant vers le sud de l'Afrique, puis en remontant ; s'allier avec le fameux prêtre Jean, prince chrétien dont on cherche le royaume depuis des lustres.

Henri n'aura pas assez d'une vie pour s'y consacrer. Il s'installe à distance des intrigues de la cour de Lisbonne, en un site propice : Sagres, près du cap Saint-Vincent, à la pointe du « menton » ibérique, l'extrême sud-ouest du Portugal, face à l'Océan inconnu. Autour de lui, savants, marins, cartographes, vont s'affairer pendant quarante ans.

« Le noble esprit de ce prince le poussait toujours à entreprendre et à mener à bien de grandes actions... Il avait aussi le désir de connaître les terres qui se trouvaient au-delà du cap que l'on nomme Bojador, pour la raison que jusqu'à son époque, ni par aucun écrit, ni par la mémoire des hommes, n'était connue avec la

17

moindre certitude la nature des terres situées au-delà de ce cap...»
(Gomes Eanes de Zurara, chroniqueur contemporain d'Henri).

Ce cap face aux Canaries, discret sur les cartes d'aujourd'hui, et dont le nom signifie simplement «renflement», fait peur. Moins par ses périls nautiques que par la crainte de ne pouvoir en revenir. Barrière mentale, plus que technique. Pas moins de quinze expéditions s'y attaquent entre 1424 et 1434, sans réussir à le dépasser.

Le prince s'exaspère, décide de forcer le destin, met en demeure Gil Eanes, le quinzième capitaine qui rentre en déclarant forfait, d'y retourner. Eanes imagine alors d'effectuer une large boucle à l'ouest, choisit les périls de l'Océan plutôt que ceux du promontoire de si terrible réputation. Il découvre ainsi la *volta*, qui permet d'épouser vents et courants favorables en s'écartant de la côte :

«Et ce qu'il avait résolu de faire, il l'accomplit. Car au cours de ce voyage il doubla le cap, au mépris du danger, et découvrit que les terres situées au-delà étaient toutes différentes de ce que lui, comme d'autres, croyait. Et bien que la chose fût en soi de peu d'importance, son audace fit qu'elle fut estimée grande» (Zurara).

Franchi le cap de la peur, les marins d'Henri iront vite en besogne. Diniz Dias, en 1445, double le cap Vert. Nom qui dénote une heureuse surprise : le littoral se révèle de moins en moins aride. Il existe des terres fertiles au sud des «terres brûlées» du Sahara. Encore quelques années et la thèse de la «ceinture de feu» équatoriale fera rire.

Le commerce portugais avec l'Afrique occidentale s'amorce. Vingt-cinq caravelles vont s'y employer annuellement. Le fleuve Sénégal est atteint, puis remonté sur cent kilomètres. Cadamosto, navigateur vénitien envoyé par l'infant, décrit la flore tropicale, les éléphants, les hippopotames, les coutumes de ces populations étranges à la peau noire.

Sous le roi Jean II de Portugal, de nombreux comptoirs sont établis le long des côtes et dans l'intérieur. Des plantations sucrières, dans les îles de l'Atlantique, sont cultivées par des esclaves africains, «collectés» directement, sans l'intermédiaire coûteux des négociants maghrébins.

En grande partie tenue secrète afin de ne pas éveiller la convoitise d'autres nations européennes, en premier lieu la rivale espagnole, l'exploration s'intensifie. Tombouctou est atteinte, au cœur du désert. Les rivages prennent des noms européens, où se lit toute l'âpreté du trafic : côte d'Ivoire, côte de l'Or, côte des Esclaves...

À partir de 1470, le projet d'atteindre les Indes par le sud se superpose à l'exploitation de la côte africaine.

Barthélemy Diaz[1], en 1487, embarque six autochtones qu'il a l'intention de déposer le long de sa route pour étendre le commerce au sud, mais ce qu'il ambitionne surtout est d'ouvrir la route de l'Asie en contournant le continent africain.

Dépassant l'embouchure du Congo, déjà atteinte par Diogo Cao, Diaz est pris par une tempête. Vent du nord arrière pendant treize jours. La mer devient «*plus froide et différente de ce qu'elle était dans le golfe de Guinée*». L'équipage se croit perdu. On met cap à l'est. Rien. On met alors cap au... nord ! Au bout de cent cinquante lieues, de hautes montagnes apparaissent à l'horizon. Dias a dépassé sans s'en rendre compte le cap, futur cap de Bonne-Espérance. Pour l'instant, à peine remis de ses émotions, il le baptise cap des Tempêtes. L'extrémité sud de l'Afrique est doublée. Diaz s'apprête à continuer, remontant la côte est en direction des Indes et – qui sait ? – le Cathay (Chine).

Mais l'équipage est à bout. Après cinq cents kilomètres le long des côtes de l'océan Indien, il faut faire demi-tour :

«*Las et terrifiés par les grosses mers qu'ils avaient traversées, tous comme un seul homme commencèrent à murmurer, et exigèrent qu'on n'allât pas plus loin.*»

Dans le port de Lisbonne, un capitaine du nom de Christophe Colomb assiste à l'arrivée de l'expédition qui apporte cette nouvelle sensationnelle : l'Afrique peut, ainsi que le pensait l'infant, être doublée par sa pointe australe.

Ce spectateur ne partage sans doute pas la liesse générale. Le succès de Diaz est une catastrophe pour ses projets à lui. Qui acceptera de financer une découverte vers l'ouest, alors que l'autre direction est si prometteuse ? De ce jour, les efforts de Lisbonne se portent presque exclusivement sur la voie africaine où, de surcroît, le Portugal a l'exclusivité, avec garantie du pape. Depuis 1455, la bulle *Pontifex Romanus* de Nicolas V interdit à

---

1. Bartolomeu Dias.

tout chrétien de s'établir sur la côte de l'Afrique sans autorisation du roi de Portugal, reconnu « Seigneur de Guinée ».

Au fil du XVe siècle, parallèlement la colonisation de toutes les petites îles de l'Atlantique s'effectue. Les Canaries, anciennes « îles Fortunées » des Grecs, sont redécouvertes à plusieurs reprises, par les Génois, les Castillans, et même un Français, Jean de Béthencourt. Il y construit en 1405 une véritable petite colonie, qu'il finit par céder à l'Espagne.

Ce détail n'est pas sans importance. Colomb choisira les Canaries pour se lancer à travers l'Atlantique.

Les autres îles océanes sont sous contrôle portugais : archipel de Madère, également découvert plusieurs fois, oublié pendant le Moyen Âge et finalement investi au début du XVe ; Açores, où se développent la culture et l'élevage. Toutes ces petites terres, perdues au milieu des vagues, modestes colonies dont les premiers occupants doivent se sentir bien isolés, auront leur heure de prospérité avec le développement des navigations transatlantiques. Elles en seront l'escale obligée. L'or des Indes, les cargaisons de sucre et d'esclaves y passeront à l'aller comme au retour.

Colomb lui-même, jeune navigateur, résidera à Porto Santo près de Madère, le temps d'un bref mariage avec une Portugaise de bonne famille, fille du gouverneur local. Il y passera de longues journées à regarder les horizons de l'ouest, là où commence l'inconnu. Là où l'idée le travaille déjà de se rendre.

À l'heure où Colomb arpente le rivage venteux du « Port Saint », ruminant des projets encore imprécis, l'Occident chrétien a mal à sa frontière orientale. Pour tous ces pays en plein essor, Portugal, Espagne, France, Angleterre, qui voient s'ouvrir les horizons mentaux et géographiques, l'est est barré. Le temps des longues caravanes qui apportaient jusqu'à Venise la soie, les épices, les saphirs de l'Orient est bien fini. Le Turc est à Constantinople depuis quarante ans, l'Empire ottoman règne dans toute sa puissance.

La frustration de l'Europe chrétienne est à la mesure de ce qu'elle a connu deux siècles plus tôt : un commerce florissant, par voie de terre, avec l'Extrême-Orient. Euphorie suprême, la religion chrétienne, déjà présente sous sa forme nestorienne « hérétique », était même apparue compatible avec les mentalités locales. Il y a eu des « archevêques de Pékin » aux XIIIe et XIVe siècles !

Puis ce fut l'arrivée des Ming, renversant l'Empire mongol, refermant la Chine sur elle-même. Et bientôt le verrou musulman au Levant.

En 1492, rien ne va plus, depuis longtemps. Les routes de l'Orient sont coupées. Toute marchandise qu'on s'évertue à faire passer est lourdement taxée.

Comprendre ce rêve d'Asie, atteint puis perdu, et ses conséquences économiques, c'est également comprendre l'acharnement des découvreurs de l'Amérique à discerner un passage.

L'Asie. Elle seule est la grande affaire. Inutile de leur montrer des animaux, des fleuves, des populations dont tout le monde ignore l'existence, des paysages à couper le souffle... Ce qu'ils espèrent est derrière, « juste » derrière – quinze mille kilomètres au bas mot, mais ils vont mettre du temps à le réaliser... Le Japon (Cipango) et ses cités aux toits d'or, la Chine (Cathay), sa soie, son thé, sa porcelaine, la Malaisie (Chersonèse), les îles aux épices dont les noms sont parfum : muscade, cardamome, girofle, gingembre, poivre, cannelle...

Grâce aux échanges caravaniers qui ont porté d'une extrémité à l'autre marchandises, idées, savoirs, on en sait beaucoup sur cette Asie entrevue. Le premier à l'avoir traversée est un religieux : frère Jean du Plan Carpin, auquel en 1245 le pape a confié l'étonnante mission de convertir le Grand Khan, là-bas, à l'autre bout de l'Eurasie. En ce temps-là on ne doutait de rien quand on était le défenseur de la foi.

Flanqué d'un unique compagnon de route, franciscain comme lui, frère Jean effectue vaillamment le parcours. À pied, à cheval, à dos de chameau, traversant steppes, déserts, montagnes. Il parvient à Karakoroum, se présente devant la cour de Guyuk Khan. Le roi des Tartares l'accueille, tout en déclinant son offre de conversion avec bonne grâce. La route de l'Orient par voie de terre est ouverte.

Suivent dans la même direction d'autres clercs aventureux. Le moine flamand Guillaume de Rubrouck, envoyé spécial de Saint Louis, tient de longues conversations théologiques avec le roi Mongka Khan, sous le regard curieux des chrétiens nestoriens de la cour mongole. Le premier, il décrit la calligraphie chinoise :

« Les habitants du Cathay écrivent avec un pinceau comme en utilisent les peintres, et ils forment en une seule figure toutes les lettres d'un même mot. »

La palme du talent narratif et de l'aventure vécue revient cependant aux Polo, père, oncle, fils. Bilan de vingt-cinq années de séjour en Chine et en Extrême-Orient : le plus jeune d'entre eux, Marco, livre aux générations futures la plus belle des relations de voyage, *Le Devisement du Monde.*

Deux cents ans plus tard, ce livre resté en faveur parmi les lettrés se trouve au chevet de tous les découvreurs d'Amériques. Colomb ne se sépare jamais de son exemplaire manuscrit, surtout lors de ses voyages. Persuadé de se trouver en Asie, à quel autre guide se référerait-il que le meilleur à ses yeux : celui des frères Polo ? Et comme il n'est pire aveugle que celui qui ne veut pas voir, tout ce qu'il rencontre lui confirme qu'il est en Asie...

L'un des passages invoqués par Colomb, lors de ses premiers atterrissages aux Antilles – où il veut voir le début de l'archipel japonais, alias Cipango – a tout ce qu'il faut pour chatouiller une imagination sensible :

« Cipango, dit Marco Polo, est une île qui est dans la haute mer, au levant, éloignée de la terre ferme de mille cinq cents milles. C'est une île très grandissime (sic). Les habitants sont blancs et de belle manière... Et vous dis qu'ils ont tant d'or que c'est sans fin, car ils le trouvent dans leurs îles... il y a un grand palais qui est tout couvert d'or fin, comme nos églises sont couvertes de plomb... Les pavements du palais et des chambres sont tout d'or, en dalles épaisses de bien deux doigts... »

À Gênes, patrie de Colomb, le souvenir de l'Extrême-Asie est loin de s'être perdu, même si le lien direct est coupé depuis longtemps. Nul doute que l'enfance du futur amiral a baigné dans cette nostalgie.

L'un des rares témoignages directs et contemporains que le XVe siècle a pu recueillir sur la vie en Orient est dû à un aventurier vénitien, Nicolas Conti. Cet homme, venu de nulle part, fait sensation un jour de 1441 en déclarant qu'il rentre d'un voyage de vingt-cinq années au Cathay, en Inde et en Éthiopie (les « trois Indes » du Moyen Âge). Reçu par un pape pressé d'avoir des nouvelles fraîches de ces contrées redevenues mythiques, Conti affirme l'existence d'un royaume chrétien proche du Cathay. Il redonne immédiatement vie à l'ancien espoir de prendre les musulmans à revers de ce côté-là.

Grâce à Conti, qui a bel et bien vécu le roman d'aventures qu'il décrit, l'Asie gagne de nouveaux détails, notamment vers la péninsule indienne, précise sa forme. Mais les mesures qu'il lui attribue l'allongent démesurément à l'est, ce qui a pour effet... de la rapprocher de l'Europe. Détail qui ne passera pas inaperçu, on s'en doute, d'un jeune marin génois, cartographe à ses heures.

Aux connaissances géographiques concrètes, à défaut d'être justes en proportions, continue de s'associer en cette époque charnière de la fin du XVe toute une série de contrées fabuleuses, héritées du Moyen Âge – îles de délices, terres légendaires, au nombre desquelles on compte le Paradis terrestre. Lui-même !

La question, apparemment délirante, de la situation exacte, *géographique*, de l'Éden, a provoqué des siècles de polémiques, d'inépuisables et savants colloques.

Isidore de Séville, bien connu de Colomb, fournit à ce sujet quelques indications dont le navigateur tiendra largement compte. Le Paradis, écrit-il, est « *une terre située en quelque endroit à l'est... Il y a toutes sortes d'arbres qui donnent du bois et des fruits. Il y a même l'arbre de Vie. Il n'y fait ni froid ni chaud, on y jouit d'un éternel printemps. De son centre sort une fontaine qui arrose toutes les parties boisées et se divise en quatre fleuves* ».

La certitude de trouver sur Terre une localisation précise du Paradis ne s'effacera pas du jour au lendemain avec les découvertes. En 1580 le respectable érudit lyonnais Antoine du Verdier peut toujours dire :

« *Les saints docteurs, d'un commun accord, tiennent que ce Paradis a été fait en un certain lieu de la terre et planté de toutes sortes d'arbres florissants et fructueux... Le Paradis terrestre est véritablement en terre, et il faut que nous croyions la vérité de cette histoire sacrée.* »

Colomb lui-même se livrera à une quête obsessionnelle du Paradis. De la végétation luxuriante des Caraïbes, de leurs parfums, de la douceur de leur climat, il déduira qu'il approche du but. À l'embouchure de l'Orénoque il croira contempler l'un des fameux fleuves de l'Éden, et se sentira véritablement dans la banlieue du Paradis :

« *Je considère que si je passais par-dessous la ligne équatoriale, en arrivant à ce point, qui doit être le plus élevé, j'y trouverais une température encore plus douce, ainsi qu'une plus grande différence dans les eaux et dans les étoiles. Je ne prétends pas dire par là qu'on puisse se rendre en naviguant jusqu'au point où se trouve cette hauteur, ni que ce soit de l'eau, ni même qu'il soit possible d'y arriver jamais, mais je crois que c'est là que se trouve le Paradis terrestre, jusqu'où personne ne peut arriver, si ce n'est par la volonté divine.* »

Entre les élucubrations de Colomb et les visions enluminées du moine irlandais Brendan, voyageur mystique qui a « découvert », mille ans plus tôt, la « *terre promise des saints* », où est finalement la différence ? Le mirage édénique demeure d'actualité sous Isabelle de Castille. Les savants jonglent encore avec la science et le merveilleux chrétien. Un cosmographe de renom, Martin Behaim, concepteur (en 1492 !) d'un globe remarquablement à jour, ne situe-t-il pas sans sourciller, en une position bien définie de l'Atlantique, ce Paradis décidément indestructible ?

À toutes ces projections embrumées, s'ajoute un nombre incalculable d'îles paradisiaques. La maison mère édénique semble avoir semé dans les imaginaires quelques filiales tout aussi enjôleuses. C'est à cet archipel du songe qu'appartient une île longtemps cherchée : Antilia (anti-île, *anti-ilha*).

Est-elle le dernier avatar du mythe de l'Atlantide ? Procède-t-elle des mirages observés par les habitants de Madère et des Canaries, qui affirment voir dans certaines conditions atmosphériques une terre loin à l'ouest, au ras de l'horizon ? En tout cas elle figure sur les cartes, quoique en des emplacements variables. Plus tard, le nom sera épinglé sur l'archipel que nous connaissons.

L'une des légendes d'Antilia relate qu'elle aurait accueilli, pendant l'avancée des Maures en 734, une foule de chrétiens espagnols guidés par sept évêques – d'où son autre nom d'« île des Sept Cités ». Terre providentielle, Antilia fournit les biens de la nature à foison, et nourrit sans le moindre effort une humanité comblée. On imagine la force d'un tel rêve à une époque de travaux agricoles éreintants, pour de maigres résultats.

Bartolomé de Las Casas, l'historien des Indes, évoque encore, au milieu du XVIe siècle, les rumeurs qui s'attardent à propos de l'île fabuleuse :

« On raconte qu'au temps de l'infant Pedro de Portugal (1447), un navire poussé par la tempête vint y aborder et que l'équipage fut conduit par les gens de l'île jusqu'à une église où se faisaient des cérémonies chrétiennes... On ajoute que certains mousses ramassèrent du sable et le trouvèrent plein d'or. »

Îles Délicieuses, îles Fortunées, Hespérides, île d'Avallon... on n'en finit pas de dénombrer tout ce que l'aspiration humaine au bonheur a pu inventer de cailloux paradisiaques. C'est à cette famille qu'appartient Brazylle (o Brazil, Hy Brasil), « terre heureuse » cent fois aperçue par des équipages, dont la position dérive sur l'Océan au gré des « témoignages ». Le port de Bristol semble s'être fait une spécialité, pendant les vingt dernières années du XVᵉ siècle, d'envoyer des navires vers ce rivage béni où la tradition irlandaise promet d'importantes quantités de poudre d'or, ainsi qu'un bois de teinture d'essence inconnue. Rien d'étonnant à ce que le nom mythique ait fini par s'appliquer à une terre réelle qui livre, à l'extrémité de la mer, un merveilleux bois rouge...

D'autres rivages longtemps guettés à l'horizon sont devenus définitivement mirages, ne se matérialisant sous aucune latitude : Satanaxio, Stocafixa la nordique, terre providentielle des morutiers basques (qui est peut-être tout simplement Terre-Neuve).

Mais *le* pays introuvable de cette galaxie merveilleuse, celui que cherchent depuis des siècles marins et piétons de l'Asie, vaut toutes les douceurs des îles parfumées, les merveilles du Cathay, les dorures de Cipango. Ce royaume est la destination la plus convoitée des rois d'Europe, combattants de la vraie foi. Il porte le nom de son souverain chrétien : le prêtre Jean, chevalier du Christ au sceptre d'émeraude, descendant des Rois mages.

Un document pontifical de 1145 lance l'affaire en ces termes :

« Un certain Jean, roi et prêtre, qui vivait en Extrême-Orient, au-delà de la Perse et de l'Arménie, s'avança pour combattre aux côtés de l'Église à Jérusalem ; mais étant arrivé au Tigre et ne trouvant pas les moyens de transporter son armée, il se tourna vers le nord, car il avait ouï dire que le fleuve en cet endroit était gelé en hiver. Après avoir fait halte sur ses rives quelques années durant, dans l'espoir que l'eau gèlerait, il fut contraint de rentrer chez lui. »

Et voilà qu'en 1165 le pieux combattant se manifeste par une

« Lettre », adressée à l'empereur de Byzance et au roi de France, les incitant à reconquérir le Saint-Sépulcre, promettant de les épauler à l'arrière. Ce document écrit à la première personne (« *Moi, Prêtre Jean...* ») n'a jamais livré le nom de son véritable auteur. Il tombe à pic en tout cas pour galvaniser le courage d'une Europe ferraillant en Terre sainte contre les Infidèles. On y relève quelques savoureuses descriptions d'animaux fabuleux et de pratiques bizarres, qui feront fermenter durablement les imaginations :

« *Nous avons des oiseaux appelés griffons, qui peuvent porter un bœuf ou un cheval jusqu'à leur nid afin de nourrir leurs petits... Dans une certaine province de notre pays se trouve un désert où vivent des hommes à cornes qui n'ont qu'un œil sur le devant et trois ou quatre dans le dos... Une autre espèce d'hommes encore se nourrit uniquement de la chair crue des hommes et des femmes et ne craint point la mort. Et lorsque l'un d'entre eux s'éteint, fût-ce leur père ou leur mère, ils l'avalent sans même le faire cuire...* »

Inspirée, semble-t-il, par les pérégrinations de saint Thomas aux « Indes », la *Lettre* connaît d'emblée un succès phénoménal en Europe. Traduite dans toutes les langues, elle accrédite l'idée d'un roi d'Asie, aux frontières des terres maudites de Gog et Magog, régentant quarante-deux royaumes dirigés chacun par de « *puissants et bons chrétiens* » prêts à tendre la main à l'Occident par-dessus l'Islam.

Aussi étonnant que cela puisse paraître, le XVᵉ siècle croit dur comme fer à l'existence du prêtre Jean. Henri le Navigateur, qui rêve d'établir un pont spirituel mais aussi matériel par-dessus les territoires infidèles, lance dans cet esprit ses expéditions maritimes le long de la côte africaine.

Ce souverain du bout du monde, allié providentiel, incarne encore au tournant de la Renaissance les espoirs d'un Occident chrétien inquiet face à une nouvelle avancée qui n'est plus arabe mais turque. Constantinople est tombée, en 1453.

En Espagne, après des siècles de *statu quo*, la guerre reprend en 1478 contre le royaume de Grenade, dernier ancrage musulman sur la péninsule. On n'a plus que faire des grands moments du passé judéo-arabe en Andalousie. Partout en Europe, à l'appel du pape, on parle croisades. Le Portugal récupère Tanger en 1471, accélère sa progression le long de la côte africaine, dans l'espoir de contourner le continent. Prêtre Jean ou pas, il est devenu urgent, et pour la défense de la foi et pour la marchandise, de gagner les Indes.

Le jeune Christophe Colomb, à Gênes, appartient à ce monde méditerranéen mis en émoi par l'avancée des Turcs. Depuis l'enfance, comme tous ses compatriotes, il vénère la cassette d'argent de l'empereur Frédéric Barberousse où dorment les cendres de saint Jean Baptiste. L'église San Giovanni, bâtie en 1180 par les chevaliers de Saint-Jean-de-Jérusalem, quartier général de la quatrième croisade, rappelle l'ampleur de la tâche à accomplir. Le pieux jeune homme se sent voué à participer lui aussi à la Reconquête.

L'entreprise des découvertes n'est pas que curiosité du monde, besoin d'épices ou d'or. Elle se veut, à travers la recherche obstinée d'une route vers les Indes, par l'est ou par l'ouest, mission religieuse.

Au regard du « droit international », le monde demeure alors la propriété du pouvoir spirituel. La preuve : toute terre conquise par une grande puissance ne lui est vraiment attribuée qu'avec le consentement du pape. Quoi de plus insolite pour un observateur d'aujourd'hui que cette emprise pontificale sur la géographie, sur l'immensité croissante du monde ?

Quand il s'agit de déterminer quel pays découvert appartient à qui, c'est le pape qui a le dernier mot. À la faveur des rivalités ibériques, il va être sollicité plus souvent qu'à son tour.

Les rois d'Espagne et de Portugal, déjà en lutte pour la possession des îles océanes, Madère, les Açores, les Canaries, s'affrontent directement à propos de la côte africaine. Une première bulle (*Romanus Pontifex*, 1455) intervient pour attribuer au Portugal le monopole du commerce avec les pays situés au sud du cap Bojador. À la suite d'un nouveau conflit, autre bulle (*Aeterni Regis*, 1481) : les Espagnols obtiennent les Canaries, en échange de l'abandon de la côte africaine.

Les années à venir verront mieux encore : un véritable partage du monde, couvert officiellement par le pape – et quel pape ! Alexandre VI Borgia... À Tordesillas, en 1494, va être tracée durablement une ligne imaginaire balafrant la planète d'un pôle à l'autre, à trois cent soixante-dix lieues à l'ouest des îles du cap

Vert. Ce qui se situera au-delà sera espagnol, en deçà portugais. Cette ligne coupe en deux un continent. On l'ignore.

Dès les toutes premières années des grandes expéditions maritimes, avant même que Vasco de Gama ait touché l'Inde, un cadre abstrait répartit d'avance l'inconnu. Il ne reste plus qu'à remplir les blancs. Et à prendre. Ce sera l'affaire du siècle suivant.

2.

Colomb ou l'idée fixe

« *Viendra un temps, dans les dernières années du monde, où l'O-céan desserrera le lien des choses. Une terre immense se révélera, car un navigateur surviendra, tel celui qui eut nom Tiphis et qui fut guide de Jason, et il découvrira un nouveau monde. Et Thulé ne sera plus la fin des terres.* »

Un homme recopie avec soin, aux premières années du XVIᵉ siècle, cette prédiction due à Sénèque. Son intention est de la citer dans le *Livre des Prophéties*, qu'il achève. Le marin exceptionnel, annoncé si longtemps à l'avance, n'est autre que... lui-même. Orgueil ? Oui. Mais associé à une foi fervente. Dieu seul a guidé le navigateur, simple exécutant de ses desseins secrets. C'est à Lui seul, et à Sa Providence qu'il doit d'avoir réussi, extrait de la mer Ténébreuse des terres bien réelles. Afin d'y faire entendre Sa Parole.

Ce personnage, conjuguant curieusement l'humilité du chrétien et le goût des honneurs, a un prénom qui signifie « porteur du Christ », Cristofore, Christophe. Son patronyme est celui de l'oiseau sacré de l'Esprit-Saint, la colombe. Que de présages...

À ce moment déclinant de sa carrière, Christophe Colomb est devenu plus visionnaire qu'homme d'action. La Volonté divine, depuis longtemps au cœur de sa réflexion, occupe son champ mental.

Si Colomb n'est pas l'« élu » de la Providence, il est en tout cas, par le jeu de l'erreur et du hasard, l'un de ces personnages qui infléchissent le cours des choses.

Sans lui le Nouveau Monde eût été découvert, certes. Plus tard, au cours du XVIᵉ siècle, peut-être pas par l'Espagne. En 1492, la route évidente vers le Cathay et l'Inde ne passe pas par l'ouest, mais par le sud de l'Afrique. Ce sera l'œuvre de Vasco de Gama en 1497.

Le pari de Colomb – se lancer tout droit par l'autre route, celle du Ponant – a toutes les chances de se solder par un échec dramatique. Il le gagnera. Pour des raisons qui tiennent à la fois de son extrême compétence nautique et de ses calculs aberrants. A posteriori, le concours de circonstances qu'exige cette rocambolesque découverte semble incroyable.

Certes il y faut un marin hors pair, capable de saisir d'emblée le système des vents et des courants, non seulement pour traverser l'Océan mais pour revenir. Un homme doué également d'une force intérieure exceptionnelle, qui lui fasse, en chemin, surmonter les découragements de l'équipage – et le sien propre.

Il y faut le don d'argumenter. Soutenir un dossier problématique face à des commissions royales, tout aussi sourcilleuses au chapitre du dogme qu'à celui du savoir objectif, exige une solide connaissance des écrits antiques, théologiques, et des chiffres. Ajoutez une opiniâtreté à toute épreuve. Rarement projet n'aura été défendu avec autant de constance que cette «entreprise des Indes».

Tout cela ne servirait de rien si une erreur de calcul monumentale ne venait, ironiquement, à l'appui du projet.

Imaginons que Colomb, dans l'ignorance où se trouvait toute l'Europe d'un continent posé à l'ouest entre elle et l'Asie, ait fait un calcul approximativement juste : il aurait réalisé qu'il lui fallait effectuer vingt mille kilomètres, depuis les Canaries, pour atteindre le Japon ! Ce n'est pas l'existence de quelques îles relais semées sur le parcours, qui aurait rendu l'aventure possible. La plupart des commissions royales, sceptiques, ne s'y sont pas trompées.

En réalité, la route des Indes par l'ouest est un projet délirant, techniquement impossible à l'époque. Sans la présence providentielle du continent américain, les marins de Colomb auraient indéfiniment erré à travers la mer. Il l'ignorait. Ce fut sa chance.

L'homme qui va ouvrir à l'Europe de 1492 les perspectives américaines – il mourra sans en comprendre lui-même l'ampleur – n'est que le fils d'un tisserand devenu tavernier, pour mettre un peu de lustre dans la marmite quotidienne d'une famille nombreuse. À Gênes, puis à Savone, où son enfance va se dérouler entre le métier à tisser de papa, les clients de passage et les engagements épisodiques sur des navires marchands, Colomb apprend.

L'ambiance de la côte ligure, qui a grandement contribué à la maîtrise italienne de la navigation, est de toute évidence propice à la formation d'une compétence maritime. Le jeune homme est curieux, imaginatif, ambitieux, il n'a rien à attendre de l'avenir hors de la mer.

Il naît en 1451, de Domenico Colombo, «lainier», et de son épouse Susanna Fontanarossa. Ascendance paysanne, pour ce Ligure aux yeux clairs, aux cheveux roux, dont tout le monde notera par la suite la grande taille, l'air calme dissimulant une volonté de fer. La famille, notamment du côté maternel, a-t-elle des origines juives? Cette thèse fit florès il y a une cinquantaine d'années dans les recherches colombiennes. Il faut le savoir: ce qui touche à Colomb déclenche inéluctablement la polémique. Aucun navigateur n'a suscité autant de passions.

Le principal tenant de la thèse juive est Salvador de Madariaga, historien romancier du milieu de notre siècle, qui aligne quelques arguments troublants, joints à des «preuves» du type: «*Colomb était d'origine juive parce qu'il s'intéressait à l'or des Indes, et que cette passion de l'or est dans la sensibilité juive*»... Madariaga lui prête une «*mobilité typiquement juive*», qui le rend à chaque déboire «*prêt à changer à nouveau d'allégeance*». Colomb passe effectivement du roi de Portugal à Isabelle, caresse un instant, en désespoir de cause, le projet de se rendre auprès du roi de France.

Mis à part l'aspect déplaisant des sous-entendus, Madariaga oublie un peu vite qu'une telle «mobilité» est de règle: les Cabot, Vespucci, Magellan et bien d'autres, ne se gêneront pas non plus pour changer de «sponsor» au gré des opportunités.

D'après Madariaga les ancêtres de Colomb sont des juifs catalans exilés volontairement à Gênes afin de judaïser sans encombre à l'autre bout de la Méditerranée.

Colomb, dont Madariaga ne remet pas en cause la ferveur catholique, serait donc un *converso*. Et, comme tel, suspect au royaume de Leurs Majestés Très Catholiques où, depuis 1479, une institution redoutable a pour mission de repérer les «faux convertis», juifs ou musulmans. Ce «Saint-Office», ou Inquisition, placé sous l'autorité royale, donne sa pleine mesure, à partir de 1483, sous la direction du dominicain Tomas de Torquemada.

Au moment même où Colomb cingle vers l'Amérique, les «Rois», Isabelle et Ferdinand, expulsent par bateaux entiers les Juifs de leurs royaumes de Castille et d'Aragon. Il faut concéder que, dans ce contexte, Colomb serait malavisé de révéler un passé familial qu'il peut d'ailleurs, en tant que citoyen génois, facilement dissimuler.

La thèse du Colomb juif a l'avantage d'expliquer un aspect assez mystérieux de la trajectoire du futur amiral. Comment un jeune marin d'origine modeste a-t-il pu se trouver aussi facilement introduit dans les milieux influents de *conversos* riches et lettrés proches des Rois Catholiques? Les notables, savants, cartographes, érudits, qui accueillirent avec enthousiasme ce jeune loup de mer génois, féru de la Bible, des prophéties d'Esdras et de la géographie arabe, auraient-ils vu en lui un produit exceptionnel de la culture judéo-espagnole? Au fil de l'histoire de Colomb, d'autres indices viendront étayer cette thèse.

Le secret véritable est l'avidité avec laquelle il sait intégrer chaque expérience. Colomb est un autodidacte acharné, grillant la chandelle jusqu'à des heures avancées de la nuit, en mer comme à terre. Il se constitue tout seul un fond de connaissances sans commune mesure avec ses origines. L'homme d'action, quant à lui, jouit dès la trentaine d'une maîtrise reconnue.

«Encore très jeune, je commençai à naviguer sur la mer», écrira Colomb aux Rois Catholiques.

L'adolescence le voit partagé entre l'atelier paternel, la vente des «laines», à Savone où la famille s'est établie, et la mer. La Méditerranée commerçante, son horizon initial, lui ouvre à vingt-trois ans une première expérience de «voyage lointain»: l'île de Chio, dans les Sporades. L'expédition, génoise, est destinée à fournir à la petite île des renforts contre les Turcs, dont la progression, en ces années 1474-1475, inquiète.

À Chio, Christophe découvre l'«Orient»: la lumière, l'eau bleue, les parfums... Le «mastic», gomme à l'odeur balsamique tirée d'un arbre appelé lentisque, est alors très recherché. On l'utilise dans l'aromatisation des sucreries, comme digestif. Pour ce jeune marin, qui se révélera un nez exceptionnel, et qui « sentira » l'approche de son Nouveau Monde bien avant de l'apercevoir, le parfum du mastic résume à jamais les charmes de l'Orient. En Amérique, qu'il croira être l'Orient, il en détectera partout.

Chio, l'île aux senteurs, initie Colomb aux lointains, donne envie d'aller au-delà. Impossible : le Levant, si proche, est verrouillé par la puissance ottomane.

La suite de sa carrière emmène Christophe en Méditerranée. Il cabote. Il va partout. Marseille, la Corse, la Sicile.

Le jeune marin prend du galon. Une expédition corsaire à Tunis, qu'il dirige pour le compte du roi René d'Anjou en guerre contre l'Aragon, révèle l'aspect décidé de son caractère :

« *Le roi René, maintenant décédé, m'envoya un jour à Tunis pour m'emparer de la galéasse* Fernandina. *Une fois arrivé en Sardaigne, on me dit qu'il y avait avec cette galéasse deux navires et une caraque : mes compagnons prirent peur et décidèrent, sans aller plus avant, de revenir à Marseille pour en repartir avec un autre navire et un plus nombreux équipage. Et moi, voyant qu'il n'était pas possible sans quelque ruse de forcer leur volonté, je leur accordai ce qu'ils voulaient ; ayant modifié la boussole, je fis déployer les voiles, au moment où la nuit tombait ; et le matin suivant au lever du soleil, nous nous retrouvâmes près du cap de Carthage, alors que chacun était persuadé de cingler vers Marseille* » (Rapporté par Ferdinand Colomb).

Ce jeune et rusé capitaine corsaire ne fait qu'un avec l'amiral de 1492 qui falsifiera jour après jour la distance parcourue, afin que ses hommes ne se retournent pas avec trop de nostalgie...

Colomb, dès l'âge de vingt-cinq ans, a une connaissance approfondie de l'univers marin méditerranéen.

« *Partout où l'on navigue aujourd'hui j'ai navigué*, écrira-t-il aux Rois. *Partout, à commencer par la Méditerranée occidentale* »...

Gênes monte une expédition commerciale à destination de l'Angleterre. Colomb saute sur l'occasion de connaître des mers nouvelles. Pour la première fois il dépasse Gibraltar. Le grand large se déploie.

Le 13 août 1476, la flottille génoise atteint le cap Saint-Vincent, au sud du Portugal. Tout semble normal à bord du *Bechalla* où sert Colomb, lorsque survient un navire, conduit par Guillaume

Casenove, corsaire au service du Portugal. Casenove a ordre d'empêcher le passage de tout navire castillan ou aragonais. Se méprend-il sur l'objectif réel des génois? Espère-t-il seulement un butin? Le corsaire tombe sur les vaisseaux marchands, sans doute mal défendus... et Christophe se retrouve à la baille, à dix kilomètres du rivage, avec pour toute bouée un aviron qui flotte. La noyade serait sans appel si, comme la plupart des marins de l'époque, il était mauvais nageur. Le fils du tisserand, habitué à jouer avec les fortes vagues du rivage ligure, s'en tire de justesse. Il gagne la plage, s'effondre, épuisé.

À la suite de cet épisode, qui semble tiré d'un mauvais roman d'aventures, le jeune rescapé se répand en actions de grâces. Il se sent désigné par une clémence particulière. La «protection divine» ne le quittera plus.

Bien des années après, dans une lettre au roi Ferdinand d'Aragon, il évoquera ce débarquement original dans la péninsule Ibérique:

«Dieu notre Seigneur m'a miraculeusement envoyé ici afin que je puisse servir Votre Majesté. J'ai dit miraculeusement car j'ai accosté au Portugal.»

Échoué sur la côte de l'Algarve dans la région de Lagos, le hasard veut que Colomb se trouve à quelques kilomètres de Sagres, d'où sont parties tant d'expéditions au temps d'Henri le Navigateur. Entend-il raconter, par les pêcheurs qui le recueillent, les aventures de Gil Eanes, l'inventeur de la première *volta* dans l'Atlantique? Les voyages lointains vers la Guinée? Les Açores, là-bas en mer, qui regardent vers l'inconnu?

L'heure portugaise de Colomb n'est cependant pas arrivée. Rejoignant à Lisbonne ses compagnons rescapés, il se joint à une nouvelle entreprise génoise en direction de l'Angleterre.

Tout est nouveau dans ce périple qui le conduit à Londres, puis à Bristol. Il observe, fasciné, l'ampleur des marées. L'océan, c'est autre chose que son «lac» méditerranéen...

Sur les quais de Bristol, port important et ville industrielle, se croisent les cargaisons de laines de l'arrière-pays (Cotswolds) et les barriques de poisson salé, hareng, morue, venues du nord, des îles Frislandes (Féroé), de l'Ultima Thulé (Islande)... C'est justement vers ce point extrême du monde connu qu'il vogue. Sur quel type de bateau? Pour le compte de qui? On l'ignore.

Le voyage dans le Grand Nord constitue l'un des épisodes controversés dont la vie de Colomb est prodigue. Les documents sont de seconde main. Ferdinand Colomb, pas toujours fiable, cite un extrait des Mémoires (perdus) de son père :

« Je naviguai, l'an 1477, au mois de février, cent lieues au-delà de l'île Tile (lisez : Thulé). *Elle n'est pas située sur la ligne qui inclut l'Occident de Ptolémée, mais elle se trouve BEAUCOUP PLUS À L'OUEST. Sur cette île, qui est aussi étendue que l'Angleterre, les Anglais se rendent avec leurs marchandises, surtout ceux de Bristol. Et lorsque je m'y rendis, la mer n'était pas gelée... »*

Colomb a-t-il réellement effectué ce voyage jusqu'en Islande et « au-delà » ? Thulé, destination certes aventureuse, n'est plus du domaine de l'exploration en cette fin du XVe siècle. Les pêcheurs, les marchands y vont régulièrement.

On pense aujourd'hui qu'il a accompli ce périple nordique, et que les conséquences en sont capitales. En Islande, parmi les glaces, même en cet hiver 1477 particulièrement doux, c'est une nouvelle page du monde qui s'ouvre devant lui.

Considérez ce marin génois, ayant passé dix ans à caboter somme toute confortablement en Méditerranée. Le voilà quittant les côtes pour effectuer une première navigation dans l'Océan. Il découvre les glaciers, les volcans : l'Islande, dans toute son étrangeté boréale. L'immensité de la planète ne peut que relativiser à ses yeux les « certitudes » de la géographie classique, ptoléméenne.

Peut-être, avancent certains, continue-t-il jusqu'au Groenland, découvert et colonisé cinq siècles plus tôt par les Vikings d'Éric le Rouge ?

En ces latitudes hautes, que fréquentent les pêcheurs portugais, basques, bretons, on parle forcément des « terres de l'Ouest », fût-ce sous une forme plus ou moins légendaire. Le futur amiral tend l'oreille...

Colomb rencontre peut-être l'un de ces clercs qui recopient les anciennes sagas du Vinland, la « Terre des Vignes », autrefois visité, voire colonisé par Leif Ericsson. Rumeur déjà de l'Amérique : le Vinland, c'est Terre-Neuve. Croise-t-il ces informations avec celles de l'*Inventio Fortunata*, récit très lu au XVe siècle, dont sa bibliothèque inclura une copie ? L'ouvrage décrit des terres au nord-ouest, au-delà du cercle polaire, peuplées de «petits hommes»...

Un autre élément jette une lumière troublante sur l'épisode nordique. Colomb, qui prend décidément beaucoup de notes en marge de ses lectures, inscrira en marge de l'*Historia rerum* de Pie II une remarque troublante. Elle laisse supposer qu'il a rencontré, à l'occasion de ses errances boréales, des Asiatiques. En lisière du passage où le pape cosmographe évoque les Seres (Chinois), on discerne, écrit de la main de Colomb : «*Nous avons été spectateurs de beaucoup de choses chez les Seres.*» De là à conclure qu'il a poussé jusqu'au Groenland et a rencontré des Esquimaux qu'il a pris pour des «Chinois», il n'y a qu'un pas...

D'autres traductions du même passage lui font cependant dire : «*À signaler la multitude de choses concernant les Seres.*» Ce qui est bien vague...

En fait personne ne sait à quel moment précis Colomb aboutit à la conclusion qui l'emmènera sur l'Océan plein ouest, et qui peut se résumer par : *Il a y des «Chinois» à peu de distance à l'ouest des côtes de l'Europe.*

S'il a véritablement rencontré au Groenland des hommes au faciès asiatique, cela a nourri son projet.

Un autre épisode, sur la côte d'Irlande, le laisse songeur. Une fois encore, c'est une note en marge qui nous l'apprend. Colomb écrit qu'il a observé à Galway, port abouché à l'inconnu atlantique, deux noyés. C'étaient, dit-il, des «*gens de Cathay*» (Chine), ainsi identifiés à cause de leurs larges pommettes et de leurs yeux bridés. Déduction probable de Colomb : cet homme et cette femme viennent de «l'autre rive» de l'Océan, et cette rive est celle de la «Chine»!

L'expédition islandaise l'a visiblement engagé dans une série d'hypothèses. Pourtant, le restant de sa vie, il parlera peu de ce voyage.

Fort de l'expérience arctique qui a étoffé sa maîtrise, tout en renforçant son envie de se tourner vers la «frontière océane», Colomb abandonne définitivement la navigation méditerranéenne.

À nouveau, c'est Lisbonne. Les Spinola, les Di Negro, agents d'armateurs génois, lui offrent du travail. Il s'installe dans cette ville brillante, capitale de l'exploration atlantique. Le bois des îles, le sucre, la poudre d'or africaine s'étalent sur les quais.

Qu'y fait-il? Il navigue pour le profit de ses riches compatriotes. Mais bientôt le lien se distend. À Madère il effectue, en 1478, sa dernière mission génoise.

Ce voyage commercial vise à rapporter aux Di Negro une cargaison de sucre. L'affaire tourne mal, l'engage dans un procès avec ses commanditaires. Les minutes de la procédure montrent que Colomb, tout aventurier qu'il soit, sait parfaitement défendre ses intérêts.

Madère lui a dévoilé les îles océanes. À la douceur des parfums, au bleu de la mer qui lui rappellent Chio, se conjuguent le foisonnement végétal, la richesse du sol noir, fertile. « Madère » signifie *bois*. Elle garde encore une partie de sa forêt originelle, que les Portugais brûlent pour dégager des terres. Outre la vigne, qui fournit le célèbre vin doux, la canne à sucre introduite par l'infant Henri se révèle profitable. L'Europe entière s'en découvre friande, achète au plus haut prix.

À Lisbonne, où il retrouve l'un de ses frères, Barthélemy, établi au sein de la florissante colonie génoise, Christophe n'est pas dépaysé. Barthélemy tient une échoppe d'ouvrages de marine, dessine des cartes, fréquente un cénacle cosmopolite de gens de mer, cosmographes, souvent autodidactes. Tous partagent la passion qui électrise Lisbonne : la découverte.

De cette époque on a peu de détails précis concernant Colomb. Il fréquente les amis de son frère, lit beaucoup, peaufine son latin. Joint à l'expérience du marin, son savoir grandissant le fait passer pour un homme promis à un bel avenir.

Une telle réputation, associée à sa « belle prestance », selon les termes de Ferdinand Colomb, le fait remarquer d'une jeune fille appartenant à un milieu supérieur. Las Casas, « colombien » fervent, décrit cette rencontre :

« En bon chrétien, il assistait souvent aux cérémonies religieuses dans un monastère dit "des Saints" où se rendaient aussi des dames nobles : il fit la connaissance de l'une d'entre elles, nommée donna Felipa Moniz, qui appartenait à une famille de haut lignage et avec laquelle il se maria. »

Mariage d'amour? Marchepied idéal pour ce jeune ambitieux qui se trouve propulsé dans l'une des meilleures familles portugaises? Colomb restera discret, et sur ses sentiments, et sur les aspects matériels du mariage, qui intervient entre 1477 et 1479.

Mme Colomb, dont les origines aristocratiques et les relations pourront servir à son capitaine de mari, n'est cependant qu'une jeune fille pauvre. Son père est mort sans laisser de fortune. La mésalliance demeure relative. La famille de Felipa ne semble pas réticente.

Colomb a un net penchant pour la noblesse. Bien avant les bénéfices matériels, ce sont les titres qu'il revendiquera dans la discussion de son contrat avec la reine Isabelle, à la veille d'embarquer pour les « Indes ». La découverte accomplie, au faîte des honneurs, il aimera s'inventer des paraphes, des anagrammes, des emblèmes... Nul doute que la noblesse de la jeune fille a pesé sur la décision du jeune homme et son « plan de carrière ».

De Felipa Moniz Perestrello, on sait très peu de choses. Par son père, Bartolomeo Perestrello, elle appartient au milieu des explorateurs et des colonisateurs portugais. Le capitaine Perestrello a bénéficié d'une donation perpétuelle d'Henri le Navigateur, lui assurant la direction de l'île de Porto Santo, proche de Madère. Loin d'être aussi favorisée que sa voisine, la petite île bénéficie d'une position stratégique et de ressources non négligeables, de bois notamment. Un arbuste local, le *dragoeiro*, fournit un hémostatique apprécié.

Colomb, lorsqu'il demande Felipa en mariage, a-t-il déjà en tête son grand projet? Est-ce dans le cadre de sa nouvelle famille qu'il structurera des idées encore éparses?

La vie conjugale l'amène à séjourner à Porto Santo, étape obligée du trajet Lisbonne-Madère. Il étudie les documents de feu son beau-père, dont la charge est restée dans la famille :

« *Comme l'Amiral aimait beaucoup les histoires de voyages, sa belle-mère lui montra les lettres et les cartes de son mari. La curiosité de l'Amiral s'en trouva avivée et il se renseigna sur les autres voyages que les portugais effectuaient alors à destination de La Mina et des côtes de Guinée* » (Témoignage de Ferdinand Colomb).

À Porto Santo, Colomb ne se contente pas de fouiller dans les documents familiaux. Il parcourt le rivage, regarde longuement l'occident inconnu. Des plantes étranges échouent sur les plages. La grosse fève dite *Mucuna entata*, poussée depuis le Mexique jusqu'aux îles atlantiques par les courants, sera surnommée à Porto Santo « fève de Colomb ».

Lorsqu'on visite aujourd'hui encore ces terres isolées à la limite des eaux européennes et africaines, on ressent une impression d'« entre-deux-mondes »...

Felipa meurt prématurément. Peu de temps avant, en 1480, elle a mis au monde un fils, Diego. Impossible de savoir si la disparition de sa femme fut cruelle pour Colomb, toujours avare de confidences personnelles.

On lui connaîtra par la suite une seule liaison certaine. L'énergie de cet homme, inquiet, intense, ne semble guère orientée vers la galanterie. La réserve est dans son caractère. Devant la beauté des femmes des « Indes », qui se présenteront à lui *« sans rien qui couvre leur nature »*, il semblera mal à l'aise. *« Je donnai l'ordre qu'on apporte un vêtement pour la couvrir »*, ne cessera-t-il d'écrire. Cela ne l'empêchera pas, en chef de mer réaliste, de fermer les yeux sur les frasques de l'équipage.

Dans les années 1482-1484, Colomb agrandit encore sa connaissance de la planète. Sous pavillon portugais il se rend en Afrique – la « Guinée », ainsi qu'on nomme alors l'ensemble des côtes occidentales au sud de Bojador. Il va jusqu'à la côte de l'Or (l'actuel Ghana) :

« Je me trouvai dans la forteresse de Saint-Georges de La Mina appartenant au roi de Portugal, qui est placée sous l'équinoxial », note-t-il en marge de l'*Imago Mundi* de Pierre d'Ailly.

La Mina, premier bâtiment européen construit sous les tropiques, est une forteresse toute neuve. Elle défend un comptoir portugais devenu en peu d'années très profitable. La poudre d'or de l'intérieur du continent, le piquant « grain de Guinée » ou « grain de Paradis », succédané du poivre, s'y négocient au gré des arrivages. En échange, les Portugais fournissent aux Africains récipients de cuivre, tissus ordinaires, haches, couteaux, perles de verre... Excellente affaire, dont Colomb tirera parfaitement la leçon. L'inégalité du troc avec les indigènes est un motif de réjouissance chez le très « moral » Christophe Colomb.

En Afrique, il voit de l'or, beaucoup d'or. Et il s'exalte à l'idée de répandre le message chrétien dans un si riche et si vaste monde...

Dans sa période africaine, Colomb a souvent *« pris la hauteur du soleil*» avec un astrolabe – instrument d'origine arabe finalement mis au point par les Portugais pour la détermination des latitudes. Selon Samuel Eliot Morison, son meilleur biographe, Colomb possède à ce stade tous les savoirs et les savoir-faire d'un capitaine et chef d'expédition, capable de «*diriger une caravelle vent debout, se déhaler d'une terre sous le vent, choisir les provisions à emporter pour un long voyage et les stocker...*».

Techniquement, une expérience de navigation prolongée avec les Portugais, alors les meilleurs marins du monde, ne peut qu'avoir parachevé la maîtrise d'un Christophe Colomb qui, en ces années 1480, a déjà certainement en tête son grand projet. Comment va-t-il se préciser? Sera-ce par la convergence soudaine d'observations en mer, de lectures, de réflexions comparatives sur les cartes, de prophéties antiques?... Ou une fragile hypothèse, parmi d'autres, que le temps renforce, au fil des études et des discussions?

On ignore le cheminement de l'intuition colombienne. On en connaît les composantes. Ce sont tous ces arguments qu'il étale, sans convaincre, devant les innombrables commissions appointées par les souverains du Portugal, puis d'Espagne. Il s'en entretient également avec les puissants personnages, prélats, ducs, banquiers, dont il sollicite l'appui. C'est de ce côté-là, le «privé», que viendra le sauvetage providentiel d'une proposition jugée irréaliste par la majorité.

À la vérité, ce projet paradoxal mêle le vrai et le faux, le théologique et le maritime, l'appât des richesses et la ferveur sincère du croisé, la juste déduction et le faux calcul, le doute salutaire et la crédulité. Cela dit, savons-nous tout?

L'époque des découvertes n'est pas, comme on le croît, celle de la divulgation immédiate des acquis géographiques. Les conclusions des expéditions, les cartes nouvelles, sont soigneusement stockées dans les archives royales. Seuls y accèdent les marins et savants dûment mandatés. Plus la concurrence augmente, entre candidats à l'exploration, entre pays découvreurs, plus la pratique du secret s'avère nécessaire. Secret relatif – on ne peut pas museler les équipages. On vise en général, par la discrétion, à gagner seulement du temps.

Faut-il tout dire quand on est un capitaine portugais, génois, catalan, plein d'idées et de propositions de découvertes? Les rois eux-mêmes, leurs conseillers, ne sauraient être fiables. Ils déclinent d'un air dégoûté le projet de l'un pour immédiatement le confier à l'autre, mieux en cour ou offrant des conditions plus avantageuses.

Colomb a raison d'être sur ses gardes. Le roi de Portugal, Jean II, joue à ce petit jeu. Las Casas nous le décrit « cuisinant » Colomb jour après jour :

« Le roi, enquêtant précautionneusement et arrachant chaque jour à Christophe Colomb des informations, se persuada toujours davantage, avec l'approbation de tous ceux qu'il avait chargés d'étudier cette question, de faire préparer secrètement une caravelle. »

Mal lui en prend. L'expédition qu'il lance, sous la direction de Dulmo et Estreito, vers les terres hypothétiques de l'ouest et l'« île des Sept Cités », se solde par un désastre. Tout en provoquant le départ d'un Christophe Colomb ulcéré, qui va remettre clés en main toute l'affaire aux Rois d'Espagne.

À défaut d'un prétendu « secret de Colomb », il ne dit jamais tout à la fois. Au reste, son atout maître est technique : sens de la manœuvre, maîtrise de la navigation astronomique qui permet de se repérer loin des côtes, compréhension empirique des vents et des courants de l'Atlantique...

Revenons à l'« intuition ». Elle éclaire le « génie » de Colomb, tout en le relativisant par l'erreur de base qui constitue le réjouissant paradoxe de cette histoire.

Il n'y a sans doute pas eu de révélation foudroyante. Au fil des années passées en mer, et grâce à un programme d'« autoformations » intensif, Colomb a étayé une hypothèse. Née de l'observation, de l'accumulation des témoignages dans le milieu des marins, elle s'est adjoint des arguments scientifiques et théologiques. L'idée semble antérieure, procéder du « vécu ».

P.E. Taviani à qui l'on doit un ouvrage passionnant sur la « genèse de la grande découverte », inventorie des dizaines d'« indices » stockés dans la mémoire du futur découvreur. Beaucoup d'entre eux, rapportés par son fils Ferdinand Colomb, sont sujets à caution dans le détail, mais il est sûr, et Las Casas le confirme, que Colomb a été troublé par :

– la présence sur les rivages des îles atlantiques, notamment aux Açores, de débris végétaux apportés par les vents et les courants venus de l'ouest : bambous géants, branches et troncs de pin ;

– l'arrivée sur les côtes de corps de noyés «asiatiques», comparables à ceux qu'il a observés lui-même en Irlande ;

– la présence de morceaux de bois travaillés dans un style inconnu, flottant sur l'Océan ;

– l'observation (mirages ?) de terres à l'ouest, dans certaines circonstances météorologiques ;

– l'échouage au cap Verga, sur la côte de Guinée, d'*almadias* (barques surmontées de huttes) apportées de l'Océan par vents et courants.

Conclusion : non loin à l'ouest de l'ensemble formé par l'Europe et l'Afrique, se trouve une terre.

Laquelle ? *Forcément* l'Asie.

Maintenant, le complément théorique. Savants, géographes, mathématiciens, philosophes et scolastiques sont épluchés, jusque tard dans la nuit. Colomb, esprit éclectique, fait son miel de tout ce qu'il trouve dans le corpus de la fin du Moyen Âge, et qui va dans son sens.

L'*Imago Mundi* de Pierre d'Ailly, théologien et astrologue français, compte parmi ses manuels. Dans un exemplaire personnel, Colomb souligne avec force un passage :

«*La fin des terres habitables vers l'orient et la fin des terres habitables vers l'occident sont assez proches et au milieu il y a une petite mer... Il est évident que cette mer est navigable en quelques jours si le vent est favorable, d'où il découle que cette mer n'est point si grande qu'elle couvre les trois quarts du globe, comme certains l'imaginent.*»

Voilà l'intuition du navigateur «vérifiée» par une autorité.

Pierre d'Ailly, lors de la publication de son traité, en 1410, reprenait les mesures de l'Eurasie annoncées par Marin de Tyr, qui lui-même se conformait aux conceptions d'Aristote sur la petitesse du globe. Pour toute cette école, l'Asie était une masse immense occupant la majeure partie de la surface terrestre. L'océan Atlantique bordait donc, à l'ouest, le «début de l'Inde». On a pu dire qu'Aristote est le véritable inspirateur de la découverte du Nouveau Monde, lui qui écrivait dans son *Traité du ciel et de la terre* : «*La région des colonnes d'Hercule* (Gibraltar) *et l'Inde sont baignées par le même océan.*»

Pour Colomb, nourri des récits des voyageurs d'Asie, c'est donc à peu de jours de navigation que se trouvent les terres merveilleuses décrites par Marco Polo. Un exemplaire du *Devisement du Monde*, déposé à la Bibliothèque colombienne de Séville, se révèle lui aussi annoté de manière très personnelle.

Le récit de Marco Polo, qui ne sera imprimé pour la première fois qu'en 1496, circule beaucoup en version manuscrite. Des informations précises y voisinent avec des on-dit recueillis au fil de la route – populations de cyclopes, bestiaire fantastique, monstres divers... Il attribue à l'Asie une extension vers l'est bien supérieure à la réalité, pour une raison bien simple : Marco Polo, quand il est déjà sur le chemin du retour, omet de le signaler. Certaines distances estimées s'ajoutent au lieu de se retrancher.

Ce n'est pas d'un voyageur que Colomb tiendra son principal soutien théorique mais d'un homme d'études, n'ayant pratiquement jamais quitté son cabinet et ses grimoires, Paolo del Pozzo Toscanelli. Ce savant florentin, discret, est très estimé dans le petit monde des prospecteurs de l'inconnu.

Colomb apprend l'existence de ses travaux grâce au milieu génois de Lisbonne, à travers les relations de son frère Barthélemy.

Toscanelli est un personnage de prédilection pour les « colombiens ». Certains voient en lui *le* secret de Colomb, d'autres déclarent faux la majorité des documents le concernant, minimisent son influence.

Ce médecin florentin est doublé d'un remarquable mathématicien, et d'un astrologue apprécié des Médicis. Toutefois, c'est par son savoir géographique, et son talent de cartographe, qu'il va passer à la postérité.

Il appartient à une famille de riches commerçants dont le verrou turc entre l'Italie et le Levant a stoppé l'essor. Tout en maniant ses théorèmes, Toscanelli suit l'évolution des découvertes ouvrant de nouvelles voies au commerce.

La ville où il demeure est à cet égard un excellent lieu d'information. Cinquante années durant, Toscanelli interroge les voyageurs qui passent par Florence : Génois, Portugais, et même Tartares, Éthiopiens. Il connaît forcément l'existence de Nicolas Conti, le voyageur aventureux de toute l'Asie, venu en août 1441 à Florence.

43

Les conceptions de Toscanelli à propos de l'Asie doivent beaucoup à l'expérience plus ancienne relatée dans le *Devisement du monde* de Marco Polo. Elles sont également le fruit d'enquêtes personnelles, confrontées à des données théoriques, notamment la *Géographie* de Ptolémée, dont Toscanelli a produit une version rajeunie.

Or que dit l'illustre savant, du fond de son Antiquité enfin réhabilitée ? Que l'Asie mesure 180 degrés d'ouest en est. Ce qui est bien sûr largement exagéré – en réalité elle fait 130 degrés.

Au fil de ses études, Toscanelli est arrivé à une conviction : le plus court chemin des Indes est celui de l'ouest. En traversant l'océan Atlantique on rencontrera d'abord Antilia puis Cipango, et enfin le gros morceau : le Cathay.

En 1474, à l'heure où Colomb est encore un jeune marin, Toscanelli adresse à un ami portugais, le chanoine Martins, une lettre destinée à fournir des informations sur ce sujet au roi de Portugal Alphonse V :

« J'ai eu beaucoup de plaisir à apprendre que tu entretenais des relations familières avec ton roi sérénissime et magnifique. Et bien que j'aie déjà traité en d'autres occasions du plus court chemin pour aller d'ici aux Indes où naissent les épices, chemin que j'estime plus court que celui que vous parcourez en passant par la Guinée, tu me dis que Son Altesse attend de moi une démonstration qui permette de comprendre de quel chemin il s'agit et de l'emprunter à l'avenir... »

Le document joint, destiné au roi, se veut pédagogique :

« J'ai décidé d'indiquer le chemin dont je parle au moyen d'une carte semblable à celles dont on se sert pour naviguer. Je l'envoie à Votre Majesté, établie et dessinée de ma main ; j'y ai représenté toute l'extrémité de l'Occident, en allant de l'Irlande au nord jusqu'au bout de la Guinée pour le sud, avec toutes les îles qui se trouvent dans cette zone. En face, à l'ouest, j'ai représenté le commencement des Indes, avec les îles et les lieux où vous pouvez arriver. J'ai indiqué aussi de quelle distance vous pouvez vous écarter du pôle arctique en direction de la ligne équinoxiale, et en combien de lieues vous parviendrez jusqu'à ces pays où abondent toutes les sortes d'épices ainsi que les joyaux et les pierres précieuses. »

Toscanelli juge utile de bien préciser :

« *Ne vous étonnez pas si j'appelle Ponant le pays d'origine des épices, dont on dit habituellement qu'elles proviennent du Levant : car ceux qui navigueront vers l'ouest trouveront toujours les pays en question à l'ouest ; et ceux qui se rendront par voie de terre vers l'est, trouveront toujours les pays en question à l'est.* »

Cette lettre, ainsi que la carte, Colomb va les avoir en main. Il décide de se renseigner à la source. Il écrit à Florence, au domicile du vénérable savant (âgé de quatre-vingt-cinq ans), reçoit en retour, vers 1481, un mot d'encouragement. Toscanelli joint à sa réponse une copie de la fameuse lettre, écrite sept ans plus tôt. Et la carte.

Certains (Madariaga, pour ne citer que lui) prétendent que Colomb a volé la lettre et la carte dans les archives portugaises.

On imagine en tout cas l'excitation du navigateur, du praticien de la mer, auquel parvient une confirmation de la main même d'un des grands savants de l'époque !

S'ensuit une correspondance, interrompue par la mort de Toscanelli, quelques mois plus tard en 1482. Le ton du vénérable érudit est paternel (il s'adresse à un marin d'un niveau culturel moyen) mais sympathique et encourageant :

« *À Christophe Colomb, Paolo, médecin, adresse son salut. J'ai reçu tes lettres, et ce que tu m'y mandes m'a fait grand plaisir. J'apprécie le noble et grand désir que tu as de naviguer du Levant vers le Ponant, selon l'indication de la carte que je t'ai envoyée ; la démonstration sera plus claire sur une sphère ronde. Je suis content que tu l'aies bien comprise.* »

Suivent des considérations sur le bien-fondé de l'entreprise susceptible de « *rapporter de la gloire, des bénéfices inestimables et une immense renommée auprès de tous les chrétiens* ».

L'authenticité de cette deuxième (ou énième) missive de Toscanelli, transmise par Ferdinand Colomb et Las Casas, demeure discutable. Ce n'est pas le cas de la première, original ou copie de la lettre destinée au roi de Portugal. Quelle que soit la manière dont il se l'était procurée, Colomb l'a recopiée lui-même sur la page de garde d'un de ses livres.

Toscanelli donne une impulsion décisive à un moment où l'entreprise des Indes est encore en chantier. Ses propos vont même au-delà des projections les plus audacieuses de Colomb, jugeant le rivage asiatique encore plus proche.

Et pourtant. En ces années 1480, l'état des connaissances permet de mettre sérieusement en doute les mesures, archaïques, de Colomb et de Toscanelli. L'immensité de l'Océan est patente.

On veut bien concéder l'existence, à l'ouest, de quelques îles relais, Antilia ou autres, voire admettre que Cipango, distante du continent asiatique, peut fournir un havre accueillant en chemin. De là à se lancer sur de telles immensités...

Non seulement Colomb joue le mauvais cheval en choisissant d'Ailly, Aristote et Toscanelli, mais il se trompe (volontairement?) dans ses mesures. Voyons comment.

À une époque où tout le monde est d'accord sur le fait que la Terre est ronde, et qu'il est commode de la diviser en 360 degrés, l'évaluation dudit degré demeure plus que variable et objet de querelles byzantines. Pour l'école d'Alexandrie et pour Ptolémée, un degré est égal à 50 milles nautiques. Pour l'astronome arabe Alfragan, il représente 56 2/3 milles arabes. Une différence de plus de 16 %. Colomb adopte la mesure d'Alfragan, et justifie son choix en tant que marin l'ayant vérifié *in situ*.

« Il est à noter que souvent, en naviguant de Lisbonne vers le sud, en Guinée, j'ai relevé avec soin la route qu'ont l'habitude de suivre les capitaines et les marins, et ensuite j'ai pris la hauteur du soleil avec le quadrant... À plusieurs reprises j'ai trouvé qu'elle concordait avec les mesures d'Alfraganus, c'est-à-dire que chaque degré correspond à 56 milles deux tiers, et c'est pour cette raison qu'il faut y ajouter foi. Ainsi donc nous pouvons dire que le circuit de la Terre sous le cercle équatorial est de 20 400 milles » (Note en marge de *L'Épilogue de la mappemonde*, de Pierre d'Ailly).

Jusqu'ici tout va bien. Colomb, marin compétent et honnête homme, livre les fruits de son expérience. Mais à partir de là il convertit de manière erronée le mille arabe en mille italien, qui est d'une valeur inférieure! Ce qui l'éloigne du compte... tout en le rapprochant, fort heureusement à ses yeux, de son hypothèse de départ.

Il ne s'agit pas ici d'un débat futile. De ces chiffres, tout dépend. L'entreprise des Indes, la recherche du Levant par le Ponant, ne peuvent se concevoir qu'en fonction d'un océan étroit. Une caravelle de la fin du XVIᵉ siècle est à même d'effectuer quelques milliers de milles. Sûrement pas les dix mille six cents milles qui séparent en réalité les Canaries du Japon !

Les mesures de Colomb, à juste titre, vont faire tiquer les commissions royales. Un navire allant plein ouest risque d'errer indéfiniment.

Colomb de son côté, accroché à une intuition juste, sélectionne dans le débat géographique, consciemment ou non, les seules conclusions qui rendent son projet plausible. Sans réussir sur ce point à convaincre l'ensemble des experts de son temps.

On possède une preuve que, dans ses convictions peut-être datées, Colomb n'est pas seul avec le vieux Toscanelli. C'est un document cartographique étonnant appelé « globe de Nuremberg », daté justement de 1492. Son auteur, Martin Behaim, cosmographe allemand, a séjourné au Portugal entre 1484 et 1487. Il a pu rencontrer Colomb. À moins qu'il n'ait eu simplement connaissance du « dossier Colomb » présenté à Jean II de Portugal. La sphère qu'il fabrique matérialise trait pour trait les options géographiques de Toscanelli et de Colomb. L'extension est-ouest de l'Eurasie sur 230 degrés couvre l'espace du Pacifique et de tout le continent américain. L'océan Atlantique apparaît comme une sorte de mer intérieure de 130 degrés de longitude. L'île mythique d'Antilia y figure, étape opportune, tout comme Cipango, campée à 85 degrés à l'ouest de Lisbonne...

Ce globe de Martin Behaim est une fidèle et émouvante matérialisation de la Terre que l'Amiral a dans la tête au moment du grand pari.

L'approche de Colomb, pragmatique, partiellement scientifique, est également tributaire d'une religiosité médiévale. Ce pêcheur voue un culte à la Vierge, partage certaines superstitions des marins de son temps et, quand il se trouve à court d'arguments, il appelle à la rescousse... la Bible. Plus d'une fois il brandit la prophétie d'Esdras – texte d'ailleurs « apocryphe » et controversé :

« *Les six autres parties Tu les as asséchées, et Tu les as gardées avec l'intention que quelques-unes d'entre elles, plantées et cultivées puissent Te servir...* »

Calcul rapide de Colomb : si l'eau couvre quinze pour cent de la surface terrestre, il devient évident que la moitié du monde encore mystérieuse n'a pratiquement que des terres émergées. Le risque de se perdre dans la « mer Ténébreuse » est écarté.

Dieu a mis l'homme au sommet de la création, il n'a pu « *composer le globe de manière si désordonnée qu'elle ait donné à l'élément aqueux prépondérance sur la Terre, qui est destinée à la vie et à la création des âmes...* », renchérit Joao de Barros, historien portugais de l'époque.

La projection du divin sur l'espace géographique, séquelle médiévale, est déterminante chez Colomb. Ne note-t-il pas, toujours en marge d'une de ses lectures, les coordonnées « exactes » (latitude, longitude) du Paradis terrestre ? Plus tard, les Bahamas et les Antilles, îles indolentes sous l'alizé, lui sembleront en être les approches...

En 1484, Colomb a assemblé les pièces essentielles de son puzzle : observations marines, citations classiques, cartes, phrases prophétiques...

Reste à trouver l'appui logistique. Il ne peut venir que d'un souverain. Tout commanditaire privé sera le bienvenu, mais l'aval d'un roi est indispensable. Pourquoi ? Parce que Colomb n'ambitionne pas uniquement le profit. Il veut le pouvoir sur ces terres de l'ouest qu'il va découvrir. Un pouvoir héréditaire. Plus un titre d'amiral. Bref, il veut les honneurs, et faire œuvre de propagateur de la foi chrétienne. Cela, seul un roi peut lui permettre de l'accomplir.

Colomb a désormais des appuis solides au Portugal. Les relations de sa femme, les siennes, une réputation établie. Il est logique qu'il s'adresse au roi du pays où il a fait définitivement ses preuves, le pays-phare des découvertes.

C'est donc plein de confiance, en 1484, qu'il entreprend une démarche auprès de Jean II de Portugal, roi éclairé (dit « parfait » par ses contemporains). De l'aveu même de Colomb, ce souverain « *s'y entend plus qu'aucun autre pour ce qui est des découvertes* ».

Accueil fort décevant, que décrit Joao de Barros :

« *Le roi, trouvant que Christophe Colomb était un grand parleur, qu'il y avait de la fanfaronnade dans la manière dont il vantait ses propres mérites, et que les rêves et l'imagination avaient plus de part qu'il ne l'affirmait dans ses propos sur l'île de Cipango, lui accorda peu de foi.* »

Bon prince, ne voulant pas non plus laisser échapper sans étude préalable une proposition de cette envergure, Jean II nomme une commission :

« Devant son insistance, le roi l'envoya à dom Diego Ortiz, évêque de Ceuta, à maître Rodrigue et à maître Joseph, auxquels il s'en remettait généralement pour ces questions de cosmographie et de découvertes, et ils tinrent tous pour vanité les paroles de Colomb, car tout ce qu'il disait était basé sur l'imagination ou sur des choses telles que l'île de Cipango de Marco Polo. »

Les cosmographes du roi ne sont nullement convaincus par la petitesse de l'Océan. D'autres aspects provoquent la méfiance de Jean II, notamment les honneurs qu'exige cet homme parti de rien : amiral, gouverneur, vice-roi de toutes les îles et terres découvertes, plus (dit Las Casas) un dixième de tous les profits assurés par l'or, l'argent, les épices, les perles, et toute forme de marchandise... Aucun explorateur n'a avancé de telles exigences. Le coût exorbitant de cette expédition s'avère dissuasif également.

Jean II écoutera d'une oreille plus complaisante, quelques années après, les propositions d'un Dulmo, complètement autofinancé.

La raison fondamentale du refus est ailleurs. Le Portugal s'intéresse en priorité à la route des Indes par l'Afrique. La découverte du Cap est imminente. Le roi le pressent. Pourquoi disperser l'effort, à ce stade décisif ?

Colomb est ulcéré. Sans doute le sera-t-il plus encore en apprenant, deux ans plus tard, le départ de l'expédition concurrente de Dulmo...

Il a passé des jours en palabres inutiles, négligé ses intérêts personnels. Le prospère capitaine de navires marchands se retrouve criblé de dettes. Sa femme morte, son projet refusé, qu'at-il encore à perdre ?

C'est sans doute « à la cloche de bois » qu'il quitte, en 1485, le Portugal. Emmenant son jeune fils Diego, il embarque pour Palos, sur la côte d'Andalousie.

Là-bas réside la sœur de sa femme. Mais que peut lui apporter, à lui, l'Espagne ? Beaucoup plus qu'une mère de remplacement pour son fils. Le seul espoir de voir s'accomplir son fameux projet, celui auquel il consacre désormais toute son énergie, qui rassemble toutes ses espérances, véritable monomanie dont il ne sortira que vainqueur ou brisé. Qui peut être intéressé hormis l'autre nation conquérante, celle que dirigent «les Rois», Isabelle de Castille et Ferdinand d'Aragon?

Le pieux Colomb obéit à son habitude d'assister à la messe dès qu'il touche terre et sonne à la porte d'un monastère franciscain, La Rabida. D'emblée il obtient la protection bienveillante du père Marchena, qui se pique justement de cosmographie.

Hasard heureux, providentiel. Outre le relais paternel fourni par ce couvent, qui va prendre en charge l'éducation du petit Diego, Colomb trouve dans le père Marchena un auditeur enthousiaste de ses grands desseins. Au-delà des sympathies personnelles, l'ordre franciscain n'a sans doute pas oublié son brillant passé missionnaire. Cipango, le Cathay, tous ces êtres humains qui attendent la délivrance du Christ... Cet étranger fiévreux, que le sort a rebuté, mérite décidément un appui. Marchena, gagné à l'entreprise des Indes, devient l'ange tutélaire de Colomb. Spontanément il lui ouvre un «carnet d'adresses» prestigieux où figurent des grands, et même des proches du couple royal.

Grâce à lui Colomb obtient une première audience, le 20 janvier 1486.

Avec brio il expose son projet, aidé d'une carte qu'il a dessinée lui-même. Il cite les Anciens, insiste sur l'importance de Ptolémée. Les Rois sont-ils ébranlés? On sait seulement que Ferdinand, la même année, fait venir de Valence une édition de Ptolémée. Mais les Rois sont en pleine reconquête sur les Maures, ils ne mettent pas encore les découvertes au premier rang de leurs préoccupations.

Le projet est confié à une commission. Colomb sait déjà ce que cela signifie: les longs mois d'attente, les manœuvres en coulisses. La Cour, en ces temps de guerre, ne cesse de se déplacer. Colomb suit, dans l'espoir d'une réponse, bien obligé de supporter les railleries des courtisans:

«Comme il était un étranger et qu'il était pauvrement habillé et sans autre crédit que celui d'un frère des ordres mineurs, personne ne croyait à ses discours ni ne l'écoutait; et il en souffrait profondément», note Lopez de Gomara.

Seule une idylle amoureuse vient tempérer la dureté de ces années. La jeune fille s'appelle Béatrice Enriquez de Arana, elle a vingt ans (lui trente-sept), habite un petit village près de Cordoue. Elle est pauvre, orpheline, roturière, sans doute d'origine juive. Elle lit et écrit – ce qui la situe hors du commun de l'époque – grâce à l'éducation que lui a offerte son tuteur, homme cultivé qui fréquente des pharmaciens génois de Cordoue. C'est par cette connexion génoise que Colomb, momentanément installé à Cordoue avec la Cour, la rencontre.

Béatrice jouerait un rôle modeste dans la vie de Colomb si elle ne lui donnait un fils, Ferdinand, futur grand érudit qui sera aussi l'historiographe (pas toujours très fiable) de son père.

Ferdinand, ou Fernando, prénommé ainsi en hommage au Roi, naît en août 1488. Ce fils naturel, reconnu légalement, constituera le seul lien durable entre Colomb et Béatrice.

Il n'y a pas mariage. Selon toute vraisemblance, Colomb répugne à tout ce qui peut constituer un handicap à sa carrière. Le règlement royal n'interdit-il pas qu'un grand, titré par la reine, épouse une roturière ? Quand ses projets se réaliseront, Béatrice risque d'être un poids... Cette injustice, à l'égard d'une femme qu'il aime sans doute, et qu'il place dans une situation délicate, le mettra durablement mal à l'aise.

Longtemps après, sentant l'approche de la mort, il chargera son héritier principal, Diego, «*d'avoir en recommandation Béatrice Enriquez, la mère de don Ferdinand, mon fils, de lui fournir les moyens de vivre honnêtement, comme à une personne envers qui j'ai beaucoup d'obligations. Que cela soit fait pour soulager ma conscience, car il s'agit d'une chose qui pèse lourdement sur moi. Il n'est pas opportun d'en expliquer ici la raison*».

Amoureux ou non, ce sont des années pénibles. Colomb les évoque souvent dans sa correspondance avec les Rois, une fois son succès établi, se plaignant amèrement de ce qu'il a dû endurer.

Pour l'instant les commissions se succèdent. Les savants tergiversent. Isabelle a été non pas « séduite » par Colomb, comme on l'a prétendu, mais touchée par sa conviction. Elle lui alloue de temps à autre une poignée de maravédis – peut-être pour le garder en réserve jusqu'à la fin espérée des hostilités avec les Maures.

De nouveaux contacts sont établis avec le souverain de Lisbonne. Jean II, tout en proclamant son « amitié », ne propose rien de décisif. Le navigateur, bloqué à terre, est exaspéré. Il apprend avec désespoir le succès de Diaz au Cap. Qui va s'intéresser à la route de l'ouest, maintenant que celle de l'est est toute tracée ?

Barthélemy, le frère fidèle, fait le voyage d'Angleterre pour sonder les intentions du roi Henri VII. Il revient lui aussi porteur d'un refus.

Colomb en 1489, de plus en plus découragé, envisage de se tourner vers la France. Mais voici qu'il obtient (nouvel effet de l'enthousiasme du père Marchena) un appui d'importance en la personne du duc de Medinaceli :

« (Le duc) éprouva de la sympathie pour la sagesse de Colomb et au vu de ses bonnes raisons il se décida en faveur du voyage qu'il voulait accomplir, sans se laisser arrêter par les dépenses qu'il entraînerait, d'autant moins que Colomb ne demandait pas beaucoup d'argent. En même temps, sachant que Colomb n'avait pas de quoi subvenir à ses besoins, il le fit pourvoir de tout ce qu'il lui fallait » (Las Casas).

La partie peut sembler gagnée, maintenant que Colomb a son financement. Cette fois c'est la reine qui met son veto. Les voyages de découverte doivent être faits avec l'aval de la Couronne.

Conséquente, elle reçoit à nouveau Colomb, pendant l'été 1489. Elle est seule, Ferdinand ferraille à Baza. Pour la première fois elle s'engage personnellement, hors des commissions d'experts, et donne *« des espérances certaines qu'une fois conclue l'affaire de Grenade »* elle s'occupera du projet.

Hélas... la Reconquête piétine. On imagine l'impatience, l'irritation de Colomb.

Enfin, en décembre 1491, Boabdil abandonne ses dernières possessions andalouses.

Noyé dans la foule des courtisans, Colomb assiste à l'entrée solennelle des Rois dans Grenade :

« J'ai vu dresser les bannières royales de Votre Majesté sur les tours de l'Alhambra, et j'ai vu le roi maure sortir de la ville et venir baiser les mains de Vos Altesses et du Prince. »

Dès janvier 1492, la reine tient sa promesse et ressort le projet colombien. Nouvelle commission. Nouvelle angoisse. L'espoir d'aboutir semble cette fois plus fondé. Colomb a des appuis scientifiques dans la commission. Son heure est venue, il en est sûr.

Et c'est finalement un *no* qui tombe des lèvres d'Isabelle !

Colomb est-il jugé trop exigeant en demandant un budget de deux millions de maravédis ? La somme apparaît cependant modique pour une expédition de cette envergure, engageant trois caravelles. Est-il jugé trop ambitieux ? Après tout il ne deviendra « Amiral de la mer océane » et vice-roi des îles et terres fermes que s'il réussit...

On sourit aujourd'hui en imaginant la tête des Rois au cas où ils auraient eu la moindre prescience de ce que représentent de telles prérogatives à l'échelle de tout un continent.

Donc, c'est non. Et pour Colomb, dégoûté de l'Espagne, de la manière dont on sollicite puis repousse ses propositions, cela signifie le départ. Les humiliations, l'acharnement, la confiance irrationnelle en la Providence, tout cela n'a servi à rien. Cette ultime et blessante rebuffade des Rois, Colomb l'orgueilleux ne l'oubliera jamais.

La quarantaine passée, son dernier espoir est en France. L'avenir rétrécit. L'amertume le courbe sur lui-même, comme il chemine à dos de mule. Derrière lui Santa Fe, d'où Isabelle l'a congédié. Il se dirige vers La Rabida. Il y retrouvera une dernière fois ses amis, puis embarquera.

Colomb ignore que son patient travail de « relations publiques », effectué depuis des années, est sur le point d'aboutir. Au moment où il s'éloigne, un homme remue ciel et terre pour lui.

Ce personnage providentiel est Luis de Santangel, riche *converso* administrateur de la Maison royale. Fort de son crédit personnel, il fait valoir devant la reine la déception de tous ceux (nombreux finalement) qui croyaient au projet de Colomb.

Si c'est une question d'argent, voici sa proposition : que la Couronne mette un million de maravédis seulement. Et même cette somme-là, il la leur prête : rien à débourser pour les Rois, tout à gagner. Colomb fournira un huitième de l'investissement (prêt d'amis banquiers, notamment génois de Séville). Le reste des frais d'équipement sera couvert par la ville de Palos, alors sous le coup d'une amende pour une opération de piraterie et condamnée à « *fournir aux souverains deux caravelles armées sur son propre budget pour la durée de deux mois* ». Voilà qui tombe à pic.

Où est le risque pour la Maison royale ? Nul. La mise ? Minime. Le prestige ? La récente victoire sur les Maures le rend inentamable. Qu'ont fait d'autre les rois de Portugal, depuis tant d'années, ouvrant le monde à coup d'échecs relatifs et de succès?

On ne sait lequel des arguments de Santangel a fait mouche. Le roi Ferdinand, enfin convaincu, aurait-il obtenu lui-même le revirement d'Isabelle? Quel fut le rôle exact d'autres fidèles supporters de Colomb comme l'évêque Deza, précepteur de Juan, le prince héritier?

Le coup de théâtre est complet. Colomb chemine, brisé, sur la route de Palos, ruminant sa déception. Subitement il se voit rattrapé par un messager des Rois, porteur de l'ordre de revenir immédiatement à Santa Fe.

Il tourne bride, caracole vers un oui cette fois définitif des souverains.

À partir de là, tout va très vite. Le 17 avril 1492, solennellement, sont signées les «Capitulations», le contrat qui lie le navigateur et la Couronne. Il y est stipulé qu'en cas de succès Colomb recevra l'amiralat et la vice-royauté des «îles et terres fermes», titres tous deux transmissibles à ses descendants. Il touchera un dixième sur toutes les denrées et matières précieuses trouvées sur place, sera anobli sous le nom de don Cristobal Colon... Un patronyme modifié, d'après son fils Ferdinand, «*afin de le rendre conforme à l'usage de sa nouvelle patrie*», et dans l'idée d'une future conquête d'âmes pour le ciel...

Le futur grand-amiral de la mer Océane gagne sur toute la ligne. L'histoire ne dit pas s'il a le triomphe modeste.

Commence la phase préparatoire au voyage. Sélection des bateaux, constitution de l'équipage. On partira de Palos, qui offre un accès direct à l'Atlantique. Ce choix semble obéir à plusieurs nécessités. La présence, on l'a dit, des deux navires dus à la reine. La proximité de La Rabida, et d'un groupe d'amis, de parents, de «supporters» de Colomb. Enfin la réputation des marins de Palos, accoutumés aux voyages lointains.

Le 23 juin 1492, Colomb commence à recruter. Par quel moyen va-t-il convaincre des hommes d'aller tout droit à travers la mer, là où personne n'a osé aller? Les marins andalous se font tirer l'oreille. Colomb est un inconnu dans la région. Certains se rappellent l'avoir vu, misérable et défait, errant sur la route habillé en frère mendiant.

Nombre de témoignages recueillis quelques années plus tard, à l'occasion d'un procès opposant les héritiers de Colomb et la Couronne, confirment les grandes difficultés rencontrées dans la constitution du premier équipage :

« *Beaucoup se moquaient de l'Amiral à cause de son projet de découvrir les Indes... et le tournaient en ridicule, le traitaient de fou... Tous les tenaient pour morts, lui et ceux qui l'accompagneraient.* »

Heureusement un riche armateur de Palos, navigateur de talent, Martin Alonso Pinzon, accepte de participer. Pinzon a caressé pour son propre compte cette idée de la route des Indes par l'ouest. Il est allé lui-même aux Canaries et en Guinée, il comprend parfaitement les arguments de Colomb. Il a les moyens de jauger l'envergure du marin qu'il a devant lui. L'occasion apparaît historique.

On ne sait pas quel est alors le degré de sympathie entre ces deux hommes, qui s'affronteront par la suite. On imagine mal qu'ils se lancent dans une telle aventure sans un minimum de connivences.

Colomb doit une fière chandelle à Martin Pinzon, le recruteur qui lui manquait :

« *Martin Pinzon alla à la recherche d'hommes en disant : Amis, venez, faites le voyage avec nous ; pourquoi vivez-vous petitement ? Nous devons découvrir des terres avec l'aide de Dieu et, d'après ce que nous savons, nous devrions trouver des maisons avec des toits d'or et toutes sortes de richesses. Pour cette raison et pour la confiance en Martin Alonso, on trouva beaucoup d'hommes dans la ville de Palos et dans les villes de Huelva et de Moguer* », raconte un habitant de Palos.

Pinzon met à la disposition de Colomb deux de ses meilleures caravelles. Engageant sa famille dans l'expédition, il prend le commandement de l'une d'elles, la *Pinta*, confie l'autre, la *Niña*, à son frère Vincente.

Le troisième navire finalement sélectionné est une « nef » plus massive, dont le propriétaire, Juan de la Cosa, participe lui aussi à l'expédition. Sa *Gallega*, rebaptisée *Santa Maria* par Colomb – qui a la fibre mariale –, est une nef ventrue dont les dimensions estimées sont de 26 mètres sur 8,50. Elle associe voiles carrées et voiles latines.

Quarante hommes se trouveront à bord de la *Santa Maria*, une vingtaine sur chacune des caravelles. En tout moins de cent hommes pour une entreprise totalement inédite. Effectif étonnamment faible, souligne S.E. Morison, et taux de mortalité en mer égal à zéro – record pratiquement jamais égalé dans les siècles suivants. L'équipage est sain et, l'avenir le prouvera, compétent.

La majorité en est andalouse, recrutée par les Pinzon. Juan de la Cosa a amené quelques Basques (qui se révéleront les plus difficiles à contrôler). Il n'y a, contrairement à la légende des « nombreux criminels constituant l'équipage de Colomb », que quatre repris de justice. Ils sollicitent par leur participation à l'entreprise le « pardon » promis par Isabelle et l'obtiendront en 1493.

Ces hommes ne sont pas des *desperados* mais des marins bien payés, pleins d'espoir, qui ambitionnent de tirer fortune et considération d'une aventure à laquelle ils croient.

Parmi les personnages les plus marquants, citons également Diego de Arana, responsable de l'eau potable, cousin de Béatrice ; deux fonctionnaires fiscaux chargés de veiller au respect des droits financiers de la Couronne sur les nouveaux territoires ; des médecins ; des artisans (charpentier, tailleur, tonnelier...) ; pas d'hommes d'armes, juste quelques canons ou bombardes ; pas de prêtre (on en est encore à l'exploration) ; enfin un curieux personnage, Luis de Torres, *converso*, traducteur d'hébreu, d'arabe et de grec, auquel est dévolue la mission de... s'entretenir avec le Grand Khan !

Personne ne doute que le but du voyage soit celui-là : au-delà de Cipango, atteindre la Chine, s'allier avec son souverain contre l'Infidèle. Colomb s'est d'ailleurs vu confier une missive de la reine Isabelle, adressée au puissant « roi du Cathay » :

« Au prince sérénissime notre ami très cher : nous Ferdinand et Isabelle, Roi et Reine de Castille, Aragon, Léon, Sicile, Grenade... envoyons nos saluts et vœux de prospérité. Nous savons par nos sujets et par d'autres qui sont venus ici au retour de vos royaumes quelles bonnes dispositions et quelle excellente considération vous témoignez à notre égard et envers notre État, ainsi que votre grand désir d'être informé de nos succès. Aussi avons-nous décidé de vous envoyer notre noble capitaine Christophe Colomb, porteur de lettres qui vous informeront de notre bonne santé et de notre

prospérité et d'autres sujets dont nous l'avons prié de vous entre-
tenir de notre part... Quant à nous, il nous sera extrêmement
agréable de nous montrer disposés à satisfaire vos désirs.
    «*De notre ville de Grenade, le 30 avril 1492*
            «*Moi le Roi   Moi la Reine*
                    «*Fait en triple exemplaire.* »

Que pouvait ressentir l'équipage de Colomb, à la veille d'un
voyage où la part d'inconnu était si grande? On imagine la peur
le disputant à l'exaltation; le rêve de l'or, des perles et des épices
confronté au cauchemar de la mer qui n'en finit pas, des vivres
qui se raréfient, des tempêtes qui s'acharnent. Les toits d'or de
Cipango contre l'horreur du scorbut, des fièvres, des gangrènes,
dans l'air lourd et désespérément immobile des latitudes chaudes.
Nombre de prières s'élèvent, nombre de cierges se consument, en
cette dernière nuit du 2 août 1492.

3.

Le parfum du Nouveau Monde

«*Je vins à la ville de Palos, qui est port de mer, où j'armai trois navires très convenables pour telle entreprise et je partis dudit port, bien pourvu de très nombreuses subsistances et de beaucoup de gens de mer, le troisième jour du mois d'août, un vendredi, une demi-heure avant le lever du soleil. Et je pris le chemin des îles Canaries qui sont à Vos Altesses et se trouvent en la mer Océane pour, de là, prendre ma route et naviguer jusqu'à toucher aux Indes.*»

L'expédition la plus mémorable du «temps des découvertes» commence, en ce milieu d'été 1492.

Au jour le jour Colomb va tenir son journal, document palpitant dont ne restent hélas que des extraits, l'original ayant été perdu. Pour suivre cette navigation qui fera date plus qu'aucune autre, nous voici réduits à dépendre de deux compilations. Celle de Las Casas, qui fait alterner des citations de l'original et des résumés de son cru. Et celle de Ferdinand Colomb, deuxième fils du découvreur, qui procède par *digest*. Las Casas, ici et là, recopie heureusement les passages qu'il juge importants.

Colomb, peu lyrique pour un homme qui est en train de vivre le rêve de sa vie, note :

«*Nous partîmes le vendredi 3 août 1492, à huit heures... Nous allâmes vers le sud jusqu'au coucher du soleil, sous un vent vif, pendant soixante milles qui font quinze lieues ; ensuite, au sud-ouest, puis au sud quart sud-ouest, ce qui était le chemin des Canaries.*»

On est loin des envolées du marin visionnaire, défendant sa cause avec fougue et poésie devant les Rois, loin de l'homme emporté par sa passion qui notait, en marge de sa *Géographie* de

Ptolémée : «*Admirables sont les élans tumultueux de la mer. Admirable est Dieu dans les profondeurs.*»

Colomb , capitaine, est à pied-d'œuvre. Les merveilles de l'Asie doivent maintenant se mériter.

À ce stade, les trois navires, la grosse *Santa Maria*, et les deux caravelles *Pinta* et *Niña* naviguent encore dans des eaux sans surprise puisqu'on cingle vers les Canaries. Ces îles constituent une étape sûre : elles appartiennent à l'Espagne. Ce n'est pas la seule raison. Colomb sait pertinemment que les équipages précédents ayant tenté d'explorer l'Atlantique (Dulmo notamment) ont mis le cap à l'ouest à partir des Açores. Grossière erreur. Les vents dominants, à la latitude des Açores, soufflent dans le mauvais sens. Colomb en est tellement sûr que, à l'heure du retour, il montera vers le nord afin de les rejoindre. Ce qui justement le conduira... aux Açores.

Comprendre cela avant même de l'avoir vérifié est un trait de génie. On a prétendu que Colomb n'aurait pu effectuer son premier parcours atlantique avec une telle maîtrise sans un informateur, un mystérieux «pilote inconnu», véritable inventeur de la trajectoire. Comment cet homme aurait-il lui-même connu la proximité de terres au ponant ? Aurait-il fait partie d'un équipage portugais entraîné vers l'ouest, lors d'une *volta* le long de la côte occidentale de l'Afrique ? On se perd en conjectures.

Le plus probable est que Colomb a tout compris par lui-même en naviguant aux Açores, aux Canaries, en Guinée, voire en questionnant d'autres marins sur le système des vents de l'Atlantique. Il sait clairement qu'à une certaine latitude, celle des Canaries, les vents dominants poussent vers l'ouest, tandis qu'au nord de cette zone ils poussent en sens inverse.

Les Canaries présentent un atout supplémentaire : elles se trouvent à la latitude présumée du... Japon, alias Cipango. En route, on envisagera un petit crochet par Antilia, puis on tombera pile sur les «toits d'or» de la cité promise par Marco Polo.

Mêlant ainsi des présomptions géographiques fumeuses et des observations maritimes d'une grande justesse, Colomb choisit l'escale canarienne. On l'imagine dès les premiers jours de mer, soulagé de conclure sept années de tribulations terrestres et diplomatiques. Sur le chemin des Canaries, une avarie se présente :

«*Le gouvernail de la caravelle* Pinta, *que montait Martin Alon-*

so Pinzon, sauta ou se disloqua, par l'industrie – à ce que l'on crut ou soupçonna – d'un certain Gomez Rascon et de Cristobal Quintero dont c'était la caravelle et à qui ce voyage pesait. L'Amiral se souvint qu'avant le départ ces hommes avaient été surpris en intrigues et machinations, comme on dit. L'Amiral se vit ici en grand embarras de ne pouvoir secourir ladite caravelle sans se mettre en danger lui-même, mais il avoua qu'il sentait son inquiétude diminuer de savoir que Martin Pinzon était un homme de courage et de grandes ressources. »

Tous ne seraient donc pas partis de leur plein gré ? Sans doute la conséquence de la réquisition imposée par la reine à la ville de Palos. En revanche, le climat de confiance demeure inentamé entre Martin Pinzon et l'Amiral.

Aux Canaries, Colomb fait radouber la *Pinta*. Cette opération délicate bloque la flottille pendant un mois. La fraction de l'équipage qui traîne ostensiblement les pieds semble être débarquée à cette escale prolongée.

Colomb, que la contemplation des horizons marins n'a pas rendu aveugle, présente ses devoirs à la belle Béatrice de Peraza, jeune veuve du gouverneur de la Gomera. L'épisode est romantique (le futur découvreur et la dame de l'île). Le témoignage indiscret d'un des membres de l'équipage suggère une idylle, favorisée par la durée imprévue de l'étape.

Colomb, quoi qu'il en soit, est un homme qui s'investit dans des aventures d'un autre ordre... Il lève l'ancre le 6 septembre.

Trois jours plus tard, échappant à la vigilance d'une petite flotte portugaise qui patrouille au large, les trois navires s'enfoncent dans l'inconnu :

« *Ce jour-là* (9 septembre), *ils perdirent complètement de vue la terre. Craignant de ne pas la revoir de longtemps, beaucoup soupiraient et pleuraient. L'Amiral les réconforta tous avec de grandes promesses de maintes terres et richesses, afin qu'ils conservassent espoir et perdissent la peur qu'ils avaient d'un si long chemin.* »

Pour la latitude, Colomb vise l'étoile Polaire, opération dont le résultat demeure approximatif vu l'aspect rudimentaire des instruments alors utilisés, et la difficulté de viser juste dans un bateau constamment en mouvement.

La progression en longitude est évaluée grossièrement, « à l'estime », en utilisant trois paramètres :
— la direction (Colomb a plusieurs boussoles) ;
— le temps (compté par des sabliers d'une demi-heure, pendus au plafond) ;
— la vitesse, fort imprécise puisque relevée quasiment « à vue de nez » !

Détail piquant : Colomb a décidé de minimiser systématiquement les distances parcourues afin d'entretenir le moral de l'équipage :

« Il fit ce jour-là dix-neuf lieues et décida d'en compter moins qu'il n'en faisait, afin que ses gens n'en fussent ni effrayés ni découragés si le voyage se faisait très long. »

Des calculs récents prouvent qu'en réalité Colomb, sans le savoir, surévalue sa vitesse dans la première estimation (secrète). Du coup, les distances truquées, réduites à chaque fois d'environ dix pour cent, sont plus proches des distances réelles qu'il ne le croit.

La longue traversée commence.

Au-dessus d'eux : le ciel infini. Sous eux, l'immensité d'un océan inconnu. Devant eux, des terres jamais atteintes, au moins par ce côté-là. Vertige...

Heureusement le temps est clément. La mer demeure calme, tandis que les vents, conformément aux prévisions de Colomb, se maintiennent dans la bonne direction. Samuel Eliot Morison, marin lui-même, a passé sa vie à refaire toutes les croisières de Colomb. Il explique l'étonnante facilité de cette première transat, coup d'essai coup de maître, qui inaugure l'itinéraire classique des voiliers. Empruntant la limite nord d'alizés du nord-est, juste à l'endroit où le vent rencontre la surface de la mer, il se trouve à la meilleure latitude.

La vacuité des longues traversées s'installe, ponctuée de passages d'oiseaux, frégates, « paille-en-queue », albatros...

Le 15 septembre, juste après la tombée du jour, ils voient *« tomber du ciel dans la mer, à quatre ou cinq lieues d'eux, un merveilleux rameau de feu... ».*

Le 17 septembre, l'Amiral et ses compagnons s'interrogent, non sans inquiétude, sur l'étrange phénomène de la déclinaison magnétique :

« Les pilotes prirent le nord, le marquèrent et trouvèrent que les aiguilles déclinaient d'un grand quart. Les marins étaient inquiets et chagrins sans dire pourquoi. L'Amiral, s'en étant aperçu, ordonna que, dès l'aube, on recommence à prendre le nord, et l'on trouva que les aiguilles étaient exactes. La cause en était que l'étoile Polaire semblait se mouvoir, mais non pas les aiguilles. »

Longue, trop longue apparaît, jour après jour, cette traversée vers on ne sait où. L'incertitude du but sape le moral des hommes.

Des « herbes » (algues) apparaissent sur la mer, de plus en plus serrées, formant tapis. Les navires ont atteint la mer des Sargasses. Nouvelle crainte pour l'équipage :

« À l'aube ils trouvèrent tant d'herbe sur la mer qu'elle en semblait caillée... Ils craignaient de la trouver si épaisse qu'il leur arrivât ce qu'on raconte de San Amador en la mer gelée où, dit-on, les navires ne peuvent plus avancer. Pour cela, ils conduisaient les navires hors des zones d'herbe à chaque fois que cela était possible. »

Dans ce climat d'angoisse, la permanence des vents d'est, qui font avancer régulièrement les navires, est un atout à double tranchant. Comment vont-ils faire pour revenir ?

Un léger vent contraire, le 22 septembre, est le bienvenu. Colomb explique :

« Ce vent contraire me fut fort nécessaire parce que mes gens étaient en grande fermentation, pensant que dans ces mers ne soufflaient pas de vents pour revenir en Espagne. »

Tourterelles, *« oiseaux de fleuve et autres oiseaux blancs »*, tout semble, à chaque instant, annoncer l'approche de la terre, aux yeux d'un équipage qui touche les limites de la patience. Aucun de ces hommes, cela va sans dire, n'est jamais resté si longtemps sans voir les côtes. La révolte gronde :

« Plus les indices de terre mentionnés se révélaient vains, plus la peur des marins grandissait ainsi que les occasions de murmurer. Ils se retiraient à l'intérieur des navires et disaient que l'Amiral, par sa folle déraison, s'était proposé de devenir grand seigneur à leurs risques et périls et de les vouer à une mort abandonnée. »

Face aux menaces de mutinerie, Colomb use de la carotte et du bâton :

« Parfois avec de bonnes paroles, d'autres fois, l'âme préparée à recevoir la mort, les menaçant des châtiments qui retomberaient

sur eux s'ils entravaient le voyage, il calmait leurs intrigues et leurs terreurs et, pour renforcer l'espoir qu'il leur donnait, il leur rappelait les signes et les indices, leur promettant que dans un temps bref ils rencontreraient quelque terre. Ils étaient si attentifs à ces signes que chaque heure leur devint une année.»

Le 25 septembre, à force de s'user les yeux à chercher la terre, Martin Pinzon clame une fausse bonne nouvelle :

«Martin Alonzo monta à la poupe de son navire et, en grande joie, appela l'Amiral, lui demandant don de bonne nouvelle parce qu'il voyait terre.

«Quand il l'entendit répéter la nouvelle avec assurance, l'Amiral se jeta à genoux, rendant grâce à Notre Seigneur ; et Martin Alonso chantait le "Gloria in excelsis Deo" avec son équipage. Ainsi firent aussi les hommes de l'Amiral, et ceux de la Niña grimpèrent au mât et aux agrès, et tous affirmèrent que c'était la terre.»

Hélas ! *«Ce qu'ils avaient pris pour la terre ne l'était pas, mais bien le ciel.»*

La litanie continue : *«Il navigua sur le chemin de l'ouest...»* (26 septembre). Mer calme, air «*doux*». *«Il navigua sur le chemin de l'ouest...»* (27 septembre). Ils attrapent une dorade. *«Il navigua sur le chemin de l'ouest...»* (28,29,30 septembre)...

«Quatre paille-en-queue vinrent au navire et c'était grand signe de terre...»

Pourtant la terre se refuse toujours. *«Il navigua sur le chemin de l'ouest»* (1er,2,3,4 octobre). Le leitmotiv scande la terreur croissante de l'équipage. Il indique aussi l'extraordinaire rapidité de cette traversée inaugurale.

Morison a calculé que Colomb avance, début octobre, à une vitesse moyenne de huit nœuds – performance pour l'époque.

N'empêche. Les marins voient surtout que chaque jour les sépare un peu plus de la côte européenne...

«Il navigua sur son chemin...» (5 octobre).

Martin Pinzon suggère d'obliquer vers le sud-ouest. Colomb refuse.

Les yeux s'usent à scruter le fond de l'horizon :

«Pour éviter qu'à chaque moment on eût de fausses joies du cri trompeur "Terre, terre !", l'Amiral avait prescrit peine de privation

de don pour qui aurait crié voir la terre sans confirmation dans les trois jours. »

Le « don », ce sont les dix mille maravédis promis par la reine au premier qui verra la terre...

Enfin, après un mois de haute mer, apparaît un signe encourageant : des oiseaux migrateurs traversent le ciel, le 7 octobre.

« L'Amiral savait que la plupart des îles qui sont aux Portugais furent découvertes en suivant le vol des oiseaux... Il ordonna d'abandonner le chemin de l'ouest et de mettre le cap vers l'ouest-sud-ouest... »

Bientôt les indices se multiplient. Des corneilles, des canards traversent le ciel (8 octobre). Mais *« l'anxiété et le désir de voir la terre sont si grands qu'ils n'accordent plus foi à aucun indice... »*

Colomb sait que la terre est là, à quelques milles. Il consigne dans son journal :

« Grâce à Dieu l'air est très doux comme en avril à Séville, et c'est plaisir d'être là, tant il est parfumé. »

Avant d'être une terre visible, palpable, l'Amérique est donc un parfum... Si suave qu'il vogue loin des rivages, et qu'il parvient aux narines de Christophe Colomb...

L'équipage, qui a peut-être l'odorat moins délicat, et moins de raisons d'être rassuré, craque. 10 octobre :

« Les hommes n'en pouvaient plus. Ils se plaignaient de la longueur du voyage. Mais l'Amiral les réconforta le mieux qu'il put en leur donnant bon espoir du profit qu'ils pourraient avoir. Et il ajouta qu'il était vain de se plaindre parce qu'il était venu pour atteindre aux Indes et qu'il entendait poursuivre jusqu'à les trouver, avec l'aide de Notre Seigneur. »

Le lendemain, la crise se dénoue :

« Ils virent des pétrels et un jonc vert... un rameau d'épines chargé de ses fruits. À cette vue, ils respirèrent tous et se réjouirent. »

Aucune partie du récit ne fait regretter autant la perte du journal de bord original. Il faut emprunter un passage « rewrité » de Las Casas pour suivre la scène historique :

« Ce fut un marin nommé Rodrigo de Triana qui vit cette terre le premier, quoique l'Amiral, étant à dix heures de la nuit sur le château de poupe, vît une lueur, encore que si furtive qu'il ne voulut point affirmer que ce fût terre. »

Ainsi tout commence par un simple lumignon, dans la nuit du 11 au 12 octobre 1492, *« comme d'une petite chandelle de cire qui se haussait et s'abaissait »*... L'«Inde» espérée apparaît à la proue des navires. Des hommes y font du feu.

Restons un moment dans cette obscurité finissante face au continent qui n'a pas de nom, qui ne figure sur aucune carte.

« À la deuxième heure après minuit la terre parut, distante de deux lieues... Ils se mirent en panne, temporisant jusqu'au jour du vendredi. »

Cette nuit-là on dort peu à bord des caravelles et de la nef. L'homme dont tout le monde se moquait, l'acharné qui a vaincu les périls de la mer, muselé les menaces de l'équipage, étouffé ses propres doutes, que ressent-il face à sa terre promise du bout de l'Océan ?

Nous ne le saurons pas. Le lendemain c'est à nouveau Las Casas qui tient la plume.

De la *Santa Maria*, les marins distinguent les premiers «Indiens»... *« Alors ils virent des gens nus, et l'Amiral se rendit à terre dans sa barque armée. »*

Quelle est cette île, que ses habitants appellent Guanahani ? Morison, comme beaucoup, la fait coïncider avec l'actuelle Watling, dans les Bahamas. D'autres travaux (université d'Arizona) l'ont associée plus récemment à Samanta Cay, un îlot à cent quarante kilomètres au sud.

Le nom que donne Colomb pour l'instant à cette terre providentielle est un hommage à Celui qui les a conduits : San Salvador.

On débarque, à la rencontre des «gens de l'île», dans un surprenant apparat :

« L'Amiral déploya la bannière royale, et les capitaines deux de ces étendards à croix verte que l'Amiral avait pour emblème sur tous les navires et qui portaient un F et un Y (pour Ferdinand et Ysabelle), *surmontés chacun d'une couronne...*

« Arrivés à terre, ils virent des arbres très verts et beaucoup d'eau et des fruits de diverses espèces. L'Amiral appela les deux capitaines et tous ceux qui sautèrent à terre, et Rodrigo de Escovedo, notaire de toute l'armada, et Rodrigo Sanchez de Segovia, et il leur demanda de lui rendre foi et témoignage de ce que lui, par devant tous, prenait possession de ladite île au nom du Roi et de la Reine, ses Seigneurs... »

Les «Indiens», jaillis du paysage, assistent à cette scène étrange.

Sans doute un peu déçu de ne pas apercevoir de cité, encore moins de toits d'or, l'Amiral estime que Cipango doit se trouver un peu plus loin.

Pour l'instant il s'emploie à détailler arbres, plantes, humains. Merveilleux produits de la nature...

Il note que les «gens», dans leur nudité, offrent une couleur de peau semblable à «celle des Canariens[1] : «ni nègres ni blancs... bien faits, très beaux de corps et très avenants de visage, avec des cheveux quasi aussi gros que de la soie de la queue des chevaux, courts et qu'ils portent tombants jusqu'aux sourcils... les jambes très droites et le ventre plat, très bien fait... »

On s'emploie à distribuer perles de verre, clochettes, bonnets rouges, pour l'émerveillement des autochtones. Un aparté introduit une touche sinistre dans la scène joyeuse du «premier contact»:

«Ils devinrent si nôtres que c'était merveille... Ils doivent être bons serviteurs et industrieux... Ils répètent tout ce que je leur ai dit, et je crois qu'aisément ils se feraient chrétiens... »

Le lendemain, 13 octobre, Colomb entre dans le vif du sujet:

«J'étais attentif et m'employai à savoir s'il y avait de l'or. Je vis que quelques-uns d'entre eux en portaient un petit morceau suspendu à un trou qu'ils ont au nez... »

Beaux sauvages, il faut songer à remplir les caisses de la reine... La réussite de l'expédition sera à la mesure de ce que l'on rapporte.

D'île en île, ce sera la même question, cent fois posée, gestes et mimiques à l'appui: y a-t-il de l'or? Il faut de l'or pour la Couronne. Il faut de l'or pour avoir le droit de revenir. Il faut de l'or pour prélever la part du chef d'expédition, pour justifier ses titres. Colomb est aux «Indes», il s'y trouve forcément quantité du précieux métal. L'or, qui «naît» par alchimie naturelle au fond des rivières ou dans les profondeurs, s'épanouit d'autant plus que le climat est plus chaud. Une «leçon» que l'Afrique lui a apprise.

---

1. «...et il ne peut en être autrement, ajoute-t-il, puisque cette île est située d'est en ouest sur la même ligne que l'île de Hierro, aux Canaries ». Colomb, de toute évidence, juge que la noirceur de la peau est fonction de la latitude !

Mettre le cap au sud, donc, pour multiplier les chances de trouver l'or. Le hasard confortera l'erreur : Haïti, la dernière étape, la plus méridionale, fournira la plus grande quantité d'or.

Plus il fait chaud, plus Colomb se réjouit :

« De cette chaleur qu'ils souffraient en cet endroit, l'Amiral déduisait que, dans ces Indes et par là où ils allaient, il devait y avoir beaucoup d'or » (Las Casas).

Partout où il atterrit, il glisse *la* question. Et partout, les réponses des indigènes sont évasives : « là-bas », « plus loin vers l'ouest », « plus au sud »... Agaçant mirage qui toujours recule. L'or se mérite, même aux « Indes ».

On cabote dans les Bahamas. Les populations, partout accueillantes, viennent à la rencontre des équipages sur leurs *canoas* – longues pirogues de trente à quarante rameurs. Les « Indiens » – des Taïnos, du groupe Arawak – prodiguent leurs marchandises contre des broutilles. Colomb, moral, tente de limiter l'escroquerie :

« Tout ce qu'ils ont, ils le donnent pour n'importe quelle bagatelle qu'on leur offre, au point qu'ils prennent en échange jusqu'à des morceaux d'écuelles et de tasses de verre cassées, et que j'ai vu donner seize pelotes de coton pour trois ceutis de Portugal... Cela je le défendis et n'en laissai acheter par personne, sauf, si l'on en trouvait en quantité, à prendre le tout quand je l'ordonnerais et pour le compte de Vos Altesses... »

Vigilant serviteur des princes, l'Amiral veille à tout instant aux intérêts de ses royaux commanditaires...

Parmi les denrées qu'apportent les Indiens, le lecteur d'aujourd'hui note avec amusement la description toute neuve de ce qui fait partie aujourd'hui de son quotidien : maïs, haricots... Aux innombrables fruits et légumes d'espèces inconnues qu'il observe, Colomb s'empresse d'attribuer des perspectives de profit immense :

« Je suis le plus chagrin du monde de ne pas les connaître parce que je suis sûr qu'ils ont tous grande valeur. »

Le ton est constamment celui d'un homme qui cherche à se persuader, tout en cherchant à persuader le lecteur royal. Il est aux « Indes », *donc* il y a des épices. *Donc* il y a de l'or. *Donc* les fruits seront d'un revenu mirifique...

Heureusement, l'émotion l'emporte parfois sur l'inventaire un peu angoissé du profit possible. Ce Méditerranéen, familier des paysages rocailleux, s'émerveille de la luxuriance tropicale, des senteurs florales (son nez, toujours). Laissant courir sa plume, dans une sorte d'ébriété, il fait une description paradisiaque de ces îles de l'Océan, où hommes, bêtes et plantes semblent vivre dans l'harmonie première :

« ...La futaie est merveilleuse. Dans toute l'île les arbres sont verts et les herbes aussi, comme au mois d'avril en Andalousie. Le chant des petits oiseaux est tel qu'il semblerait que jamais l'homme ne veuille partir d'ici. Les bandes de perroquets obscurcissent le soleil... Il y a des arbres de mille sortes, tous avec leurs fruits différents et tous si parfumés que c'est merveille... Il vint de terre un parfum si bon et si suave des fleurs ou des arbres que c'était la chose la plus douce du monde. »

Pénétrant dans les maisons, il note l'utilisation des hamacs : « Leurs lits, couvertures et tentures sont des sortes de filets de coton... »

D'île en île il affine le mode d'emploi maritime des ceintures coralliennes :

« Ces récifs ménagent un port assez profond pour toutes les nefs qui sont en la Chrétienté, et dont l'entrée est fort étroite. Il est vrai de dire qu'une fois en cette enceinte on trouve quelques bas-fonds, mais la mer ne s'y meut pas plus que l'eau dans un puits. »

Dans son inventaire de la nouveauté, Colomb a du mal à se défaire de ses a priori de Méditerranéen. Il projette. S'efforce d'ajuster la réalité qu'il a apprise à celle qu'il découvre. Il sait d'avance. Il déduit faussement. La méprise est souvent cocasse.

Partout il croit retrouver le lentisque, autrefois observé à Chio, et prédit l'exploitation mirifique de sa gomme odorante. Il note, à tort, la présence de l'aloès, prisé des apothicaires. Il croit voir des canneliers, des girofliers – les épices dont rêve l'Europe.

Partout, avec la même raideur, il prend possession des lieux, plante des croix, baptise : île Santa Maria, île Fernandina, Beau Cap, île Isabelle...

Quand les Indiens lui apprennent l'existence d'une vaste terre au sud-ouest, il y applique sur-le-champ son obsession japonaise :

« Je veux partir pour une île, très grande, qui doit être Cipango... Selon ce que je trouverai d'or ou d'épices, je déciderai ce qu'il convient de faire. Mais encore je suis résolu d'aller à la terre ferme *et à la cité de Guisay* [1] *remettre les lettres de Vos Altesses au Grand Khan, lui demander réponse et revenir avec elle.»*

Cette grande île, Japon présumé, est appelée *Colba* dans la langue des Indiens. Elle va entrer dans notre histoire sous celui de... Cuba.

Le 28 octobre, poussé par le désir de trouver de l'or sous une forme plus substantielle que les malheureuses pépites portées aux narines par les Indiens, Colomb mouille à Cuba :

«L'Amiral dit que jamais il n'avait vu terre si belle. Tout près du fleuve ce n'était qu'arbres beaux et verts, différents des nôtres, et avec chacun les fleurs et les fruits de leur espèce. Beaucoup d'oiseaux et d'oiselets chantaient très doucement. Il y avait grande quantité de palmiers... avec des feuilles si grandes qu'on en couvre les maisons.»

Plus loin, son moral s'épanouit encore :

«Les Indiens disaient qu'il y avait des mines d'or dans cette île et des perles. L'Amiral vit un lieu propice à la formation de ces dernières et des coquillages qui en sont indice. Il crut comprendre que là venaient des navires de fort tonnage appartenant au Grand Khan (toujours!) *et que la terre ferme était distante de dix jours de navigation.»*

Colomb ou l'auto-persuasion... À certains moments, la persistance (volontaire?) de son erreur, la répétition obsédante du thème «chinois» prennent une tournure franchement comique.

Au terme d'un dialogue de sourds avec les Indiens de Cuba, Colomb estime, début novembre, qu'il est tout proche du Cathay. Il prend la décision d'envoyer au Grand Khan une «ambassade»! Deux hommes sont désignés, dont l'interprète Luis de Torres qui connaît «*l'hébreu, le chaldéen et un peu d'arabe*». Toutes choses indispensables pour prendre contact avec un chef de village amérindien...

Prêts à se mettre en route, le 2 novembre, les deux «ambassadeurs» reçoivent les dernières instructions de l'Amiral :

«Il leur donna des perles enfilées pour acheter des vivres, s'ils venaient à en manquer, et fixa à six jours le délai de leur retour. Il leur donna aussi des échantillons d'épices pour voir s'ils en trouveraient quelques-unes. Il leur donna enfin des instructions

---

1. Quinsay, la ville royale chinoise, dans le récit de Marco Polo.

sur la manière de s'informer du roi de cette terre et sur ce qu'ils devaient lui dire au nom des Rois de Castille : comment ils avaient envoyé l'Amiral pour qu'il lui remît de leur part leurs lettres et un présent, pour s'informer de son État, contracter amitié avec lui...»

Dans l'attente des ambassadeurs, le «cinéma des Indes» continue. Martin Pinzon rapporte plusieurs morceaux de «cannelle». Les Indiens, par signes, indiquent la présence de poivre, d'or, et même, ô merveille, de monstres étonnamment conformes à ceux décrits par les anciens chroniqueurs de l'Asie : Mandeville, Odéric de Pordénone.

«*Plus au-delà*, expliquent les Indiens ou croit comprendre Colomb, *il y a des hommes avec un seul œil et d'autres avec des museaux de chiens...»*

Bien réels, d'autres êtres redoutables hantent ces parages. Ce sont des *canibas*, racontent les Indiens apeurés, ils «*mangent les êtres humains et, lorsqu'ils en prennent un, l'égorgent, boivent son sang et lui coupent les parties naturelles*».

Déplorables coutumes dont l'existence sera en revanche intégralement vérifiée peu de temps après. L'effarement de l'Europe devant le «cannibale» commence ici même...

Tout n'est pas faux, ou mal interprété, dans ce que découvre Colomb. Malgré le poids de son conditionnement, malgré sa hantise de revenir sans la preuve indubitable qu'il a touché les Indes, il sait observer. Son journal livre un tableau saisissant des coutumes, des paysages, des curiosités végétales. Il relève l'existence de «*fèves très diverses des nôtres*», qui ne sont rien d'autre que des haricots, pour la première fois décrits. Puis s'empresse d'ajouter, à son habitude : «*Tout cela doit être profitable.*»

Le 6 novembre les deux «ambassadeurs» reviennent bredouilles. Ils n'ont pas trouvé de Grand Khan dans l'intérieur de Cuba, mais des populations qui «*les touchaient, leur baisaient les mains et les pieds, les palpant pour savoir s'ils étaient de chair et d'os comme elles...*»

Ils relatent à Colomb une scène étrange. Des gens «*se rendaient à leurs villages, femmes et hommes, avec à la main un tison d'herbes pour prendre leurs fumigations ainsi qu'ils en ont coutume*». Pour la première fois, des Européens observent l'usage du tabac. Las Casas, désapprobateur, décrira à son tour ces «*herbes sèches*» roulées à l'intérieur d'«*une certaine feuille, sèche elle aussi, en forme de ces pétards que font les garçons à la Pentecôte»* et l'usage, néfaste, qui en est fait : «*Allumés par un bout, par l'autre ils le sucent ou l'aspirent ou reçoivent avec leur respiration, vers l'intérieur, cette fumée dont ils s'endorment la chair et s'enivrent presque.*»

Colomb longe la rive nord-est de Cuba, trouve d'autres populations de bons sauvages «*doux et ignorants de ce qu'est le mal*». Il leur apprend le signe de croix, assure qu'ils «*feront de bons chrétiens*», sans toutefois se priver de les embarquer comme du vulgaire bétail, quand cela l'arrange :

«*Hier, six jeunes hommes sur une barque ont accosté la nef ; cinq d'entre eux sont montés à bord. J'ai ordonné de les retenir et je les emmène. Ensuite j'ai envoyé des hommes à une maison de la rive ouest du fleuve. Ils m'ont ramené six têtes (sic) de femmes, filles et adultes, et trois enfants. J'ai fait cela parce que les hommes se comporteront mieux en Espagne ayant des femmes de leur pays...*»

Les «Indiens», spécimens au même titre que les plantes ou les oiseaux, font partie des «curiosités» qu'on pourra produire devant la Cour. On a bien atteint les «Indes» : la preuve.

À la mi-novembre, Cuba intéresse déjà moins. D'autant que les autochtones, questionnés à propos de l'or, affirment qu'il n'est pas «natif» mais provient d'une île voisine, dite Babèque, tout près d'une autre île, beaucoup plus vaste...

Le 21 novembre, tandis que Colomb se livre à des relevés de côte, Martin Pinzon, attiré par cette promesse d'or (c'est du moins la version que donne Colomb), part sans autorisation dans la direction supposée de Babèque, à bord de la *Pinta*.

Colomb demeure en arrière avec les deux autres bateaux, s'attarde dans Cuba, qu'il baptise Juana en l'honneur de Juan, l'infant des Rois. Y aura-t-il assez d'îles pour honorer toute la famille royale ?

Le 5 décembre, quittant Cuba sans savoir s'il s'agit d'une terre ferme, il en double la pointe orientale, la nomme cap Alpha et Oméga. N'est-elle pas, selon toute vraisemblance, l'avancée du continent asiatique la plus proche de l'Europe ?

Conduisant la *Santa Maria* et la *Niña* vers l'est, Colomb veut atteindre maintenant la grande île dont lui ont parlé les Indiens. Son moral est mitigé. D'abord la trahison de Pinzon. Ensuite la preuve indubitable qu'il se trouve bien aux Indes, et le métal précieux, manquent toujours. Il multiplie les vœux pieux, les déclarations un peu forcées : « *Je le certifie à Vos Altesses : il ne me semble pas que sous le soleil puissent exister meilleures terres, plus fertiles, d'un climat plus régulier entre le froid et la chaleur, mieux pourvues d'eaux bonnes et saines...* »

Mais quoi : ce ne sont que cailloux perdus dans la mer, peuplés de sauvages nus vivant dans des paillotes...

Le 6 décembre, Colomb atteint Bohio (Haïti), l'île qui, selon l'expression de Morison, va « sauver sa réputation ». Plus que jamais c'est l'éblouissement devant « *plaines et campagnes dont ils sont émerveillés de la beauté* » :

« *L'île était toute bien travaillée... et comportait quelques-unes des plaines les plus belles du monde, assez semblables aux terres de Castille mais qu'elles surpassent encore. Pour cela il donna à ladite île le nom d'Hispaniola* » (l'île Espagnole).

À Haïti, Colomb continue d'appliquer une technique qui lui a déjà bien réussi : le « rapt diplomatique ». On s'empare d'un ou de plusieurs Indiens, on les couvre de cadeaux, et on les relâche afin qu'ils fassent dans les villages la publicité des étrangers :

« *Ainsi ils amenèrent à la nef une femme très jeune et très belle... L'Amiral la fit vêtir, lui donna des perles de verre, des grelots et des bagues de laiton, puis la renvoya à terre très honorablement, selon sa coutume.* »

La stratégie est efficace. À Haïti, comme aux Bahamas et à Cuba, les contacts sont bons. Colomb admire la « *blancheur* » des peaux, s'étonne de la « *beauté des corps féminins* », pudiquement, comme à son habitude. À nouveau, la candeur des bons sauvages renforce les perspectives coloniales :

« *Ils n'ont pas d'armes, sont tous nus, n'ont pas le moindre génie pour le combat et sont si peureux qu'à mille ils n'attaqueraient pas trois des nôtres. Ils sont donc propres à être commandés et à ce qu'on les fasse travailler, semer et mener tous autres travaux qui seraient nécessaires, à ce qu'on leur fasse bâtir des villes, à ce qu'on leur enseigne à aller vêtus et à prendre nos coutumes.* »

Au long de la côte haïtienne, les rumeurs d'anthropophagie se rapprochent :

« *Les Indiens leur apportèrent certaines flèches de ceux de Caniba ou Cannibales, qui sont faites de tiges de roseau armées de petits bâtons aigus et durcis au feu... Ils leur montrèrent deux hommes à qui il manquait des morceaux de chair de leur corps et ils leur firent entendre que c'étaient les Cannibales qui les leur avaient mordus et mangés.*»

Le 18 décembre, Colomb invite à bord le «cacique» local. La noblesse de ses manières impressionne le navigateur :

«*D'une démarche assurée, il vint s'asseoir auprès de moi sans me permettre ni de me lever pour aller à sa rencontre ni de quitter la table avant que j'eusse terminé mon repas. Je pensai qu'il aurait du plaisir à goûter de nos viandes et j'ordonnai qu'on lui en servît aussitôt. Quand il entra sous le château, il fit signe de la main que tous les siens restassent dehors, et ainsi firent-ils avec le plus grand empressement et les plus grandes marques d'obéissance... Des viandes que je lui offris il ne prit de chacune que ce qu'il fallait pour me faire honneur, puis il fit passer le reste aux siens... Et tout cela avec une merveilleuse dignité et très peu de mots.*»

Le cacique, qui a bien vu que les Espagnols et leur chef prisent l'or au-delà de tout, fait présent à Colomb d'une ceinture et de deux «*morceaux d'or travaillés*» dont l'Amiral note dans son récit, non sans goujaterie, qu'ils sont «*très minces*»...

De l'or, enfin. Et récolté sur place. Il y en a plus, plus loin, disent les Indiens. Colomb poursuit, le long de cette île qu'il juge «*plus grande que l'Angleterre*», récoltant ici et là plantes, perroquets, pépites, morceaux d'or battu. L'insatisfaction, on le sent, l'empêche de goûter pleinement la beauté d'Haïti, aujourd'hui pelée, qui est alors un paradis végétal.

La rumeur a couru, de village en village, que les marins ont des merveilles à échanger. Les Indiens ne se font pas prier pour monter à bord :

«*Parmi les nombreux Indiens venus la veille à la nef, qui avaient semblé indiquer l'existence de l'or dans cette île et nommé les endroits où on le recueillait, l'Amiral en remarqua un qui semblait mieux disposé, plus attaché à lui que les autres... Il le cajola, l'engageant à venir avec lui lui montrer ses mines d'or. Cet homme amena un de ses parents, et tous deux nommèrent, entre autres lieux où se trouvait l'or, Cipango qu'ils appelaient Civao.*»

Décidément, Colomb n'en démordra pas.

Noël 1492 arrive. L'équipage, fatigué par une fête célébrée en

73

compagnie des indigènes, s'apprête à sombrer dans le sommeil. Colomb lui-même, toujours vigilant, «*voyant le calme plat et la mer comme l'eau dans une écuelle*», confie pour une fois le quart à un simple mousse.

Ce sera son unique faute professionnelle. La *Santa Maria*, au cœur de la nuit, tandis que tout l'équipage ronfle, dérive insensiblement sous l'effet d'un léger courant et... s'échoue sur un récif corallien.

Colomb a senti le choc. Il surgit, donne des ordres pour alléger immédiatement la nef. Une partie de l'équipage refuse d'obéir, s'empresse de fuir vers la *Niña*.

Rien n'est perdu cependant, les minutes sont précieuses.

Tandis que la marée descend, la nef donne de la bande. Au petit matin, après avoir tout tenté, abattu les mâts, la *Santa Maria*, éventrée par le récif, est perdue. Il ne reste qu'à évacuer hommes et marchandises. Les Indiens prêtent la main, sur ordre de leur chef:

«*Tout ce qui était sur les ponts fut déchargé en très peu de temps, si grande furent la diligence et la célérité que ce roi y apporta. Lui-même en personne, avec ses frères et parents, ordonnait l'activité, aussi bien sur la nef qu'en la garde de ce qu'on amenait à terre, afin que tout fût bien recueilli. De temps en temps il envoyait un de ses parents tout en pleurs consoler l'Amiral, lui faisant dire de n'avoir ni peine ni ennui et qu'il lui donnerait tout ce qu'il avait.*»

Guacanagari, le cacique providentiel, s'efforce de réconforter Colomb par de nombreux cadeaux. L'un d'entre eux lui va droit au cœur:

«*Ses gens apportèrent à l'Amiral un grand masque qui avait de grands morceaux d'or aux oreilles, aux yeux et en d'autres endroits. Le roi le lui donna avec d'autres joyaux d'or qu'il mit lui-même sur la tête et au cou de l'Amiral. Il en donna aussi beaucoup aux autres chrétiens qui étaient là. L'Amiral eut grand-joie... Il reconnut que Notre Seigneur avait fait échouer la nef afin qu'il s'établît là.*»

Colomb ne dispose plus que d'un seul navire – la *Pinta* n'ayant toujours pas réapparu. Il décide de laisser une trentaine d'hommes à terre, dans l'attente de la prochaine traversée qui permettra de les rapatrier. Contre toute attente, les candidatures s'avèrent nombreuses. La qualité de l'accueil indigène, la présence de l'or, incitent à rester.

On profitera du séjour prolongé pour «*savoir, afin de servir (Leurs) Altesses... où se trouve la mine d'où l'on tire l'or*».

Colomb aime voir partout la main de la Providence. Il fait contre mauvaise fortune bon cœur :

«*Tout cela est donc venu fort à propos pour que se fasse cet établissement. D'autant plus que, lorsque la nef échoua, cela se fit doucement et que presque personne ne le sentit, car il n'y eut ni vagues ni vent.*»

Au demeurant, plaide Colomb par l'intermédiaire de Las Casas, la *Santa Maria* n'était pas un cadeau :

«*L'inconvénient de ce navire incombait à ceux de Palos qui ne s'étaient pas exécutés envers le Roi et la Reine de ce qu'ils avaient promis : donner des navires convenables pour cette entreprise, ce qu'ils ne firent pas.*»

Fruit du hasard, l'événement est d'importance : pour la première fois une colonie européenne s'établit dans les «Indes occidentales» :

«*J'ai ordonné de faire une tour et une forteresse, avec grand soin, et un grand fossé.*»

Malgré la bienveillance ostentatoire des Indiens et de leur chef Guacanagari, on n'est jamais trop prudent.

L'heure du départ approche. L'Amiral et le cacique procèdent en grande pompe à un échange de cadeaux. Estimant sceller une alliance définitive, Colomb accepte la couronne que lui offre Guacanagari, et le gratifie en retour :

«*Il détacha de son cou un collier de belles cornalines aux très jolis grains de très gracieuses couleurs... et le passa à celui de ce roi. Il se dépouilla en même temps d'un manteau d'écarlate fine qu'il avait mis ce jour-là et l'en revêtit. Il envoya aussi chercher des brodequins de couleur qu'il lui fit chausser, et il lui passa au doigt un gros anneau d'argent, parce qu'on lui avait dit que le roi avait fait beaucoup pour obtenir une bague d'argent qu'il avait vue à un marin.*»

Surenchère de présents et de manifestations d'amitié. Colomb reçoit pour finir «*deux grandes plaques d'or*».

Le 2 janvier, les vents deviennent favorables. L'Amiral, à tout hasard, fait devant Guacanagari une démonstration de la puissance de ses bombardes :

« *Il ordonna d'en charger une et de tirer sur le flanc du navire échoué. Cela fut fait à propos d'une conversation sur les Caraïbes avec lesquels ceux d'ici sont en guerre. Le roi vit jusqu'où portait la bombarde, et comment sa pierre traversa le flanc de la nef et se perdit très loin dans la mer. L'Amiral fit aussi exécuter aux gens de son armada une manœuvre d'escarmouche, disant au cacique de ne pas craindre les Caribes, quand bien même ils viendraient. Tout cela fut fait, dit l'Amiral, afin que le roi eût en amitié les Chrétiens qu'il laissait et pour lui inspirer qu'il devait les craindre.* »

Le 4 janvier Colomb laisse sur l'île Espagnole trente-neuf hommes, tous consentants. Parmi eux, le cousin de Béatrice de Arana, et l'« écrivain » de l'expédition, Rodrigo de Escovedo...

« *Il leur laissa tout ce qui était dans la nef : du pain de biscuit pour un an, du vin, beaucoup d'artillerie, et la chaloupe de la nef afin – puisqu'ils étaient marins pour la plupart – d'aller quand ils le croiraient convenable à la découverte de la mine d'or, pour qu'à son retour l'Amiral trouvât beaucoup d'or et un lieu où fonder une ville.* »

Persuadé d'avoir jeté les bases d'un avenir prometteur, Colomb note, à l'usage des capitaines susceptibles de lui succéder dans ces parages, la situation précise de la nouvelle colonie, baptisée « Navidad » (Nativité), et conclut que, décidément :

« *Cipango est dans cette île et qu'on y trouve beaucoup d'or, d'épices, de gomme de lentisque et de rhubarbe.* »

Colomb a tout prévu pour retraverser l'Atlantique sur la seule caravelle qui lui reste, la *Niña*. Voici cependant, deux jours plus tard, comme on cabote sur le chemin du retour, la *Pinta* en vue. Après les manœuvres et salutations d'usage, Martin Pinzon se présente à l'Amiral, prétendant qu'il a appris l'infortune de la *Santa Maria* par les Indiens et qu'il s'est empressé de revenir. Colomb, trop heureux de disposer d'un deuxième navire, musèle sa rancœur. Face à « *si mauvaise compagnie* », approuve Las Casas, « *il convenait de dissimuler* ».

« *Parce qu'enfin ce n'était pas le temps de songer aux châtiments, il se détermina à revenir sans plus s'attarder et avec la plus grande rapidité possible.* »

À quoi se monte le butin de l'expédition inaugurale américaine ? Peu de choses, tout compte fait : un peu d'or (juste assez pour accréditer la thèse des « Indes »), quelques perroquets, quelques « épices » (qui n'en sont pas), quelques spécimens botaniques, minéraux, humains. Sans oublier un cadeau invisible : un germe discret, que les médecins nommeront tréponème pâle...

La syphilis, endémique « aux îles », va faire des ravages dans le Vieux Monde.

On incrimine souvent celles qui en sont le relais en Europe : prostituées de Naples, que les marins de Colomb vont honorer à leur retour, leur transmettant le fameux « mal ». Certains des Indiens « rapportés » par Colomb semblent également avoir été fêtés avec grande curiosité par les dames de Barcelone...

Le 16 janvier, alors qu'il n'est plus qu'à quelques milles de Porto Rico, Colomb voit « *se lever un vent frais, très bon pour rentrer en Espagne* ». Sachant les navires déjà bien usagés, il saisit l'occasion, met le cap « nord-est quart est », droit sur l'Espagne...

Voyage idyllique au début. Accrochant directement la bande de vents favorables, au nord des Antilles, Colomb vise cette fois un atterrissage aux Açores. La route deviendra traditionnelle – aller par les Canaries, retour par les Açores. Nouveau coup de maître de la part de cet expert en vents et courants marins.

Cependant le 13 février, la mer devient « *gonflée et tempétueuse* », puis « *terrible* ». Colomb et Pinzon n'ont d'autre issue que de laisser courir leurs bateaux « *en poupe où le vent les porte* » et finissent par se perdre de vue sur une mer déchaînée.

Le 14, tout semble perdu. L'équipage de la *Niña* prie avec la ferveur du désespoir. Colomb, dans sa piété superstitieuse, avec l'énergie farouche qu'il manifeste toujours quand les choses se gâtent, refuse de s'abandonner à la mort. Il invoque la Providence, qui l'a si bien servi, organise un tirage au sort. L'homme désigné se rendra en pèlerinage à Santa Maria de Guadalupe, « *portant un cierge de pure cire de cinq livres* »... Nouveau signe du destin, c'est lui qui pioche le haricot marqué d'une croix.

La tempête s'acharne. Surenchère de pieux serments. Prières, larmes, neuvaines. L'Amiral et son équipage, d'une seule voix, font « *vœu d'aller tous en chemise, dès l'arrivée à la première terre,*

77

en procession prier dans une église placée sous l'invocation de la Vierge».

Gagné à son tour par l'angoisse, Colomb se lamente sur les «*deux fils qu'il a à Cordoue, faisant leurs études, qu'il laisse orphelins...*» et s'attelle à une tâche d'homme désespéré.

Il faut que sa découverte soit connue, même s'il disparaît corps et biens. Il faut empêcher que Pinzon, s'il survit, n'en tire toute la gloire :

«*Il prit un parchemin et y écrivit tout ce qu'il put de ce qu'il avait découvert, priant vivement qui le trouverait de le remettre aux Rois. Il enveloppa ce parchemin dans une toile cirée, l'empaqueta soigneusement, se fit apporter un grand baril de bois dans lequel il le mit sans que personne sût ce que c'était, tout en supposant qu'il s'agissait de quelque dévotion. Il le fit ainsi jeter à la mer.*»

Dans la nuit du 14 au 15, le vent faiblit. Au lever du jour, une terre est en vue. Colomb ne s'est pas trompé dans ses estimations : il s'agit de Santa Maria (un signe ?), l'une des Açores.

L'Europe. De simples pêcheurs portugais vont être les premiers à apprendre la grande nouvelle : là-bas, au bout de l'Océan qui semblait sans limite, là où chaque soir le soleil disparaît dans l'inconnu, une terre a surgi...

L'urgence n'est pas là. Il faut immédiatement tenir la promesse, faire la procession en chemise que l'on a promise à la Sainte Mère. Une moitié de l'équipage est envoyée à terre, en direction d'une chapelle dédiée à la Vierge. Colomb, qui se méfie des Portugais, se réserve prudemment d'y conduire la deuxième fournée.

Précaution judicieuse. À peine les pèlerins ont-ils mis pied à terre qu'ils sont emprisonnés, sur ordre du capitaine de l'île. Excès de zèle portugais ? Tentative de faire main basse sur la cargaison d'un navire rival qui prétend insolemment revenir des «Indes» ?

Colomb, accoudé au bastingage, brandit en fulminant les lettres de créance des Rois, menace de représailles féroces. En son for intérieur, le ton déterminé de ce Portugais le trouble : et si, entre-temps, «*des différends (étaient) survenus entre les deux royaumes*» ?

Pour un peu le découvreur d'un monde nouveau et tout son

équipage finiraient assassinés, ou pourrissants dans les geôles d'une petite île perdue au bout des Açores, ni vus ni connus...

Heureusement le capitaine de l'île, sans doute conscient des embrouilles diplomatiques qu'il risque de créer, libère tout le monde, avec ses excuses. La *Niña* fait voile vers Lisbonne, où son état de délabrement lui fait désirer une escale.

Curieusement c'est au roi de Portugal, son ancien patron, que Colomb va devoir livrer le premier compte rendu.

Un message préalable assure prudemment Jean II que l'expédition espagnole n'a en aucune façon empiété sur le territoire portugais, si jalousement gardé. Colomb, par le même courrier, demande une faveur :

« Qu'on lui permît d'aller à la ville de Lisbonne avec sa caravelle afin que quelques coquins, pensant qu'il transportait beaucoup d'or et le voyant en un port dépeuplé, ne fussent pas tentés de commettre quelque vilenie, et aussi afin de lui faire savoir qu'il ne venait pas de Guinée mais bien des Indes. »

À Lisbonne, l'excitation populaire est grande. Un navire andalou vient de là où personne n'est jamais allé. Jean II en personne convoque Colomb dès le 9 mars. L'accueil ostensiblement amical laisse filtrer de menaçants sous-entendus :

« Le Roi l'accueillit à grand honneur et en lui manifestant sa haute faveur. Il le fit asseoir, lui parla amicalement... Il fit montre d'un grand plaisir pour l'heureuse fin du voyage et de ce qu'il eût été entrepris, mais il lui paraissait que, selon le traité conclu entre les Rois de Castille et lui, cette conquête lui revenait. »

Quelques courtisans bien intentionnés suggèrent à Jean II – qui vient de se débarrasser sans sourciller d'un encombrant beau-frère – l'assassinat discret du Génois, pour régler le problème.

Colomb montre ses Indiens. Ils ne ressemblent pas du tout, le roi doit en convenir, à ses propres sujets africains. La perspective de représailles espagnoles n'incite pas non plus Jean II à l'offensive. Colomb est autorisé à partir.

Le 15 mars, il retrouve Palos, *« le port même d'où il était parti l'année précédente »*... Quelques heures plus tard la *Pinta* de Martin Pinzon, perdue de vue dans la grande tempête, arrive à son tour.

Pinzon, rescapé lui aussi de justesse, vient de Galice où il a touché terre après la grande traversée. De là il a dépêché un courrier, sollicitant une entrevue avec les Rois. La manœuvre est évidente : Pinzon cherche à doubler Colomb. Mais la Couronne a opposé un refus sec. C'est du chef d'expédition, et de personne d'autre, qu'elle attend un rapport.

Pinzon ne tirera aucun fruit de sa participation au voyage. Il est déjà très malade (syphilis ?). Un mois après son retour en Espagne, il succombe.

Pour Colomb l'heure du triomphe a sonné. Après un repos bien mérité à La Rabida, il part pour Séville, en compagnie de « ses » Indiens, jouir des fêtes qui célèbrent le succès, « *pareilles*, dit Las Casas qui y a assisté enfant, *à celles de la Fête-Dieu, inoubliables par la nouveauté et la solennité* ».

Mais c'est à Barcelone qu'il va connaître son apothéose, savourer pleinement une réussite qui le hisse à l'échelon des grands du royaume :

« *L'Amiral entra dans la pièce où se trouvaient les Rois, le prince Jean et une grande foule de caballeros et d'hidalgos. Parmi cette noble assemblée, sa haute taille et sa prestance, son visage vénérable couronné de cheveux gris, son modeste sourire, lui donnaient l'aspect d'un sénateur romain. Les Rois se levèrent, comme pour un grand seigneur, le relevèrent quand il leur eut baisé les mains et, avec un visage très gracieux, mandèrent qu'on lui apportât un siège et le firent asseoir entre eux sur l'estrade...* » (Las Casas).

Ferdinand et Isabelle regardent l'or, observent les Indiens, posent des questions, s'étonnent. Las Casas va jusqu'à leur prêter des « *yeux pleins de larmes* ». Éclate alors un vibrant « Te deum ».

Pourtant ni les Rois ni leur « Amiral de la mer Océane » nouvellement promu ne saisissent l'ampleur réelle de ce qui s'ouvre devant eux.

Pierre Martyr, le savant chapelain italien de la reine, déclare que l'« admirable découverte » est celle d'un « Nouveau Monde ». L'expression n'a pas le sens qu'on peut lui attribuer aujourd'hui : on qualifie ainsi toute terre relevée au-delà des limites de la carte de Ptolémée.

Plus tard, de hasard en surprise, l'immense puzzle géographique américain se constituera. D'une carte à l'autre, il gonflera en latitude, poussera en longitude ; troué de pièces manquantes ; ses estuaires confondus avec des passages transcontinentaux ; légendé de toponymes éphémères ; gagnant depuis les zones tropicales inaugurées par Colomb jusqu'aux extrêmes du nord et du sud, du plus végétal au plus minéral, des mangroves à la toundra andine, de la forêt boréale aux déserts rouges, parcouru de bêtes stupéfiantes. Partout, écrira le poète Mellin de Saint-Gelais : «*Autre bestail, autres fruits et verdures*»... Ce pourrait être un rêve magnifique, ce «Nouveau Monde», qui monte lentement à l'horizon, qui rend l'«Ancien» si petit.

À l'heure où Colomb est reçu en audience avec ses dix Indiens couverts d'or l'avenir est encore en suspens, et personne ne pressent ni l'ampleur de la découverte ni l'horreur de ses conséquences.

Déjà, pourtant, le ver travaille le beau fruit de ces Hespérides atlantiques. À Hispaniola, en l'absence de Colomb, les découvreurs écument l'île, exigeant l'or, les femmes, rançonnant les villages, supprimant les chefs rétifs.

En Europe, les cours royales se chicanent à propos de la découverte. L'Espagne exige son dû, le Portugal brandit son droit bafoué. On joue au jeu de massacre par-dessus la tête pontificale d'Alexandre VI Borgia, qui déplace les lignes du partage du monde au gré des pressions, des manœuvres en coulisses.

La querelle se solde, en juin 1494, par le bouffon traité de Tordesillas, qui consacre le partage du monde entre l'Espagne et le Portugal, à l'exclusion de tout autre. Une ligne imaginaire est tracée à trois cent soixante-dix lieues[1] à l'ouest des Canaries : en deça tout sera portugais, au-delà tout sera espagnol.

Jean II s'est battu avec acharnement pour aboutir à ce chiffre. Connaît-il déjà, à travers des expéditions demeurées secrètes, l'existence d'une grande «terre» à l'occident ? On l'a suggéré.

À l'heure où la rencontre d'un monde inconnu tire des larmes à une reine, où aucun parrain n'est assez prestigieux pour les beaux Indiens «convertis» de l'Amiral, ce dernier, déjà partiellement dépossédé de sa trouvaille, trempe sa plume pour écrire la phrase finale de son livre de bord. Il formule l'espérance, sincère semble-t-il, qu'à la suite de son succès «*cette entreprise fasse le plus grand honneur à la Chrétienté*»...

Las Casas commente : «*Telles sont les dernières paroles de la*

---

1. Deux mille deux cents kilomètres.

relation par l'Amiral don Cristobal Colon de son premier voyage aux Indes et de leur découverte », puis conclut amèrement : «L'Espagne ne fut pas digne de jouir des biens spirituels, sauf quelques serviteurs de Dieu.»

4.

Amers paradis
Voyages dé Colomb après la découverte

À peine Colomb a-t-il retrouvé l'Ancien Monde que les Rois, si réticents naguère, s'enflamment pour ces Indes providentielles. Leur lettre d'accueil adressée le 30 mars 1493 au nouvel amiral, qu'ils n'ont même pas encore revu, est déjà une vigoureuse incitation à repartir. Le souci d'occuper le terrain face aux prétentions portugaises, si clairement formulées par Jean II, n'est pas étranger à cette hâte :

« Voyez déjà ce qu'il est possible de se procurer à Séville ou ailleurs pour votre retour à la terre que vous avez découverte et écrivez-nous à ce propos sur-le-champ par ce même courrier qui doit revenir promptement afin que, cependant que vous venez et repartez, on se procure tout le nécessaire et qu'à votre retour tout soit prêt. »

Dans l'esprit, dans les moyens, la nouvelle expédition tranche sur la première. Là où, comme l'écrit Pierre Martyr, *« un certain Cristobal Colon, Ligure, avait obtenu à grand-peine des souverains trois navires... »*, c'est un amiral et vice-roi qui appareille en grande pompe à la tête de dix-sept vaisseaux.

Fini le laborieux recrutement des hommes d'équipage : on se bouscule, alléché par l'or et les bénéfices.

« Colomb vint à Séville où, en un temps très bref, il fut pourvu à l'armada, aux gens, aux provisions, et où on rassembla des capitaines, des hommes de loi, des hommes de lettres, des médecins et des hommes de très bon conseil, et des armes et toutes les autres choses qui étaient pour cela nécessaires, et de très bons

navires, et de très expérimentés marins et des hommes, bons cribleurs, capables de reconnaître et d'épurer l'or. »

Effectifs auxquels se joignent quelques hidalgos, aux yeux pleins de pépites, qui vont difficilement se plier au commandement d'un amiral de fraîche date, d'origine à la fois étrangère et plébéienne. Fidèle à ses proches, Colomb emmène également son jeune frère Diego, marin et cartographe, qui fut aux temps difficiles un indéfectible supporter.

À bord on compte plusieurs religieux, pour le réconfort des hommes et la conversion des naturels. Six des Indiens ramenés du premier voyage, dûment baptisés, sont de retour, désormais capables de servir d'interprètes. Aucune femme ne participe.

Le 25 septembre 1493, six mois après la fin du premier voyage, l'imposante flotte des Indes voit disparaître Cadix à l'horizon. On peut imaginer le moral de Colomb au plus haut : il sait désormais où il va, il bénéficie d'un appui royal sans réserves, les soutes de ses nombreux navires regorgent de vivres et de munitions.

Certes, de menus détails irritent : la mauvaise qualité des tonneaux gâte le vin, privant rapidement les équipages d'un soutien essentiel. Les chevaux embarqués n'ont plus rien à voir avec les fiers destriers confiés aux cavaliers de l'expédition : ceux-ci se sont empressés de les troquer contre de vieilles rosses et d'encaisser la différence...

Comme au premier voyage, une escale « technique » aux Canaries précède la lancée à travers l'Océan. Colomb apprécie peut-être de revoir au passage la belle Béatrice de Peraza y Bobadilla... Sensible aux signes, il choisit le 12 octobre, premier anniversaire de l'atterrissage aux « Indes », pour entamer une traversée. Elle sera idéale, le mènera droit sur la Dominique un dimanche (d'où son nom), vingt et un jours seulement après le départ des Canaries.

De là, sans s'attarder, il remonte vers une grande île, dont lui ont parlé « ses » Indiens. Fidèle à sa dévotion mariale, il la baptise « Santa Maria de Guadalupe » : la future Guadeloupe.

Les mœurs n'ont rien de la clémence que son nouveau nom laisse supposer. C'est le pays Caribe : ces mangeurs d'hommes dont les doux Taïnos ont longuement décrit les pratiques funestes, lors du séjour à Hispaniola. Colomb était demeuré un peu incrédule. L'enquête sur place révèle les cannibales parfaitement à la hauteur de leur réputation :

« Nous avons trouvé une infinité d'ossements humains et des crânes suspendus dans les maisons à la manière de vases où mettre des choses... Ces gens vont assaillir les autres îles, enlèvent les femmes qu'ils peuvent saisir, surtout celles qui sont jeunes et belles qu'ils gardent pour leur service et pour en faire leurs concubines... Ils mangent les enfants qu'ils ont d'elles et élèvent seulement ceux que leur donnent les femmes de leurs îles. Les hommes qu'ils peuvent saisir vivants, ils les emmènent chez eux pour les livrer à la boucherie, et ceux qu'ils n'ont que morts ils les mangent sur-le-champ. Ils disent que la chair de l'homme est si bonne qu'il n'y a rien de meilleur au monde... Des os que nous avons trouvés dans leurs maisons, tout ce qui pouvait être rongé l'était... Nous avons trouvé le cou d'un homme qui cuisait dans une marmite. Ils coupent le membre aux garçons qu'ils prennent et se servent d'eux jusqu'à l'âge d'homme, puis, quand ils veulent faire ripaille, ils les tuent et les mangent, car ils disent que la chair des enfants et des femmes n'est pas bonne à manger. De ces garçons, trois s'enfuirent et se réfugièrent auprès de nous ; tous trois avaient le membre viril coupé... » (récit du Dr Chanca, qui participe au deuxième voyage).

Suit une échauffourée avec ces féroces gastronomes, revenus sur les lieux au moment même où les Espagnols effectuent leur visite.

Colomb continue sa progression vers le nord. L'itinéraire est paradisiaque le long des Petites Antilles, qu'il baptise l'une après l'autre : Sainte-Marie-de-Montserrat, Sainte-Croix... Le 17 novembre, découvrant *« infiniment d'îles »*, il les nomme « Onze Mille Vierges ».

Amorçant un changement de cap vers l'ouest, en direction de Porto Rico, il y relâche le 19 novembre. On a rejoint le territoire des pacifiques Arawak. Colomb presse le mouvement. Il lui tarde de rejoindre son île Espagnole et les trente-neuf hommes qu'il a laissés onze mois plus tôt.

Le 28 novembre, la flotte des Indes se présente devant la colonie de la Navidad :

« Dès au mouillage, l'Amiral fit tirer deux coups de bombarde pour voir si les chrétiens qu'il avait laissés avec Guacanagari répondaient, car ils avaient aussi des bombardes. Mais nous n'en

avons eu aucune réponse ni n'avons aperçu le moindre feu ou indice de maison en ce lieu. De quoi tout le monde eut grande affliction et tel soupçon qu'en un tel cas on pouvait avoir » (Dr Chanca).

Des Indiens se présentent enfin, sur leurs *canoas*. Ils appellent : « Amiral ! Amiral ! » On les invite à bord. Ils apportent les présents de retrouvailles de Guacanagari, parmi lesquels on note un masque d'or. Les nouvelles ne semblent pas catastrophiques : il y a eu quelques échauffourées, quelques morts parmi les Espagnols. Le coupable est Caonabo, le chef détestable d'un village insoumis. L'ensemble de la colonie va bien...

Sous le feu roulant des questions, la vérité commence à se faire jour. Elle est pire que tout ce qu'on pouvait imaginer : les hommes de la Navidad ont été exterminés.

L'aspect de l'ancienne forteresse ne laisse aucun doute :

« Nous l'avons trouvée brûlée toute, et les habits des chrétiens éparpillés sur l'herbe. »

Ici finit le rêve paradisiaque de la première colonie américaine. Que s'est-il passé ? Comment les relations avec les Indiens ont-elles dégénéré ?

Des justifications embrouillées laissent apparaître que deux chefs, prétendument ennemis de Guacanagari, sont coupables du forfait. Ils ont profité des querelles à l'intérieur du groupe espagnol, qui s'était égaillé sur l'île à la recherche de l'or, oubliant les plus élémentaires règles de prudence. Les Indiens précisent également que certains agissements des Espagnols (*« L'un avait trois femmes et l'autre quatre. »*) ont dressé contre eux de nombreux habitants de l'île.

Guacanagari se fait tirer l'oreille pour recevoir son grand ami l'Amiral. Il est alité dans sa case, gémissant de douleur à cause d'une blessure à la jambe, récoltée soi-disant en se portant au secours des Espagnols. Perfidement, Colomb lui propose d'enlever son pansement, afin que le médecin puisse le soigner, et constate qu'« *il n'a pas plus de mal à cette jambe qu'à l'autre, quoi qu'il ait fait le renard et feint de beaucoup souffrir* »...

Évitant de relever la supercherie, Colomb s'efforce de préserver l'alliance avec Guacanagari, en jouant sur les rivalités de villages indiens. Le calcul se révélera juste. Mais le paradis des bons sauvages a pris des couleurs moins idéales. La vigilance va prévaloir.

N'étant pas homme à avoir longtemps des états d'âme, Colomb s'attelle à la mission qui est la sienne : créer une colonie, acheminer au plus vite le maximum de richesses en direction de l'Espagne. Sa carrière de navigateur, si magistralement menée, se double désormais de celle de gouverneur colonial. Responsabilité pour laquelle il va se révéler nettement moins doué.

Il choisit de s'établir en un port bien abrité des vents d'est, le baptise « Isabela ». Les hommes se mettent au travail. Tous les hommes, y compris les hidalgos, venus pour l'or et la conquête. On se cabre, on complote.

Une rivière est détournée, on y installe des moulins, on sème, les Indiens apportent le poisson. Très vite, l'état sanitaire de la colonie devient préoccupant. On souffre des « fièvres », le moral se dégrade, la révolte couve.

Colomb, obsédé par son obligation de fournir aux Rois le précieux métal, envoie les rares hommes encore valides dans l'intérieur de l'île, sous la direction d'Alonso de Ojeda. L'objectif est la localisation de la fameuse mine dont parlent les Indiens depuis le début.

Beaucoup d'efforts pour un résultat modeste. La mine se révèle d'une exploitation difficile. Trois grosses pépites sont extraites. Les Rois seront contents. Mais la course contre la montre a commencé.

Colomb n'oublie à aucun moment le gouffre financier que représente le fonctionnement de la colonie, les centaines de soldes à payer. En ces longues semaines d'hiver où le nombre des malades ne cesse d'augmenter, le déficit s'alourdit.

Dès janvier, il prend la décision de renvoyer en Espagne douze des dix-sept navires, sous les ordres d'Antonio de Torres, auquel il remet un mémoire récapitulant les demandes à faire aux Rois : forces humaines supplémentaires, outils, bétail, nourriture et... ce vin qui manque tant pour le moral. La colonie d'Isabela est entrée dans une longue dépendance qui sera la plaie de toutes les premières colonies américaines.

Le mémoire dévide une liste de doléances. Colomb se plaint de la mauvaise qualité des tonneaux, des chevaux subtilisés, de la présence d'hommes d'équipage qui ont remplacé, à la veille du départ, ceux qu'il avait choisis. Il conjure, en nommant des coupables, «*Leurs Altesses de choisir pour leur service telles personnes dont on n'ait aucune défiance et qui regardent plus à ce pour quoi elles auront été envoyées qu'à leurs propres intérêts*».

Dans le même temps, il faut convaincre les Rois de la nécessité de l'entreprise, réaffirmer la richesse de cette «*terre qui ne le cédera en rien à l'Andalousie et à la Sicile sous le rapport de la canne à sucre*». En quoi, cette fois, il ne se trompe pas.

Torres parti, Colomb confie à Diego, son cadet, la présidence d'un gouvernement provisoire, et la garde de son propre bateau abritant les réserves de munitions. Il envoie à nouveau Ojeda en reconnaissance vers l'intérieur, se lance lui-même dans une expédition maritime. On le sent soulagé de reprendre la mer, laissant derrière lui cette pesante colonie. Une fois encore, il part «découvrir». Ce verbe est intransitif chez Colomb. «Découvrir», le sens même de sa vie.

Le 24 avril 1494, une flottille de trois caravelles, dont l'increvable *Niña*, devenue son navire mascotte, vogue en direction de Cuba, pour longer la côte sud. Il veut cette fois se faire une opinion définitive sur son insularité.

L'atmosphère de ce cabotage, auquel participent de nombreux membres de la première expédition, rappelle les moments heureux de la découverte. Cuba côté sud apparaît tout aussi «merveilleuse» (terme constamment utilisé), riche en plantes étonnantes, en rivières, en Indiens accueillants. On observe des flamants: «*grands oiseaux semblables aux grues mais rouge vif*».

Dans le petit crochet qu'il fait en direction de la Jamaïque (la «Babèque» présumée pleine d'or en 1493), la déception rend Colomb lyrique, par compensation: la Jamaïque devient «*la plus belle île que des yeux humains aient vue*»...

Les naturels s'y montrent nettement plus belliqueux que leurs cousins de Cuba. Des manœuvres d'intimidation sont nécessaires. Colomb ordonne de tirer à l'arbalète une pluie de flèches; il inaugure une technique vouée à un grand succès au Nouveau Monde, celle du chien féroce lancé dans les rangs indigènes. «*Il les mordit et leur fit grand tort, car un chien vaut dix hommes contre les Indiens.*»

À nouveau Cuba. Colomb reprend l'examen de la côte sud, la longe en direction de l'ouest, réactive ses anciennes certitudes sur la proximité du Cathay. Cuba est visiblement un gros cap chinois. Les Indiens indiquent la proximité d'une province appelée «Magon». C'est la prononciation déformée, estime l'Amiral, de «Mangi», la Chine du Sud dans le récit de Marco Polo. Les vieux espoirs resurgissent. Le Grand Khan est proche, avec sa Cour et ses pavements d'or. Juste derrière il y a le Gange, l'Arabie, Jérusalem.

De retour en Espagne, Colomb racontera à son ami Bernaldez qu'il a suivi la côte sud du Cathay pendant soixante-dix jours, qu'il a presque atteint la Chersonèse d'Or (Malacca), et qu'il se trouvait à deux doigts d'effectuer le premier tour du monde... Bernaldez, chroniqueur avisé, ne cache pas qu'il reste dubitatif.

Dommage pour Colomb qu'à ce point de la croisière, le 12 juin 1494, il décide de rebrousser chemin, contraint par l'état de ses bateaux, le temps, la lassitude des hommes. Pousserait-il un peu plus à l'ouest, au-delà du cap San Antonio, il la trouverait, sa terre ferme... en touchant le Yucatan.

Colomb veut en finir avec cette énigme concernant Cuba – île ou pas île. Il va donner l'un de ces coups de pouce dont il a le secret. Si aucune rupture n'est apparue dans la côte, c'est qu'elle fait corps avec le continent asiatique. Mettons donc tout cela noir sur blanc.

Sur ordre de l'Amiral, le notaire du bord s'attelle à la rédaction d'une surprenante attestation. Chaque membre de l'expédition déclare «*n'avoir aucun doute que cette terre est la terre ferme marquant le début des Indes*».

Quant aux mauvaises têtes qui s'aviseraient de «*dire par la suite le contraire*», elles encourront une amende de dix mille maravédis et on leur coupera la langue! D'autres sévices sont réservés aux «*mousses ou gens de cette sorte*»: l'administration de «*cent coups de garcette*». Sans une force de caractère peu commune, qui oserait encore prétendre que Cuba n'est pas la Chine?

Colomb vient de découvrir un moyen imparable de plier la géographie à sa volonté.

Fort du parchemin signé, il reprend dans l'euphorie la direction de l'île Espagnole, par un dernier détour: la côte sud de la Jamaïque. Cette fois, enthousiasme sans précédent de la part des Indiens. Un cacique monte à bord en grand apparat, couvert de bijoux rutilants. Dans un élan de sympathie, il propose de suivre Colomb jusqu'en Espagne :

« Ami, je suis déterminé à quitter mon pays et à t'accompagner chez tes princes, qui sont les plus grands seigneurs du monde, puisque, à leur commandement, tu parcours nos contrées en les soumettant entièrement, comme je l'ai appris par tes Indiens, et puisque même la gent innombrable des Caribes te craint depuis que tu as détruit leurs canoës et capturé leurs fils. C'est pourquoi, avant que tu me prennes mes terres et seigneuries, je veux aller avec ma maison sur tes navires afin de contempler le grand roi et la grande reine, et voir les merveilles de Castille » (Bernaldez).

Par bienveillance, à moins que ce ne soit dans le souci de s'éviter une charge supplémentaire, Colomb décline l'offre. Rejoignant la côte sud d'Haïti, il atteint fin septembre Isabela.

Son frère Barthélemy vient d'y débarquer à la tête d'un navire de ravitaillement. Cet homme calme et solide, qui a su faire impression sur les Rois, arrive à point nommé. En l'absence de l'Amiral, Diego Colomb s'est laissé déborder. Une troupe, partie en reconnaissance dans l'intérieur, a commis de telles exactions que l'ensemble des Indiens est en rébellion. Colomb maîtrise de plus en plus mal la situation. Il tombe malade dès son retour, victime d'un *« sommeil pestilentiel »*, où l'on peut déceler les symptômes d'une dépression nerveuse.

Fin 1494, Antonio de Torres est de retour. Il apporte la réponse des Rois au « Mémoire », et leur souhait (quasiment un ordre) de voir l'Amiral rentrer en Espagne. Des négociations sont en cours avec le Portugal, ils ont besoin de son avis. L'Amiral refuse, s'estimant indispensable sur place.

À cette erreur, il en ajoute une autre : il embarque sur les bateaux qui repartent cinq cents prisonniers indiens. La moitié mourra en mer, les autres arriveront en piteux état. L'Espagne va être catastrophée.

Bernaldez, qui assiste à la vente publique de ces sauvages *« nus comme ils l'étaient à la naissance »*, trouve la scène déplaisante et le résultat *« pas même profitable* (sic) *»* puisque tous meurent comme des mouches, *« le pays ne leur convenant pas »*...

Pris de doutes face à cet esclavage inutile, les Rois veulent dégager leur responsabilité. La légitimité de la pratique doit être étudiée par des hommes d'Église. Une commission est constituée.

Peu à peu, à Isabela, les Taïnos, désormais sans illusions sur les « hommes venus du ciel », s'unissent. Ce sera en pure perte.

La première bataille rangée de troupes européennes contre des Amérindiens mobilise deux cents fantassins, cinq chevaux, vingt molosses écumants. Elle se solde, le 27 mars 1495, par un massacre.

Peu après, Alonso de Ojeda capture par ruse le chef « félon » Caonabo, responsable présumé du massacre de la Navidad. Après lui avoir fait « admirer » des chaînes d'acier, prétendument « *semblables à celles que porte le roi d'Espagne* », il le fait jeter dans un cachot « *enrageant et grinçant des dents comme un lion de Libye* ».

La bienveillance paternelle de Colomb à l'égard de ses « grands enfants » des îles s'effrite. Obsédé par la rentabilité promise aux Rois, il met en place le système du *repartimiento*. À chaque colon est attribué un contingent d'Indiens, sur lesquels il a toute autorité. Les devoirs du « chef » se bornent à assurer leur subsistance et à encourager leur conversion.

La mise en exploitation de la mine d'or découverte au cours de l'été 1495 exige une forte main-d'œuvre. On développe le système du travail forcé.

Pendant ce temps, en Espagne, le crédit de l'Amiral de la mer Océane fond comme neige au soleil. Un groupe de dissidents d'Isabela, dont un religieux, le frère Buil, s'est emparé d'un navire pour regagner l'Espagne. On se répand en accusations (pas toutes injustifiées) sur l'arbitraire du commandement dans l'île Espagnole.

Une flottille de ravitaillement arrive, en octobre 1495. À bord se trouve un « observateur », chargé de rédiger un rapport. Colomb sent qu'il ne lui sera pas favorable. Inéluctablement, les effectifs de la colonie se réduisent, minés par la maladie. Les cultures, sur la terre si prodigieusement fertile que décrivait le journal de 1492-1493, sont peu productives. Isabela ne parvient pas à survivre sans les renforts et les vivres perpétuellement expédiés de la lointaine Castille. L'or, de production modeste, est loin de couvrir les frais.

C'est un Colomb sensiblement défait qui, en mars 1496, après avoir confié les pleins pouvoirs à Barthélemy, se décide enfin à embarquer pour l'Europe, quittée trois ans plus tôt.

L'accueil des Rois demeure poli. L'Amiral, une fois encore,

déploie une mise en scène appréciée avec caciques couverts d'or et de plumes. Mais les « Indes » ont déçu, elles ne figurent plus parmi les préoccupations essentielles. Ferdinand et Isabelle, en guerre contre la France à propos du Roussillon, s'intéressent surtout à la politique européenne et préparent activement leur succession. Les mariages de leur fille et de son frère, le dauphin Juan, avec des membres de la Maison de Bourgogne sont plus près de leurs préoccupations que ces cailloux du bout du monde, qui contribuent à grever le budget royal.

Pendant deux longues années, piégé à terre, Colomb redevient le quémandeur raillé par les courtisans, fatiguant les puissants avec « son » entreprise des Indes, hantant les coulisses du pouvoir, en quête d'une nouvelle autorisation de repartir. On a beau le reconfirmer dans ses droits, titres et privilèges, il se ronge. Loin de profiter sans arrière-pensée de sa promotion personnelle, il cherche à comprendre pourquoi Dieu, tout en le favorisant, s'acharne à rendre ses missions si difficiles. Il s'accuse d'« orgueil », bat sa coulpe, se glisse dans une robe de bure franciscaine. Sa santé s'altère, il souffre d'arthrite, s'aigrit.

C'est du Portugal que va venir fortuitement le déblocage de la situation. La nouvelle parvient en Espagne, début 1497, que Manuel, successeur de Jean II, est en train de lancer une importante expédition. La destination n'est pas précisée. S'agit-il des « Indes de l'ouest » ?

Dans la réalité, l'entreprise portugaise, confiée à Vasco de Gama, est tout autre. Elle vise à gagner la péninsule indienne par le Cap, itinéraire ouvert dix ans plus tôt par Barthélemy Diaz. Le but final, l'Inde, la vraie, reste à atteindre.

Les Rois, qui ne savent pas quoi penser, prennent finalement une décision positive, et demandent à Colomb de rassembler, à leurs frais, trois cents colons, dont pour la première fois, trente femmes, faiblement dotées, sans salaire, simple « cargaison » féminine à but reproducteur. Le reste de l'effectif (cinquante laboureurs, vingt laveurs d'or, etc.), prélevé parfois parmi des repris de justice, montre que la colonie de l'île Espagnole n'est plus perçue sous un jour mirifique. Des prêtres embarquent également, chargés de « *s'efforcer de convertir les Indiens à notre Sainte Foi...* » ; quelques hidalgos, des soldats.

Le 30 mai 1498, six navires quittent Sanlucar, au moment

même où, à des milliers de milles à l'est, Vasco de Gama, achevant sa circumnavigation du continent africain, touche la côte indienne à Calicut, accomplissant brillamment la première « route des Indes ».

Parvenu aux Canaries, Colomb envoie trois des six navires directement sur l'île Espagnole, et met le cap au sud-ouest pour se lancer dans une nouvelle exploration. « *Je désire vérifier*, écrit-il, *ce que prétendait le roi Jean : à savoir qu'il y aurait vers l'ouest une très grande terre ferme.* »

Jean II, sans doute renseigné par ses navigateurs, soupçonna peut-être avant l'Espagne l'existence de l'Amérique du Sud. D'où ses exigences lors du traité de Tordesillas.

Dans cette hypothèse, Colomb ne serait évidemment plus le premier à apercevoir la « terre ferme » américaine. D'autant qu'on lui attribue des prédécesseurs dans son propre camp : une expédition conduite par un Pinzon, Vincent, semble bien avoir foulé le Honduras dès 1497. À bord se trouvait un homme d'affaires florentin du nom d'Amerigo Vespucci.

Après les déceptions d'Hispaniola, Colomb veut redorer son blason, offrir aux Rois une trouvaille spectaculaire. Misant à nouveau sur l'or, il choisit d'explorer à l'ouest une latitude plus basse – chaleur et sud étant propices au précieux métal. Il ne doute pas, en atteignant à l'autre bout de l'Océan la latitude correspondant à celle de la Guinée, si rentable pour les Portugais, de trouver même configuration : métal, épices, hommes à la peau noire.

Un historien vénézuélien a laissé entendre que Colomb lui-même avait déjà touché le continent sud en 1494, longé la côte des Guyanes, une partie du Venezuela, et remonté le chapelet des Petites Antilles. À l'appui de cette thèse, on cite deux hommes : Pierre Martyr, auquel Colomb a prétendument tout raconté, et un pilote, Hernan Perez Mateos, qui témoigne à l'occasion d'un procès entre les héritiers de l'Amiral et la Couronne. Troublé par cette terre ferme, située à une latitude inattendue, qui ne correspondait à aucune de ses cartes, Colomb aurait omis d'en parler, réservant ses conclusions pour une prochaine exploration : ce troisième voyage, précisément...

Quoi qu'il en soit, Colomb vise cette fois nettement plus au sud. Il commence par descendre le long de l'Afrique plus bas que les

Canaries, fait escale aux îles du Cap-Vert (dont il note qu'elles n'ont rien de «vert») et pique vers le sud-ouest. Le 31 juillet 1498 une grande île coiffée de trois sommets est en vue. À nouveau la Providence divine se manifeste par cette configuration trinitaire. Ce sera Trinidad.

L'île, «*aussi belle et verte que les jardins de Valence en mars*», se révèle pourtant différente des prévisions. Les habitants, aux traits physiques vraiment peu «africains», se montrent «*les plus blancs de ceux que nous ayons vus aux Indes, gracieux d'allure et beaux de corps, les cheveux longs et plats...*».

Croyant posséder le mode d'emploi définitif du «premier contact», Colomb déballe sur le pont, à l'approche des indigènes sur leurs pirogues, sa bimbeloterie la plus éprouvée. Il agite fébrilement «*des bassins et d'autres choses qui reluisent*». Aucun succès. «*À peine approchaient-ils un peu, qu'aussitôt ils s'éloignaient.*» Que faire? Il fouille dans son magasin de colifichets, déniche une pièce de choix:

«*Un tambourin que je fis amener sur le château de poupe et que je fis battre pour faire danser quelques jeunes gens, pensant qu'ils viendraient voir la fête. Mais sitôt qu'ils virent battre le tambourin et danser, tous laissèrent les rames, prirent en main leurs arcs, les tendirent, chacun se couvrant de son bouclier, et ils commencèrent à nous tirer des flèches...*»

Derrière Trinidad apparaît une grande île, creusée d'un golfe immense. Ses rivages majestueux sont battus de courants violents «*mugissant aussi fort que les vagues de la mer*».

Colomb s'abrite prudemment derrière une pointe, observe que «*l'eau (va) d'orient au ponant avec autant d'impétuosité que le Guadalquivir au temps de la crue*». Ce rivage inhospitalier réserve une nouvelle surprise, qui sera à deux doigts de clore prématurément l'expédition:

«*Dans la nuit déjà très avancée, me trouvant à bord de la nef, j'entendis un terrible mugissement qui venait vers moi du côté du sud; je m'arrêtai à regarder et vis la mer se lever d'ouest en est, en une lame aussi haute que la nef et qui peu à peu venait sur moi. La crête de la vague produisait un rugissement furieux. Encore aujourd'hui j'en ressens l'effroi en mon corps*» (lettre aux Rois sur le troisième voyage).

Cette déferlante monstrueuse signe la volonté du Malin d'anéantir l'expédition. Colomb baptise Bouche-du-Serpent le goulet maudit, à la pointe sud de Trinidad. Il demeure aujourd'hui difficile d'y naviguer.

De là, l'« île » sur laquelle on a vue est en fait le vaste golfe de Paria. On prend contact avec des sauvages, moins timides que les précédents. Grande est la satisfaction de constater que « *beaucoup port(ent) au cou des plaques d'or, et quelques-uns des perles aux bras* ».

Colomb est-il déjà, à ce point du voyage, conscient qu'il vient de faire la deuxième découverte sensationnelle de sa carrière d'explorateur ? La côte n'est autre que le continent sud-américain, le futur Venezuela.

Ces jours de cabotage d'août 1498, le long du golfe de Paria, le mènent d'étonnement en étonnement.

Le long du vaste arc de cercle se déversent d'imposantes masses fluviales – celles d'une des bouches de l'Orénoque et du Rio Grande. Colomb constate un surprenant phénomène : l'eau est douce. Emprisonnée par la masse de Trinidad qui fait face au golfe, elle constitue un lac immense. Il faut que le débit de ces fleuves soit peu commun pour parvenir ainsi à refouler l'eau de mer.

À fleuve immense, terre immense...

« *Si c'est là une terre ferme*, écrit-il aux Rois, *c'est une chose digne d'admiration et ce le sera pour tous les savants, puisque le fleuve qui débouche là est si grand qu'il rend la mer douce jusqu'à quarante-huit lieues.* »

Parvenu à ce point, Colomb prend des relevés afin de guider de futures expéditions : « *Dès que possible j'enverrai mon frère, l'*adelantado, *pour aller plus avant dans ces régions.* »

Mais sa conclusion finale laisse pantois :

« *J'ai la conviction que là-bas se trouve le Paradis terrestre.* »

Colomb se trouve dans le golfe de Paria, face aux bouches de l'Orénoque, et que voit-il ? Non pas un continent imprévu qui exige une révision déchirante, de la géographie mais l'Éden, celui qu'on cherche depuis la Chute, depuis les Commencements...

Il n'en démordra plus : voici, dit-il, les approches du Paradis *terrestre*. Les Anciens, puis les Pères de l'Église, n'ont-ils pas mentionné qu'il fallait le chercher à l'orient ? N'est-ce pas là l'extrême de l'orient, là où il devient ponant ? Colomb se remémore ses lectures : Aristote, Sénèque, Pline, saint Ambroise, Pierre d'Ailly, tant d'autres.

Que la côte soit plate, contrairement à la tradition qui situe le Paradis sur une hauteur, s'explique aisément – l'expédition n'a encore atteint qu'une « banlieue » de ce lieu idéal :

« La terre doit s'élever petit à petit à partir de zones lointaines... »

Le golfe aux eaux douces est le déversoir de fleuves issus des hauteurs paradisiaques, proches :

« Du sommet descendrait ce fleuve qui arrive à former comme un lac, car je n'ai jamais entendu dire qu'on ait vu une telle quantité d'eau douce en contact avec l'eau salée... De plus cette température modérée est un indice du Paradis... »

À moins que... Colomb, dans un éclair de lucidité, entr'aperçoit l'autre conclusion possible :

« Si ce grand fleuve ne provient pas du Paradis, c'est qu'il provient d'une terre infinie, située au midi, et dont personne jusqu'à présent n'a eu connaissance... »

Le temps d'un léger doute, il a bel et bien l'intuition du continent sud-américain.

Mais déjà il se raccroche à ses a priori de pieux érudit médiéval :

« Toutefois je tiens en mon âme pour très assuré que là où je l'ai dit se trouve le Paradis terrestre, et je me fonde en cela sur les raisons et autorités ci-dessus dites. »

Il n'est pire aveugle que celui qui croit savoir... Colomb tient un scoop géographique. Et il lui tourne le dos pour se lancer dans la nébuleuse description d'un Paradis situé au sommet d'une sorte de mamelon (l'hémisphère sud), au demeurant inatteignable : *« Je ne crois pas que personne puisse parvenir au Paradis, sauf par une volonté divine expresse. »*

D'autres moins englués dans les belles-lettres et les rêveries moyenâgeuses, ne tarderont pas à se lancer sur ses traces... et à tirer les conclusions qui s'imposent.

Laissant cet « autre monde » en suspens dans ses brumes, Colomb pense maintenant aux responsabilités qui l'attendent dans l'île Espagnole. Il n'a que trop tardé à rentrer.

La situation retrouvée à Saint-Domingue, nouvelle capitale de la colonie, n'est guère brillante. Un groupe de soixante-dix colons a fait sécession sous l'impulsion de François Roldan. Des caciques sont en révolte contre le tribut imposé par l'*adelantado* Barthélemy. Colomb, cherchant à calmer le jeu, s'abstient de sévir, convoque Roldan, négocie, autorise les mécontents à regagner l'Espagne. Justement trois caravelles s'apprêtent à acheminer une importante cargaison d'esclaves indiens. Qu'ils l'accompagnent.

Une lettre explicative adressée aux Rois est jointe à la « marchandise ». Colomb souligne le profit à tirer :

« *Un seul de ces Indiens vaut bien trois Noirs... Bien que pour le moment les Indiens meurent, il n'en sera pas toujours ainsi, car c'est ce qui arrivait aux Noirs et aux Canariens au début.* »

Suit une longue liste de doléances contre les vices des colons et leur paresse :

« *Personne qui n'ait deux ou trois Indiens à son service... qui n'ait plusieurs femmes, si belles que c'est merveille... Quelques dévots religieux nous seraient très utiles.* »

Dans une autre missive, c'est l'explorateur qui reprend la parole, relatant l'extraordinaire périple qu'il vient d'effectuer au sud. Une centaine de perles, de l'or, une carte, sont jointes.

Sur le plan matériel, tout n'est pas catastrophique à Saint-Domingue. Le bétail multiplie, les terres commencent à produire. Mais que représente une modeste colonie, conflictuelle et dépendante, comparée au rêve de gloire et de fortune qui avait nourri sa création ?

Colomb terminera l'année 1499 dans un découragement presque complet :

« *Le jour de Noël, tous m'avaient abandonné... et j'en arrivai à toute extrémité. Je laissai tout et m'en allai sur une petite caravelle.* »

En Espagne, les nouveaux arrivages de mécontents et d'esclaves ont noirci encore le tableau. La reine charge des pleins pouvoirs un certain Bobadilla, qui traverse l'Atlantique en juillet-août 1500, avec mission de mettre de l'ordre chez les frères Colomb.

Pour le vice-roi, la grande époque s'achève. Bobadilla le convoque à Saint-Domingue et, sans le recevoir, fait mettre les Colomb aux fers, les embarque. De cela, même après une demi-réhabilitation, Colomb gardera une rancœur indéracinable. Dans sa résidence, les chaînes infâmes figureront « *toujours en bonne place* » en témoignage de l'outrage jamais effacé.

La reine le reçoit dès son retour. Elle déclare lui conserver son estime. En réalité, elle n'a pas l'intention de le rétablir dans la totalité de ses droits. Déjà exorbitants lors de la découverte, les privilèges de l'Amiral et vice-roi apparaissent incompatibles avec l'étendue croissante des terres découvertes à l'ouest.

En 1500, beaucoup d'autres découvreurs figurent dans la compétition. Le Portugal vient de prendre possession de ce qui sera le Brésil. De nouvelles investigations espagnoles laissent supposer l'existence d'une terre immense – continent ou appendice de l'Asie, le problème est loin d'être réglé. Colomb n'est plus le seul, même s'il lui reste la gloire d'avoir été le premier.

Vieillissant, malade (ophtalmies, arthrite, fièvres), il brasse sa rancœur. Des visions l'assaillent – l'universalité du salut, l'urgence de la reconquête de Jérusalem, la mission apostolique qu'il estime être la sienne. Il ressasse des versets prophétiques.

« *Par toute la terre leur voix s'est fait entendre, et leur parole a retenti jusqu'aux extrémités du globe.* »

Malade et usé, il désire encore prendre la mer. Le 11 mai 1502, il part à nouveau « découvrir ». Les Rois donnent leur accord, sous réserve qu'il évite de se rendre dans l'île Espagnole, sauf nécessité extrême.

À ce point de l'expansion européenne, la possibilité d'une rencontre à l'extrême ouest, avec Vasco de Gama, est envisagée. Preuve s'il en faut de la méconnaissance persistante des proportions réelles des mers et des continents. Isabelle donne des consignes :

« *Nous vous envoyons une lettre pour le capitaine portugais qui est parti vers le levant et où nous lui faisons savoir votre départ vers le ponant : si vous vous rencontrez en chemin, vous aurez à vous traiter en amis.* »

Voici donc le vieil Amiral voguant à nouveau vers la « terre ferme », déjà explorée. Par lui d'abord, maintenant par beaucoup d'autres. Son nouvel objectif est d'obtenir une certitude sur la situation des « Indes occidentales » par rapport à l'Asie. Au programme : la recherche d'un passage. On le voit, l'Asie continue d'être le but ultime.

Le projet semble un peu délirant. Mais Colomb a gagné gros en obéissant à ses délires...

On navigue en famille. Ferdinand, son plus jeune fils, âgé de treize ans, participe à l'aventure, ainsi que le fidèle Barthélemy. La moyenne d'âge des équipages est très basse – Morison pense que Colomb a appris à se méfier des marins aguerris, trop indociles. Quatre caravelles, complètement financées par la Couronne, effectuent cette dernière expédition colombienne, qui restera sous le nom de « Haut Voyage » (*Alto Viaje*).

Atterrissant à la Martinique, Colomb se rend, malgré l'interdiction d'Isabelle, en urgence à Saint-Domingue. Il demande asile. Depuis plusieurs jours, explique-t-il, il a reconnu dans la configuration des nuages et des vents les prémisses d'un cyclone. Le gouverneur Ovando, son successeur à la tête de l'île Espagnole, ne voit là qu'une manœuvre. Il omet, du même coup, de prendre les précautions qui s'imposent : double amarrage des bateaux au port, notamment.

Le cyclone arrive, dans les conditions et avec la violence prévues par cet expert en vents et tempêtes qu'est l'Amiral. Catastrophe pour la flotte d'Ovando qui vient justement de sortir du port. Pas moins de dix-neuf navires en partance pour l'Espagne sombrent corps et biens. L'un d'entre eux, lourdement chargé d'or, était destiné à la reine, un autre portait l'« ignoble » Bobadilla.

Colomb a des raisons d'y voir l'intervention de la Justice divine.

Interdit de séjour à Saint-Domingue, dans son île Espagnole ! Décidément il ne parvient pas à avaler cette humiliation : « *Tel Job, j'étais sur le point de mourir de désespoir en me voyant interdire l'accès d'une terre que j'avais acquise au prix de sueurs de sang, alors que je cherchais un abri...* »

Heureusement il a pris, lui, des précautions, mis ses navires à l'abri comme il a pu. Après quelques bricolages, il va pouvoir continuer la route. L'idée de repartir à la découverte suffit pour chasser ses noires ruminations.

D'Haïti il longe la Jamaïque, met le cap à l'ouest. Une île apparaît, et dans les lointains, le 27 juillet, un immense golfe continental. Des Indiens viennent à la rencontre des Espagnols, avec du coton et des graines de cacao. Ils expliquent qu'ils habitent la terre ferme, toute proche. Colomb retient l'un d'eux comme pilote, et aborde l'actuel Honduras, touchant pour la deuxième fois le bloc continental américain.

A-t-il oublié son « Paradis » ? En tout cas il ne le mentionne plus. L'illusion de l'Asie, elle, demeure. Selon son habitude, Colomb s'acharne à faire coïncider la toponymie indigène avec celle de Marco Polo, prenant telle rivière annoncée loin au ponant pour le Gange, et finissant par en déduire qu'il se trouve le long de la Malaisie. Quoi de plus normal, par conséquent, que d'entendre les Indiens décrire une autre mer à l'ouest ?...

Colomb commence à longer la côte (en fait celle du Nicaragua), à la recherche d'un détroit, pour gagner plus vite les Indes, les vraies – tout comme l'avait fait Marco Polo qui avait franchi le détroit de Malacca à son retour de Chine.

Pénible navigation contre le vent, sous des pluies torrentielles, qui dure jusqu'au 25 septembre. On fait relâche le long du Costa Rica, chez des Indiens amicaux au point d'être collants. Renversant les rôles, ils assaillent les caravelles pour échanger coton et bijoux de *guanin* (alliage d'or et de cuivre).

« *Lorsque j'arrivai, ils m'envoyèrent aussitôt deux filles très parées. La plus vieille ne devait pas avoir plus de onze ans, et l'autre sept ; toutes deux étaient si désinvoltes que des putains ne l'auraient pas été davantage. Elles portaient, dissimulées, des poudres de sortilège. Dès qu'elles furent arrivées je les fis habiller et je les renvoyai immédiatement à terre* » (« Lettre rarissime » adressée aux Rois).

Plus loin, d'autres Indiens confirment à Colomb qu'il longe un isthme, et qu'en marchant vers l'ouest il trouverait le début d'une autre mer. Cependant, pour l'atteindre, il faut traverser une haute cordillère. On abandonne l'idée. D'autant que la rive panaméenne du côté caraïbe de l'isthme ne tarde pas à se révéler riche en or :

« *Les gens sont nus et portent au cou un miroir d'or, mais qu'ils ne voulurent ni vendre ni troquer... J'appris qu'il y avait des mines à deux jours de marche...* »

De plus en plus d'or se présente, le long de la côte qui sera celle du Veragua – le titre de duc de Veragua est porté aujourd'hui encore par les héritiers de Colomb. Mais des tempêtes incessantes compliquent les choses. Ferdinand, quinze ans, supporte ces tribulations avec un courage qui étonne son père. Sa mémoire garde le souvenir d'une trombe d'eau spectaculaire survenue le 13 décembre :

« Cette trombe fit remonter l'eau jusqu'aux nuages, en une colonne plus large qu'un tonneau et la tordit comme un tourbillon. »

L'attrait de l'or demeure plus fort que le climat inhospitalier. Voyant les Indiens amicaux, Colomb décide, conformément aux instructions royales, de créer un poste d'échange, qu'il nomme Belen (Bethléem) – c'est le jour de l'Épiphanie 1503.

Mal lui en prend. À peine a-t-il installé Barthélemy et quelques hommes que les Indiens deviennent agressifs. Ici comme ailleurs, les choses se gâtent quand on passe du troc d'escale à l'établissement durable.

Au moment où Colomb s'apprête à prendre la mer pour mettre le cap sur l'Espagne, c'est l'attaque. Diego Mendez, chef de la colonie de Belen, montre un sang-froid étonnant, dont il donnera par la suite d'autres preuves :

« L'Amiral venait à peine de mettre à la mer et j'étais resté à terre avec une vingtaine d'hommes parce que les autres étaient allés l'accompagner, lorsqu'une multitude d'Indiens, venus de terre, fondit tout à coup sur moi ; ils étaient plus de quatre cents, armés de leurs bâtons et de leurs flèches. Ils s'étendirent en front sur la montagne et ils poussèrent un grand cri, puis un second, puis un troisième, et ces cris, grâce à Dieu, me donnèrent le temps de me préparer et de me défendre contre eux. »

Colomb n'a que le temps de revenir et de faire embarquer tout le monde, abandonnant les dépouilles de dix victimes espagnoles. Belen, l'impossible colonie, disparaît derrière les Espagnols.

L'expédition n'est pas au bout de ses peines. À peine a-t-on pris le chemin du retour que les caravelles, rongées par les vers tropicaux, font eau de toutes parts. Il faut accoster d'urgence.

Le 25 juin, après des jours d'écopage épuisant, on aborde *in extremis* sur la côte nord de la Jamaïque, en un lieu que Colomb connaît déjà. Il l'a baptisé, lors d'un précédent voyage, Santa Gloria.

Peu glorieux est alors le moral des naufragés. Comment pourront-ils rallier l'île Espagnole distante d'au moins cinq cents kilomètres ? Tous les navires ont rendu l'âme. Ils ne constituent plus que de précaires abris terrestres contre d'éventuelles attaques indigènes.

Avant d'envisager toute mesure de fuite, Colomb établit un règlement sévère pour la survie de ce campement de fortune. On peut déceler l'influence de Barthélemy, plus pragmatique que son frère.

Afin d'éviter les viols d'Indiennes, auxquels ne manqueront pas de se prêter ces hommes privés de femmes, toute incursion dans l'île est interdite. Le troc fait l'objet d'une réglementation minutieuse : contre un pain de cassave deux perles de verre, contre beaucoup de poissons et de maïs une clochette de faucon. Il s'agit de ne pas laisser s'effondrer le cours de la bimbeloterie, sous peine de mourir de faim.

La dépendance alimentaire de ces hommes, apparemment incapables de pêcher sur une côte où le poisson abonde, incapables de pratiquer une agriculture de survie dans une terre fertile, reste difficile à comprendre.

Le problème du retour, maintenant. Comment informer les autorités de Saint-Domingue ? Faut-il attendre le passage d'un éventuel navire ? Mince probabilité, Colomb ayant crié sur tous les toits qu'il n'y a pas d'or à la Jamaïque...

Construire un bateau ? La côte ne manque pas de bois : n'y a-t-il pas un bon charpentier parmi l'équipage ? Apparemment non puisque Diego Mendez, l'homme providentiel de ce quatrième voyage, va emprunter deux pirogues (*canoas*) bricolées d'une coque surajoutée et d'une voile de fortune.

Étonnante odyssée : menée par vingt rameurs indiens et dix Espagnols, la flottille est en vue d'Hispaniola au bout de trois jours.

Diego Mendez ne s'attend certes pas, venant de la part de Colomb, à être reçu princièrement par Ovando. De là à imaginer que le gouverneur de l'île Espagnole va le faire lanterner sept mois !

Commence pour les naufragés de Santa Gloria, dans l'ignorance de la réussite de Mendez, une exaspérante attente.

Malgré la poigne des Colomb, l'ingéniosité du système de survie mis en place, la situation se dégrade lentement.

Comme prévu, la demande indienne de clochettes, dentelles et autres colifichets, va decrescendo. Les rapports se tendent.

Une scission se produit dans la communauté hispanique. Deux frères, les Porras, se dressent contre Colomb, l'accusant de ne rien faire pour abréger la situation – banni de Saint-Domingue, il n'a rien à perdre. La moitié des hommes se mutine, tente en vain de prendre la mer, part vivre « sur le pays ».

Les Indiens renâclent à livrer la nourriture. Le groupe resté autour de Colomb a faim. L'horizon marin reste désespérément vide de voiles.

Février 1504 : pas le moindre changement. Il y a déjà sept mois que Diego Mendez est parti. Sa mission a dû échouer. La situation apparaît sans issue.

C'est alors que Colomb invente le stratagème fameux de l'éclipse. Grâce à un almanach qu'il a emporté avec lui, il sait qu'une éclipse totale de lune doit se produire le dernier jour de février. L'occasion est inespérée. Il convoque en grande pompe les caciques et déclare que, fâché de leur mauvaise volonté, son Dieu va leur donner une leçon.

Et la lune de se ronger lentement sous l'effet présumé de la colère divine...

Dans les rangs indiens la stupeur est totale. Assaillant le navire, ils jurent de ne plus refuser les vivres si l'Amiral accepte de rétablir l'ordre du monde.

Théâtral, Colomb se retire un long moment (la durée exacte de l'éclipse). Quand il ressort, une expression solennelle est sur son visage : son Dieu, magnanime, lui a donné la permission de faire revenir la lune.

En quelques minutes, un croissant lumineux se dessine...

Les Indiens promettent de ne jamais manquer à leur parole. Les vivres ne feront plus défaut à Santa Gloria.

L'épreuve jamaïquaine, prolongée à plaisir par le cynique gouverneur de l'île Espagnole, n'est pas terminée. Un navire officiel apparaît à l'horizon, l'émotion est à son comble, sur l'île. Ordre a été donné cependant de n'embarquer personne : simple mission d'« observation » chargée d'établir un « rapport » sur l'état des naufragés. Et la caravelle de redisparaître à l'horizon comme elle est venue.

Le navire, heureusement, a aussi apporté un message de Diego Mendez. Il tente, explique-t-il, de louer un bateau à Saint-Domingue afin de venir tous les rechercher.

À nouveau les semaines s'additionnent.

C'est seulement fin juin 1504 que les survivants du « Haut

Voyage », enfin secourus, retrouveront l'île Espagnole, à bord d'une minable petite caravelle « charter » finalement dégotée par l'infatigable Diego Mendez. Une année et cinq jours d'angoisse se terminent...

Colomb, qui a eu mille fois le temps de peaufiner sa « Lettre rarissime » aux Rois, mélange assez confus de récit d'exploration, de plaidoyer indigné et de sermon visionnaire, va enfin, avec son fils Ferdinand lui aussi rescapé, pouvoir regagner l'Espagne.

Cette quatrième et dernière expédition ne se limite pas à un exploit rocambolesque. Elle donne à la Couronne espagnole l'isthme de Panama, et les actuels Honduras, Nicaragua, Costa Rica. Mais Colomb sait déjà que d'autres en tireront les fruits :

« Que pleure sur moi quiconque est pénétré de charité, de vérité et de justice. Je n'ai pas fait ce voyage pour y gagner honneur et fortune ; c'est la vérité, car de cela, déjà, tout espoir m'était mort. »

Sa propre disparition, Colomb n'a plus guère à l'attendre. Il ne lui reste qu'un an et demi d'existence. La maladie, l'amertume, le rongent. Il rêve encore d'un ultime voyage, qu'il ne fera jamais.

Aux portes de la tombe, ses obsessions l'habitent. Il veut obtenir justice pour ses descendants en leur faisant restituer l'intégralité des droits et privilèges que prévoyaient les « Capitulations » de 1492. Il veut ranimer l'esprit de croisade qui avait inspiré l'Entreprise des Indes.

L'Amiral a cinquante-trois ans, âge vénérable. Les épreuves, l'usure de la vie en mer, la rancœur lancinante, s'ajoutent au poids des ans. En novembre 1504, Isabelle meurt.

Lucide sur les carences du gouverneur de l'île Espagnole, la reine n'a jamais nié les mérites de l'explorateur et du marin. Elle s'est efforcée de lui conserver privilèges et revenus qui promettaient, avec l'extension progressive de ce Nouveau Monde, de devenir extravagants.

Colomb s'entête à s'estimer lésé. Il s'acharne à obtenir ses dix pour cent sur les revenus des terres par lui découvertes, nourrit de volumineux dossiers pour sa descendance. D'interminables litiges opposeront ses héritiers, de génération en génération, à la Couronne.

En 1508, Diego Colomb, le « Second Amiral », parviendra à reconquérir la fonction de gouverneur de l'île Espagnole. Mais son père ne sera plus là pour se réjouir de cette revanche. Il ne connaîtra pas non plus l'ampleur réelle de sa découverte, cet *otro mundo* qui, loin d'être une excroissance d'Asie, est un continent bien à part, démesurément étendu.

Le 20 mai 1506, au moment où il prononce, dans une semiconscience, la prière des agonisants, la continentalité américaine est une hypothèse que chaque nouvelle découverte accrédite. Il faudra cependant dix-sept ans, et le retour des derniers survivants de l'expédition de Magellan, pour que la preuve définitive en soit enfin apportée.

Avec Colomb, *Christophore*, disparaît le dernier voyageur du Moyen Âge. Croisé des océans, il discernait dans chaque avancée géographique l'expansion chrétienne, le repli du paganisme. Sa pieuse idée fixe justifiait la recherche de l'or, par tous les moyens.

L'or viendra, bien après sa mort, en fabuleuses quantités. Il servira des objectifs autrement terre à terre qu'une hypothétique reconquête de Jérusalem.

Quant aux doux Indiens, ces âmes « enfantines » qui émeuvent si souvent le Découvreur, ils ne sont pas au bout de leurs peines, sous la tutelle de leurs *encomenderos*[1] blancs, dont le salut des âmes est bien le cadet des soucis.

À la veille de s'éteindre, l'Amiral de la mer Océane rédige un pieux testament qui n'oublie ni ses serviteurs, ni sa famille génoise, ni Béatrice, la mère jamais épousée de son deuxième fils, qui *« pèse lourdement sur (s)a conscience »*. Une dernière fois il demande justice aux souverains ingrats qu'il *« vint servir par la découverte des Indes »*... Et ajoute, dans un dernier mouvement d'orgueil : *« Il serait plus exact de dire que je leur DONNAI les Indes... »*

---

1. Titulaires de *l'encomienda*, dotation en terres et en main-d'œuvre autochtone.

5.

Vers la « Terre Frigide »

20 mai 1497. Un modeste bateau de soixante tonneaux, le *Mathew*, descend lentement la rivière Avon, en aval de Bristol. Dix-huit hommes sont à bord. Petit navire, grand dessein, puisque son capitaine, Jean Cabot, le mène vers ce qu'il croit être la route des Indes par le nord-ouest.

L'erreur, à nouveau, va se révéler riche de conséquences, ouvrant par mégarde une page capitale dans l'histoire américaine. Rien de très séduisant pourtant ne se trouve au bout de la traversée, pas d'îles sous le vent, ni de belles indigènes nues. L'univers de brumes et de glaces dévoilé par le *Mathew* ne livrera ni métal ni pierreries, ni passage vers le Cathay. Tout juste la perspective de campagnes de pêche fructueuses. Il faudra des décennies pour que cette « *Terra Frigida* » disgraciée, tout juste bonne pour les baleiniers et les morutiers, attire à nouveau le regard des princes et les grands navires explorateurs des marines royales.

À l'image des marins découvreurs de son époque, pour qui la planète ouvre des horizons inépuisables, Jean Cabot n'est le vassal que de sa propre passion. La bannière sous laquelle il navigue importe peu. Elle sera anglaise, mais par un concours de circonstances. Semblable à son exact contemporain Christophe Colomb – ils sont nés la même année, 1451 –, Cabot est d'origine génoise et s'appelle Giovanni Cabotto.

Après son adoption de la nationalité vénitienne, il finira pas passer à la postérité sous pavillon anglais, et sous le nom de John Cabot. Il a tenté lui aussi d'intéresser Séville, puis Lisbonne, à un projet de traversée de l'Atlantique, vers le nord cette fois. C'est finalement le souverain d'Angleterre Henri VII, aveugle quelques années plus tôt aux propositions des frères Colomb – il a dû s'en mordre les doigts –, le parrain de cette entreprise.

Parrainage peu coûteux au demeurant puisque les lettres patentes accordées par Henri précisent bien que les Cabot (Jean et ses trois fils, Sébastien, Louis, Santius) *«feront voile* à leurs propres frais *pour toutes les parties, contrées et mers de l'est, de l'ouest et du nord...».*

Hélas, aucun journal de bord n'a été conservé. L'essentiel de ce que l'on sait de cette expédition, pourtant glorieuse, procède de sources indirectes : le récit qu'en fait au duc de Milan, curieux de tout ce qui a trait aux découvertes, son ambassadeur à Londres Raimondo di Soncino. Quant au plus célèbre des fils Cabot, Sébastien, bon cartographe et habile conteur, il tirera tellement la couverture à lui après la disparition de son père que ses informations sont sujettes à caution.

Il n'est en tout cas nullement surprenant que Cabot choisisse en 1495 de s'installer à Bristol. Situé à mi-chemin entre l'Islande et la péninsule Ibérique, qui importe les vins doux et exporte la laine de l'arrière-pays des Cotswolds, ce port prospère est l'étape obligée pour tout navire sur la route du Grand Nord. Colomb, on l'a vu, y a fait escale en direction de l'Islande. Bristol manifeste une vocation transatlantique précoce. C'est d'elle que se lancent, à partir de 1480, les expéditions en direction de la mystérieuse Brasil. Tentatives infructueuses, mais qui ont familiarisé les marins de la région avec la navigation hauturière et les vents et courants de l'Atlantique.

Pour son expédition, Jean Cabot s'évertue d'abord à rassembler une flottille. Il finira par se contenter d'un seul navire, équivalent de la petite *Niña*, servi par moins de vingt hommes, gréé d'une grand-voile carrée. Le *Mathew*, si son tonnage semble modeste, a sûrement de solides qualités, puisqu'il effectuera en moins de onze semaines l'aller-retour jusqu'à l'actuel Canada – record inégalé pendant le XVIe siècle. L'itinéraire suivi par Jean Cabot reste assez imprécis.

Le choix d'un départ en mai doit sûrement beaucoup aux informations des marins de Bristol, qui connaissent bien la dominance des vents d'est au printemps.

Naviguant plein ouest à partir de l'Irlande, Cabot, dans une méconnaissance des proportions terrestres comparable à celle de

Colomb, vise la côte du Cathay. Avec un peu de chance, espère-t-il, il croisera la fameuse Brasil. Comme Colomb, il caresse l'espoir de rencontrer également Antilia.

La côte qu'il atteint le 24 juin 1497, après un mois de traversée, est bien différente de ce qu'il attend. C'est celle de Terre-Neuve, à peu près à l'emplacement de l'anse aux Meadows, le tout premier établissement européen du Viking Leif Ericsson, dont aucun souvenir ne subsiste alors, ni matériellement, ni dans la mémoire des hommes.

De là, Cabot explore le rivage oriental de cette grande île. Il est rocheux, désolé, et le *Mathew* louvoie sans doute entre les glaces résiduelles, les bancs de brouillard, fréquents en cette saison. Aucun des commentateurs, bizarrement, ne souligne ces difficultés. Cabot, dans ses feuilles de route, minimise peut-être volontairement les désagréments de la navigation dans cette zone.

Quelque part le long de la côte, il plante les bannières de saint Georges, déclarant que cette terre nouvelle appartient désormais au roi Henri VII d'Angleterre. D'après Soncino, Cabot s'attarde peu, observe quelques campements désaffectés d'où il rapporte des filets, des collets de chasse, une navette de pêcheur. Maigre butin pour un découvreur qui recherche la route des épices !...

Il se peut que la conjugaison des maringouins, harcelants moucherons de l'été nordique, et d'indigènes en nombre très supérieur au modeste équipage incite Cabot à s'éloigner rapidement de ces rivages peu avenants.

En tout cas, Giovanni alias John tient « sa » découverte. Après un retour rapide, et un petit crochet par Ouessant dû à une erreur de position, le voilà qui caracole, sur la route de Bristol à Londres, pour annoncer la bonne nouvelle au roi Henri. Les registres de la Maison royale relatent que le roi accorde, le 10 août 1497, dix livres « *à un homme qui a trouvé une île nouvelle* ». Quatre mois plus tard, un peu plus généreux, il gratifiera le « *très aimé Jean Calbot (sic), vénitien* », d'une annuité de vingt livres.

Cabot, promu, après cette investigation éclair, découvreur officiel de Sa Majesté, peut envisager désormais de plus prestigieuses expéditions. C'est avec cinq navires qu'il repart, en mai 1498, pour « *continuer l'exploration de la même côte... jusqu'à l'île qu'il appelle "Cipango", située dans la région équinoxiale, où il pense que toutes les épices de la terre ont leur origine, ainsi que les pierres précieuses...* » (Soncino).

Ordre lui est donné, cette fois, d'organiser un établissement. L'Angleterre veut se « positionner » au nord, à l'époque où l'île Espagnole, dans les eaux tropicales, devient une importante colonie.

On sait peu de choses des participants de cette deuxième expédition. Le seul des cinq navires qui en reviendra est celui qui n'atteindra jamais l'Amérique, contraint de s'arrêter en route, le long de la côte irlandaise, à cause d'une avarie.

Jean Cabot, quant à lui, disparaît *« au pays inconnu dont nul voyageur ne revient »*, selon les termes d'un chroniqueur de la Cour britannique. A-t-il atteint une deuxième fois Terre-Neuve ? Mystère.

Contrairement à celle de Colomb, l'aventure de Cabot, extraordinaire mais sans suite, laisse peu de traces. Pas de journal de bord, pas de relevé précis des côtes. Pour s'inscrire dans l'histoire de l'exploration, il ne suffit pas d'accomplir un exploit, encore faut-il léguer aux futurs navigateurs les moyens de retrouver la route. Une carte contemporaine fait état des découvertes de Cabot. Elle est l'œuvre, en 1500, de Juan de la Cosa, l'excellent *maestre* et cartographe de Colomb. Une *« mer découverte par les Anglais »* y figure au nord-ouest de l'Atlantique, ainsi que plusieurs caps reliés à une terre mal définie – l'une des pointes est nommée « cap d'Angleterre ».

L'aventure de Jean Cabot finit sur une tragédie, qui détourne durablement les Anglais de cette destination décevante. D'autant que le Portugal monte au créneau, proclame que les territoires visités par Cabot se situent dans *sa* portion de planète, d'après le traité de Tordesillas. Une expédition, l'année suivante, bat pavillon portugais. Elle va effacer les rares toponymes laissés par le Vénitien.

C'est à un petit propriétaire terrien des Açores, un *lavrador*, nommé Joao Fernandes, que le roi Manuel accorde des lettres patentes lui donnant la mission de partir dans cette même direction *« découvrir certaines îles de notre aire d'influence »*.

Au cours de l'été 1500, Fernandes touche le Groenland, l'ancienne colonie oubliée d'Éric le Rouge. Sans la moindre arrière-pensée, on rebaptise l'ex-« terre verte » d'après son nouveau découvreur : « Tierra del Lavrador » (la Terre du paysan). Le nom restera, mais s'appliquera plus à l'ouest.

Quelques semaines avant l'expédition Fernandes, dans les eaux équatoriales loin au sud, d'autres Portugais ont atteint la côte brésilienne. Cette année-là, les terres surgissent à foison des eaux atlantiques.

Hélas, même si Fernandes touche véritablement, comme on peut le penser, le continent nord-américain, le pays découvert n'est que *« glace et froidure »*, selon les termes qu'emploiera joliment Jacques Cartier. Que rapporter au monarque si ce n'est des descriptions enfiévrées de terres immenses,*« bellement âpres »* mais bien peu productives ? Pas de passage, décidément, vers la Chine, pas de métaux. Du poisson, certes. Mais qu'ont à faire les rois de poissons ?

La déception promet d'être d'autant plus grande pour le « Paysan » des mers boréales, que Manuel, pour tout remerciement, vient juste d'accorder des lettres patentes à... un autre. Ce dernier, déjà en mer, est doté de titres et de privilèges sans commune mesure avec ceux de son prédécesseur.

Exit Fernandes, qui se consolera en poursuivant l'exploration du Groenland pour le compte de riches marchands de Bristol. La postérité, pour une fois bienveillante, se chargera de lui octroyer une compensation posthume en appliquant son surnom à la péninsule nord-est de l'Amérique. Erreur, ou simple « contagion » géographique dans l'à-peu-près des cartes ? L'énorme avancée continentale du Labrador, qui couvrirait quatre fois la France, maintient le souvenir de ce modeste « laboureur » des Açores.

Son rival heureux dans les faveurs du roi Manuel s'appelle Gaspar Corte Real. C'est un homme de Cour (*fidalgo*), mais également un bon marin. Ses états de service, évoqués dans les lettres patentes que lui remet le souverain, précisent qu'il a participé à des voyages destinés à *« trouver îles et terre ferme »*.

Mieux en mesure de revendiquer des privilèges, Corte Real obtient la garantie de pleine propriété, juridiction et monopole commercial, sur tout territoire qui sera par lui découvert. Parti quelques semaines après Fernandes, il rencontre, à environ cinquante degrés nord une *« terre verte »*, *« froide et plantée de grands arbres »*, propres à faire, précise-t-il, d'excellents mâts. Des objets « vénitiens », vestiges du passage de Cabot, sont retrouvés. C'est bien à Terre-Neuve qu'a débarqué à son tour Corte Real. La pauvreté des documents, là encore, empêche d'en dire plus. On sait avec certitude qu'une nouvelle tentative, à l'été 1501, ramène dans les parages de « Terra Verde » Corte Real et ses frères – on notera le nombre démesuré de « frères » et de « fils » qui peuplent l'histoire des découvreurs d'Amériques...

Une cinquantaine de « spécimens » amérindiens sont rapportés par l'un des bateaux au roi Manuel. Ce roi, auquel on n'a jusque-là montré que des Africains, observe avec stupéfaction les hommes du Nord, pêcheurs et *« chasseurs de très grands cerfs couverts de poils longs* (élans), *dont la peau sert à leurs vêtements, leurs maisons et leurs bateaux »*. Au même titre que les Taïnos de Colomb, ces Beothuk s'avéreront bien décevants, par leur « inaptitude » à l'esclavage...

Resté en arrière pour explorer la côte plus au sud, le navire amiral tarde cependant à rentrer. L'automne passe. Fin 1501, personne. Gaspar Corte Real s'est-il vu contraint d'hiverner dans les latitudes boréales ? Ses frères n'acceptent pas de s'en tenir là. L'un d'eux, Miguel, nanti des prérogatives de Gaspar, repart en mai 1502. Plus jamais personne ne reverra ni l'un ni l'autre. Cette « Terre du Roi de Portugal » s'avère plus meurtrière que les Caraïbes. Faut-il continuer le gaspillage des vies et des moyens, pour des arbres à faire des mâts, des bancs de morues ?

Apparemment pas, aux yeux du roi Manuel. Pendant les vingt années suivantes, les côtes du futur Canada découragent toute tentative officielle de découverte. Ce sont désormais de simples pêcheurs, portugais et bientôt bretons, dieppois, bordelais, qui affronteront les houles océanes du nord.

Sébastien Cabot, qui avait pris part au premier voyage transatlantique de son père, monte en 1508 une expédition au départ de Bristol et rencontre, prétend-il, *« d'immenses monceaux de glace flottant sur la mer »*. Atteignant les soixante-sept degrés de latitude nord, il aperçoit un *« passage vers l'Asie »*... Mais Sébastien Cabot est trop bon conteur pour être vraiment fiable. Dînant souvent à la table de Pierre Martyr, chroniqueur patenté du Nouveau Monde, il arrive même à lui faire gober que les *baccalos*, poissons démesurément grossis par son imagination fertile, sont si abondants dans les parages de Terre-Neuve qu'ils *« bloquent l'avancée des navires* ». La sardine du Vieux Port, version « morue du Grand Nord » !

Laissons là les fanfaronnades de Sébastien Cabot (au demeurant habile cartographe), pour donner plutôt un coup de chapeau à ces générations de pêcheurs encapuchonnés de laine grossière, dont aucun n'a laissé le moindre nom sur un cap ou une baie, et dont les successeurs ont porté jusqu'aux années trente de ce siècle le flambeau de la pêche hauturière « à Islande » et sur les Grands Bancs...

Pour eux, pas de passage vers le Cathay qui tienne, pas de perles ni de cannelle. Le filon qui les envoie sur la mer s'appelle : morue. Une ressource fort appréciée en une époque où les besoins alimentaires sont loin d'être couverts et où l'on fait maigre un jour sur trois. Pour eux, pas de titres ni de gouvernorat en perspective, seule la dure réalité d'un océan qui ne fait pas de cadeaux. Cela, la chronique dorée des « conquérants de l'impossible » et des virils explorateurs l'oublie volontiers.

C'est ainsi, avec ses pêcheurs de cabillauds, sans vaine gloire et sans chroniqueurs illustres, que la France fait sa discrète apparition sur la scène américaine. Bretons et Normands, les premiers à suivre le sillage des Cabot et autres Corte Real, concentrent leurs campagnes de pêche au nord de Terre-Neuve, près du détroit de Belle-Île qui sépare l'île du continent. Ils laissent le champ libre aux Portugais dans le sud, où ces derniers ont un droit d'antériorité. Bientôt des Basques, des Bordelais, des Rochelais se joignent à eux, confirmant la prédominance française sur ces pêcheries du futur Canada.

De Dieppe, en 1508, le riche armateur Jean Ango envoie la *Pensée* – navire promis à un périple extraordinaire sur la route des Indes. Thomas Aubert, qui la commande, est visiblement chargé d'une mission qui excède la simple pêche. Il se livre à un inventaire systématique des ressources locales, sans doute jugé suffisamment alléchant pour qu'une deuxième mission lui succède, l'été suivant. Au retour, les Rouennais se voient offrir l'étonnant spectacle de « naturels » venus tout droit de la « Terre Froide » du Grand Nord : *Sept hommes sauvages avec leur pirogue, leurs vêtements et leurs armes.* »

Cependant ces rivages poissonneux, perdus dans leurs brouillards, ne suscitent décidément qu'un intérêt superficiel en haut lieu. À la même heure, loin au sud-ouest et loin au sud-est, ce sont deux empires coloniaux immenses qui se constituent.

Il semble donc logique que l'étape suivante, dans la découverte de ce nord sans éclat, soit le fait d'un modeste marin portugais de Viana do Castelo : Joao Alvares Fagundes. En 1520, à bord d'un petit bateau dont il est propriétaire, il monte discrètement sa petite « expé » avec ses propres moyens. Il longe Terre-Neuve, désormais bien connue, ainsi que l'île du Cap-Breton, banale étape de pêcheurs, mais pousse plus loin, pénètre dans le golfe du Saint-Laurent. Avancée d'importance puisqu'elle lui permet de rapporter au roi Manuel la certitude d'une terre ferme – dont il revendique le gouvernement.

Fagundes a une idée, ingénieuse mais sans doute précoce : il veut créer un établissement permanent dans les zones de pêche, afin de traiter le poisson sur place et de ne charger que de l'« utile » à bord des navires retournant vers l'Europe. Au printemps 1521, il choisit un « beau port » (sur le site de l'actuel Ingonish) dans l'île du Cap-Breton. Cette première colonie en « Terre Froide » – mis à part celle des Vikings, oubliée de tous – va être pourtant de courte durée. L'hostilité des Indiens Mic Mac devant cette implantation étrangère durable y est sûrement pour beaucoup. On soupçonne également une opération de sabotage de la part des pêcheurs bretons, mécontents d'être envahis dans « leur » zone par des concurrents portugais. En 1526, après une transplantation sur le continent juste en face (dans l'actuelle Nouvelle-Écosse), la colonie portugaise disparaît, sans laisser d'autre trace qu'une mention dans les *Voyages aventureux* de Jean Alfonse (1544), au fil d'une description de l'île du Cap-Breton :

« *Jadis les Portugais tentèrent de s'installer sur la partie basse, mais les indigènes mirent fin à cette expérience en tuant tous ceux qui étaient venus là.* »

La « Terra Frigida » (c'est finalement la future Acadie qui hérite de l'appellation) apparaît en 1521 sur les cartes. Fagundes, malgré son esprit entreprenant et son apport à la connaissance des parages du Saint-Laurent, n'en demeure pas moins un parent pauvre dans la toponymie américaine. Il en est totalement absent.

Quant aux marins qui vont fréquenter ces côtes jusqu'à l'arrivée de Jacques Cartier en 1534, ils seront d'une discrétion exemplaire. Leur intérêt exige de ne pas crier sur tous les toits l'abondance des bancs de Terre-Neuve et de la future Acadie, et de garder aussi confidentielle que possible la route maritime qui y mène...

6.

Le baptême d'America

Faux marin, vrai intrigant, traficoteur de dates, que n'a-t-on inventé pour flétrir l'usurpateur de la paternité américaine, au mieux simple «écrivain» de voyages auxquels il aurait participé en touriste?

Amerigo Vespucci, alias Aymeric Vespuce, quelles qu'aient été ses qualités de géographe, de capitaine, de conteur, doit d'emblée être innocenté de la principale accusation: si l'Amérique a pris son (pré)nom, il n'y est pour rien. Cette idée, qu'on peut trouver saugrenue, a germé au sein d'un groupe d'érudits vosgiens après une lecture enthousiaste des souvenirs de voyage d'Amerigo.

En fait le véritable coupable, s'il doit y en avoir un, s'appellerait plutôt Gutenberg...

Le coup de cœur de ces clercs cosmographes serait resté sans lendemain s'ils n'avaient disposé d'une presse à imprimer. Grâce à elle, et à l'ouvrage qu'elle a servi à diffuser, l'enthousiasme érudit d'une saison a pu, en quelques mois, transmettre à l'Europe entière le nom d'*America* ou *Amerige*.

C'est en vain que depuis plusieurs siècles la cohorte des «colombiens» s'exaspère de cette injustice consacrée par l'usage.

Le corps du délit est une plaquette intitulée *Cosmographiae Introductio* («Initiation à la cosmographie»), publiée en 1507 sur la presse à bras de Gauthier Lud, imprimeur humaniste jouissant de la protection du duc de Lorraine. L'ouvrage semble le fruit des cogitations de trois hommes: Martin Waldseemüller, Mathias Ringmann, et ledit imprimeur.

On y aborde le sujet de manière sagement didactique, rappelant les principes traditionnels (axe de la Terre, climats, vents, mesures). On inventorie les trois «parties» déjà «largement explorées» du globe... pour enchaîner sur une étonnante nouveauté. Les prétendues «îles» récemment rencontrées aux abords de l'Asie par la route de l'ouest constitueraient une «*quatrième partie*» du monde. Un certain Amerigo Vespucci est le premier à l'avoir compris.

Ici intervient un autre hobby de ces messieurs : fabriquer des noms propres en latin, surtout des toponymes, passion géographique oblige. C'est donc très content de lui que le groupe, dont le scripteur est sans doute Mathias Ringmann, proclame la nécessité de baptiser «*Amerige*» ou «*America*» ce morceau de la planète, d'après «*l'homme qui l'a découverte* (sic) ».

Sonnez, cloches vosgiennes que n'a jamais effleurées la moindre brise marine. Ceci est l'acte de naissance, non pas d'une terre – elle a quelques millions d'années derrière elle – mais d'un concept, doublé d'un rêve à l'épreuve des siècles. Rêve d'or, de liberté, d'espaces infinis...

Mais voyez comme la chimère, dès le début, provoque. Colomb, le premier, *le Découvreur*, ne touche ces terres inconnues que grâce à une confusion, et meurt sans avoir le fin mot de l'histoire. C'est à un suiveur que revient la paternité, non réclamée d'ailleurs, du continent, à l'initiative de cosmographes amateurs, qui au demeurant reviennent sur leur décision. Le nom d'«America», qui figure sur les cartes accompagnant les premières éditions de cet ouvrage, disparaît des livraisons postérieures.

Trop tard. Avec l'imprimerie, la Renaissance est déjà entrée dans l'ère des mass media. Toute nouveauté, une fois diffusée, tend à devenir vérité...

Observons maintenant l'heureux géniteur, même si l'enfant, pas plus que son nom, n'est de lui. Pour l'instant, accordons-lui le bénéfice du doute.

Amerigo, né en 1454, appartient à une «bonne» famille de Florence. Aisés, cultivés, les Vespucci sont en prise directe sur le courant artistique, littéraire, philosophique, qui électrise la capitale toscane à l'heure où Michel-Ange, Léonard, Botticelli – un ami de la famille – produisent leurs chefs-d'œuvre. C'est sur l'ordre, justement, du plus fameux des princes florentins, Laurent de Médicis, dit le Magnifique, qu'Amerigo, trente-huit ans, nanti d'une solide érudition et d'une initiation au négoce, part pour l'Espagne, en... 1492.

Installé à Séville, à la tête d'une firme italienne d'accastillage et de commerce maritime, il a tout loisir d'étoffer ses connaissances théoriques de la planète au contact des marins. Leurs récits pleins de sauvages, d'arbres inconnus, de constellations inédites, émoustillent son imagination...

De là à vouloir vérifier par lui-même, il n'y a qu'un pas. Il le franchit en participant à plusieurs voyages de découverte, dont il va être l'«expert», grâce à un solide savoir cosmographique, tout en y acquérant des connaissances nautiques approfondies.

Il n'est pas simple de savoir précisément où et quand Vespucci a exploré la côte américaine. Aucun de ses récits qui ne soit sujet à caution. L'un d'eux, intitulé *Mundus Novus*, est une compilation de lettres adressées à un de ses protecteurs, Laurent de Médicis (non «le Magnifique», mort en 1492, mais un autre, ambassadeur). L'original n'en a jamais été retrouvé. Il n'est pas sûr que des traductions successives ne l'aient défiguré.

L'autre, *Quatre Voyages* («*Quatuor Navigationes*»), est adressé à un ami d'enfance, Pier Soderini, notable florentin, sur le mode du récit divertissant destiné à un puissant personnage :

«*Bien que Votre Magnificence soit continuellement occupée aux affaires publiques, elle prendra quelque heure de repos pour passer un peu de temps à des choses plaisantes, et de même que le fenouil se sert après les mets agréables pour les disposer à meilleure digestion, de même vous pourriez, pour vous reposer de vos grandes occupations, vous faire lire ma lettre...*»

On est loin des plaidoyers intenses de Christophe Colomb. Vespucci, responsable seulement en partie des expéditions, peut rester spectateur, prendre des notes, peaufiner des récits qui visent, au-delà de leur destinataire, un public lettré, curieux des pays lointains.

Où Vespucci est-il vraiment allé ? Dans le *Quatuor*, il décrit un voyage effectué en 1497 le long de la terre ferme de l'ouest. Les capitaines en sont Vincent Pinzon – un des Pinzon du voyage inaugural de Colomb – et Juan Diaz de Solis. Cette expédition aurait longé les côtes du Honduras, grillant la politesse à Colomb par ce premier contact avec le continent un an avant lui.

Mais de nombreux spécialistes pensent qu'il y a eu charcutage de textes, et qu'ils ont été antidatés.

Les trois autres voyages sont moins discutés. Ils semblent avoir mené Vespucci sur les côtes du Venezuela et du Brésil, avec même une avancée très au sud, le long de la Patagonie.

L'histoire a souvent opposé les deux « rivaux » de la Découverte. Rien de tel dans la réalité. Ils se sont croisés à Séville, notamment chez un ami commun, le banquier florentin Berardi, un des partenaires financiers de l'expédition de 1492. L'Amiral, dans une lettre de 1505 adressée à son fils Diego, précise que Vespucci « *est un honnête homme auquel jusqu'à présent la fortune s'est révélée contraire* ». Ce Florentin lui est sympathique, d'autant qu'il se montre « *toujours empressé à (lui) faire plaisir* ». Vespucci en personne est chargé de porter à la Cour, où sert Diego, cette missive qui est une sorte de sauf-conduit : Colomb demande à son fils de donner son appui au porteur, qu'il estime susceptible de rendre des services importants. On ne fait pas ce genre de démarche pour un ennemi intime...

Les relations entre les deux hommes ont été cordiales. Leurs conceptions diffèrent peu. Comme Colomb, Vespucci voit surtout dans ces Indes de l'Atlantique un obstacle à contourner. Derrière, se trouve *la* destination : Cathay, Cipango, Malacca, Taprobane...

Comme Colomb, il ignore tout du Pacifique et voit dans le « rivage antarctique », qu'il a longé jusqu'aux frontières de la Patagonie (peut-être), une sorte d'annexe à l'Asie. Les cartes de Waldseemüller, figurant une grosse île longiligne à la lisière occidentale de la carte, sont parlantes à cet égard.

L'« invention » de la continentalité américaine, attribuée à Amerigo, est fondée sur les deux textes qu'il a écrits, et dont les Vosgiens vont prendre successivement connaissance. En 1505 le *Mundus Novus* est imprimé par Mathias Ringmann. Deux ans plus tard, c'est le tour de *Quatre Voyages*, reproduit dans sa traduction latine. Le récit de Vespucci est précédé de la fameuse *Cosmographiae Introductio*, et accompagné de la carte où figure pour la première fois l'appellation « America ».

Amerigo lui-même s'avère moins catégorique que ses compilateurs. Dans ses propres relations, il égrène sans trop de solennité les réflexions de fond que lui suggèrent ses voyages : « *On est en droit d'appeler ces régions "Nouveau Monde" car aucune n'était connue de nos ancêtres* », déclare-t-il, comme en aparté.

Rien de fracassant jusque-là : ce « Nouveau Monde » reste parent de celui qu'avait désigné Colomb par « Autre Monde ». Tous deux expriment la même notion : il existe aux abords de l'Asie, par la route de l'ouest, des terres dont Ptolémée et la cosmographie des Anciens n'ont pas eu connaissance.

Un autre passage se montre plus troublant :

« *J'ai trouvé en ces contrées méridionales un continent habité de plus de peuples et d'animaux que notre Europe ou que l'Asie et l'Afrique... Nous avons reconnu que cette terre n'est pas une île mais un continent car elle se déploie sur une étendue infinie. Elle est très peuplée...* »

Si l'on s'en tient à ce simple passage, et sous réserve qu'il soit authentique, Vespucci a bel et bien découvert, non pas l'Amérique, mais la notion d'Amérique. Le terme « continent » va beaucoup plus loin que la « *terra firma* » de Colomb.

Or, un passage du même texte s'emploie à démontrer, bizarrement, un point sur lequel tout le monde est d'accord en ce début du XVIe siècle :

« *La majorité des Anciens disait qu'au-delà de la ligne équinoxiale il n'existe aucun continent ; ils ont nié, pour de nombreuses raisons, qu'il y eût là une terre habitable. Ma dernière navigation a prouvé que cette affirmation est fausse et tout à fait contraire à la réalité.* »

Qu'a donc besoin Vespucci de s'attribuer la paternité de cette preuve, alors que les Portugais ont franchi depuis belle lurette l'équateur en longeant l'Afrique, et abondamment prouvé que les antipodes étaient non seulement habitables mais très peuplés ?

La question n'est plus du tout d'actualité à ce moment-là. Le fait qu'elle soit remise sur le tapis, sous la plume même qui « définit » le « concept » américain, est troublant.

Quoi qu'il en soit, les clercs de Saint-Dié veulent donner à cet Amerigo Vespucci, dont ils admirent les récits sans l'avoir jamais rencontré, la rétribution dont ils l'estiment digne. Au chapitre VII de leur *Introduction à la cosmographie*, le projet s'affirme. La « *quatrième partie du monde* » peut être, à bon droit, « *appelée Amerige, c'est-à-dire terre d'Amerigo pour ainsi parler, ou America, puisque c'est Amerigo qui l'a découverte...* ».

Au chapitre IX intervient la véritable formule de baptême, due, semble-t-il, au plus « littéraire » des cosmographes de Saint-Dié, Mathias Ringmann :

« *Aujourd'hui ces parties de la terre [Europe, Afrique, Asie] ont été plus complètement explorées, et une quatrième partie a été découverte par Amerigo Vespucci... Et comme l'Europe et l'Asie ont reçu des noms de femmes, je ne vois aucune raison pour ne pas appeler cette autre partie Amerige c'est-à-dire Terre d'Amerigo, ou America, d'après l'homme sagace qui l'a découverte. On pourra se renseigner exactement sur la situation de cette terre et sur les coutumes de ses habitants par les quatre navigations d'Amerigo qui suivent.*»

La balle est lancée. America, bien lisible, figure sur la carte de Waldseemüller.

Peu de temps après, les compagnons de Saint-Dié changeront d'avis, sans doute sur la foi de nouvelles informations réduisant la contribution de Vespucci. En 1513, produisant une édition de la *Géographie* de Ptolémée revue à la lumière des connaissances nouvelles, Waldseemüller l'accompagnera d'une carte avec la simple étiquette « *Terra Incognita* » là où l'on pouvait lire « *America* ». En 1516, dans sa *Carte marine*, il utilisera le terme « *Terra Nova* ». Mais l'«Amérique» est un coup parti.

Qu'aura fait vraiment Amerigo, à part pondre des récits, au demeurant fort bien troussés, et enthousiasmer un cénacle vosgien ?

Un premier voyage, de mai 1497 à octobre 1498, dont la direction est confiée à Juan Diaz de Solis et à Vincent Pinzon, emmène notre « parrain » jusqu'au golfe du Honduras. C'est une première : le continent n'a pas encore été atteint, il ne le sera que l'année suivante, par l'Amiral lui-même, et bien plus au sud.

On longe les côtes du Mexique, contourne la Floride, atteint le niveau de la baie de Chesapeake avant de repartir. Fantastique périple... si toutefois il est vrai. Beaucoup d'historiens, parmi lesquels on trouvera évidemment les inconditionnels de Colomb, ont contesté l'existence de ce voyage, en tout cas sa date. Elle aurait été falsifiée, avancée de deux années, afin de souffler la primeur à Colomb. Les archives espagnoles sont muettes à son sujet... Normal, déclarent les partisans de Vespucci : Colomb avait des droits exclusifs sur les découvertes à l'ouest, et c'est en sous-main que la Couronne a autorisé le départ.

La véracité du deuxième voyage (1499-1500), dont Vespucci aurait peut-être «extrait» un épisode en l'antidatant, est moins suspecte.

La direction en est confiée à Alonso de Ojeda et Juan de la Cosa (deux « anciens » de Colomb).

Quittant Cadix le 18 mai 1499, l'expédition atteint le continent sud-américain par cinq degrés de latitude sud. C'est le Brésil, que Cabral touchera à son tour l'année suivante beaucoup plus au sud, et qu'il donnera au Portugal.

Remontant la côte vers le nord-ouest, Vespucci et ses compagnons étoffent les informations collectées par Colomb l'année précédente. Ils confirment (en « *abondance infinie* ») la présence de perles, déjà relevée par l'Amiral. Parvenant au lac de Maracaïbo, ils découvrent une agglomération de maisons de paille sur pilotis, entre lesquelles les Indiens circulent en pirogue. Une véritable « petite Venise » ! Le Venezuela vient de trouver son nom.

De là, il semble que Vespucci longe la côte vénézuélienne vers l'est, atteignant une île des Géants qui est peut-être Curaçao :

« *En allant le long de la plage nous vîmes sur le sable des traces de pas d'homme très grandes et nous estimâmes que si les autres membres répondaient à la mesure, les hommes devaient être très grands... Nous trouvâmes cinq femmes de si haute taille que nous les regardâmes tout émerveillés...* »

Méditant d'emmener de force trois d'entre elles, à titre d'« échantillon », les marins se retrouvent soudain encerclés par une trentaine d'hommes, « *beaucoup plus grands que les femmes ; hommes si bien faits que c'était chose fameuse à les voir... Ils portaient des arcs très grands et des flèches avec de grands bâtons à grosse tête...* ».

Aux deux voyages suivants, Amerigo passe à la concurrence, et navigue sous la protection du roi Manuel Ier de Portugal. Désirant pousser ses investigations plus au sud, dans l'espoir de trouver (obsession de tous les découvreurs) *le* passage vers l'Asie, il a pu estimer qu'il allait forcément se retrouver en territoire portugais, au-delà de la ligne de Tordesillas. En tout cas ce Florentin, qui a auparavant trouvé un accueil chaleureux en Castille, ne semble pas très à l'aise pour justifier son changement de pavillon :

« *Il vint, je ne sais comment, à la pensée du Sérénissime roi Don Manuel de Portugal de se servir de moi...* »

À un premier messager royal, Vespucci répond qu'il décline

l'offre. Manuel dépêche cette fois un compatriote italien, Giuliano del Giocondo, nanti d'on ne sait quel moyen de pression : « *Sa venue et ses instances me forcèrent à aller...* »

Une fois « *présenté à ce roi* », à Lisbonne, Vespucci est prié de « *partir en compagnie de trois de ses navires pour aller découvrir des terres nouvelles* ». Il précise, plaidant hypocritement la contrainte, « *comme la prière d'un roi est un ordre, je dus consentir à tout ce qu'il demandait* ».

L'expédition a visiblement la mission d'élargir les connaissances de la grande terre ferme du sud qu'a découverte l'année précédente Pedro Alvares Cabral. Le 10 mai 1501, conduite par Vespucci, la flottille quitte le Portugal pour un voyage de seize mois qui va la conduire, si on veut bien croire Amerigo, très loin le long de la côte sud-américaine :

« *Toujours naviguant par le sud-ouest à vue de terre... nous allâmes tant vers le sud que nous étions hors du tropique du Capricorne où le pôle Sud s'élevait sur l'horizon à 32 degrés et déjà nous avions totalement perdu de vue la Petite Ourse et la Grande était très basse et se montrait presque au bout de l'horizon et nous nous réglions sur les étoiles de l'autre pôle du Sud, lesquelles sont nombreuses et plus grosses et plus lumineuses que celles de notre pôle et je relevai les figures de la plupart d'entre elles...* »

De ce voyage-là procède la présomption de continent qui va tant émouvoir nos clercs déodatiens.

Suit une dernière expédition patronnée par Manuel, et d'un apport moindre. Vespucci, de retour en Espagne, est accueilli avec enthousiasme : la reine Jeanne, qui a succédé à sa mère sur le trône de Castille, le fait *piloto mayor*, grand pilote d'Espagne. Elle lui confie la création d'une école qui formera et examinera « *tous les pilotes de nos royaumes et seigneuries appelés à voyager désormais vers lesdites terres de nos Indes, découvertes ou à découvrir* ».

Vespucci semble s'être acquitté sérieusement de sa mission, tentant d'élever le niveau scientifique des marins et de tenir les cartes à jour, en une époque où chaque saison faisait surgir, à l'autre extrémité de l'Océan, des îles nouvelles, des côtes plus précises, des fleuves, des montagnes.

L'ensemble des récits laissés par Amerigo Vespucci entre 1500 et 1512 (où il meurt des «fièvres» contractées aux «Indes») a la même dominante éblouie que ceux de Colomb. Le «sauvage» y étonne d'emblée par la beauté de son corps, la candeur de son âme.

«*Nous avons découvert plus de mille îles, la plupart habitées, tous les habitants allaient nus, tous étaient craintifs et dépourvus d'agressivité.*

«*Ils n'ont pas du tout de barbe, ils ne portent aucun vêtement et les hommes comme les femmes vont comme ils sont sortis du ventre de leur mère, ne cachant pas leurs parties honteuses...*

«*Ils sont fort bien proportionnés... très légers de leurs personnes tant à l'aller qu'au courir... Ils nagent à ne pas le croire, les hommes comme les femmes.*

«*Ces peuples n'ont ni roi ni seigneur, ils n'obéissent à personne, ils vivent selon leur propre liberté...*

«*Ils sont généreux pour donner, car c'est par extraordinaire qu'ils vous refusent quelque chose...*»

Leur serviabilité est extrême :

«*Si quelqu'un des nôtres était fatigué du chemin, ils nous portaient dans leur filet* (hamac) *très commodément... Très heureux s'estimait celui qui, au passage d'une eau quelconque, pouvait nous porter sur son dos...*»

Certes, il y a quelques «fausses notes», quelques détails croustillants dont Vespucci, contrairement au pudique Colomb, n'omet pas de régaler son lecteur :

«*Quand ils évacuent le ventre, sauf votre respect* (Amerigo s'adresse à un important personnage), *ils font tout pour ne pas être vus, et autant en cela ils sont propres et délicats, autant ils sont sales et éhontés en épanchant de l'eau ; étant debout à parler avec nous, ils laissaient aller cette saleté sans se tourner et avoir honte...*»

Leur liberté sexuelle «interpelle» Amerigo, qui ne cache pas que ses hommes en ont abondamment profité :

«*Pour le plus grand signe d'amitié qu'ils vous donnent, ils vous offrent leurs femmes et leurs filles, et ils s'estiment grandement honorés quand, un père ou une mère vous amenant sa fille, encore qu'elle soit une jeune fille vierge, vous dormez avec elle...*

«*Ils nous offrirent leurs femmes, si bien que nous ne pouvions nous défendre d'elles...*

« Ils ne sont pas très jaloux mais outre mesure luxurieux, et beaucoup plus les femmes que les hommes, car il faut omettre, par pudeur, de vous dire l'artifice dont elles se servent pour satisfaire leur luxure désordonnée... »

Vespucci, qui ne croit pas, comme le faisait Colomb, à la proximité « géographique » du Paradis, décrit les « Indes » sous un jour tout aussi édénique :

« Cette terre est très douce et couverte d'une infinité d'arbres verts et très grands qui ne perdent jamais leurs feuilles, et tous dégagent un parfum très suave et aromatique. Ils produisent beaucoup de fruits bons au goût et salutaires pour le corps, et il y a par les champs beaucoup d'herbes, de fleurs et de racines douces et bonnes. Parfois j'étais si émerveillé par l'odeur si douce des herbes et des fleurs, et par la saveur de ces fruits et de ces racines, qu'à part moi je pensais que je me trouvais près du Paradis terrestre.

« Nous avons vu une telle quantité de perroquets, d'espèces si différentes, que c'était merveille : quelques-uns rouge grenat, d'autres verts et rouges, d'autres jaune citron, d'autres complètement verts, d'autres noirs et rouges, et le chant des autres oiseaux qui étaient dans les arbres était si doux et mélodieux qu'il nous arriva souvent de nous arrêter pour en écouter la douceur. Les arbres y sont si beaux et si doux que nous pensions être au Paradis terrestre... »

Évidemment, il y a un « détail »... dont l'Europe est déjà avertie. Ces doux sauvages, dont « l'état de nature » explique les privautés sexuelles, ont la funeste habitude de se manger entre eux. Ce trait, qui laissera longtemps interdits tous les commentateurs de l'Ancien Monde, et donnera à Montaigne l'occasion d'un développement savoureux, apparaît presque incidemment dans les lettres d'Amerigo, au détour d'une description de la diététique indienne :

« Ils restent trois jours sans manger... ils se provoquent le vomissement avec des herbes... leur nourriture consiste en racines d'herbes, en fruits, en poisson... Ils mangent la racine d'un arbre appelé Iouca... Ils mangent peu de viande sauf de la chair humaine et Votre Magnificence saura que en cela ils sont très inhumains... »

Le voyage au Venezuela permet de connaître un peu plus en

détail les us et coutumes de cette «boucherie sauvage», qui utilise, ainsi que l'a déjà décrit Colomb en Guadeloupe, la technique de l'engraissement par castration. Lors d'une approche où les Espagnols ont jeté la panique parmi une flottille indienne, ils découvrent dans les pirogues abandonnées par les rameurs «*quatre enfants d'une autre race, amenés captifs d'une autre terre ; ils nous dirent par signes qu'on les avait châtrés pour les manger...*».

À l'occasion du troisième voyage de Vespucci, le long des côtes du Brésil en 1501-1504, un jeune marin envoyé en ambassadeur de charme sur le rivage voit les belles naturelles se transformer en ogresses sans crier gare :

«*Une femme tenant un gros rotin à la main vint par derrière et, levant le bâton, elle lui en donna un grand coup qui l'étendit mort par terre...*»

Finies les cajoleries, les femmes s'emploient à «*dépecer le chrétien*» et, faisant un grand feu, le rôtissent sous les yeux de l'équipage, sans se priver du plaisir de la provocation qui consiste à leur «*montrer beaucoup de morceaux en les mangeant*».

L'«abjection» de ces Indiens gloutons vient à point, comme chez Colomb, justifier l'embarquement sans complexe d'un véritable troupeau de bétail humain :

«*Nous décidâmes de capturer des esclaves, d'en charger les navires et de nous en retourner en Espagne. Nous allâmes dans certaines îles et nous enlevâmes par la force 232 âmes...*»

Vespucci, voyageur savant, homme de lettres amateur de curiosités, n'obtiendra au terme de ses explorations aucune vice-royauté, aucun gouvernorat. Juste un «poste» de «pilote en chef», et, tout de même, un énorme succès littéraire. *Mundus Novus* et *Quatre Navigations* seront un des grands succès de l'édition débutante.

Plus que les récits de Colomb, ceux de Vespucci savent gagner le lecteur et maintenir son intérêt. Vespucci raconte, il n'est pas obsédé par l'auto-justification. Son regard observateur semble n'être brouillé par aucune terreur divine, aucun sentiment missionnaire. Ni la Providence ni les saints n'ont de part importante dans ses réussites comme dans ses échecs. Il se situe sur le versant moderne de la Renaissance. Colomb a encore un pied dans l'univers médiéval.

Question : Amerigo a-t-il eu conscience d'avoir longé un véritable continent, inconnu? Est-il, au contraire, ainsi que l'affirme Humboldt, « *mort persuadé d'avoir seulement touché à une partie de l'Asie orientale* » ?

Difficile à dire. L'évaluation qu'il fait des mesures du monde est voisine de celle de Colomb, dont il est, on l'a vu, un admirateur. Il n'imagine nullement un double continent, derrière lequel un océan immense attend d'être traversé. Mais, par le caprice d'un chanoine, c'est son nom qui sert au baptême. Un paradoxe de plus dans l'épopée américaine, qui n'en est pas avare.

Déjà d'autres expéditions se préparent. America et son chapelet d'îles ne font que commencer à grandir. En 1538, dans un de ses premiers planisphères, Mercator désignera au monde lettré d'Europe l'ampleur des nouveaux espaces apparus sous le double intitulé : *Americae pars septentrionalis* (« Amérique du Nord ») et *Americae pars meridionalis* (« Amérique du Sud »). Quel destin pour un marchand de Florence ayant fait ses humanités, devenu explorateurs et marin par goût de l'aventure...

7.

Nouvelles Espagnes

1500-1520 sont les décennies pionnières de l'Amérique récemment baptisée. Au nord la « Terre Froide » ouvre ses rivages austères aux pêcheurs. Au sud, le Brésil, que sa longitude fait tomber sous domination portugaise, fournit son bois de teinture. Ici et là des postes se créent, on y traite la baleine ou la morue, on y troque la fourrure, on y coupe le bois *brasil*. Aux Antilles c'est déjà le temps d'une véritable société coloniale.

L'histoire mythique de l'Amérique espagnole saute directement de la Découverte à l'épopée mexicaine de Cortès et à la création de la «Nouvelle Espagne» sur les vestiges du brillant Empire aztèque. C'est oublier ces années charnières où l'Espagne fait tache d'huile depuis Saint-Domingue, atteignant l'ensemble des îles et l'Amérique centrale. On crée des villes, éphémères parfois, on met en culture, on fait reproduire le bétail importé, on contraint l'Indien au travail forcé. Quand la main-d'œuvre manque, on monte un raid dans les îles voisines. La couronne d'Espagne fait de temps en temps un exemple, mais elle maîtrise difficilement le chacun-pour-soi des colons. Côté Indien, la désorganisation des structures villageoises et les ravages causés par les maladies importées (grippe, rougeole) provoquent l'hécatombe. La fameuse «légende noire», qui donne à l'Espagne la palme de la cruauté et de la cupidité au Nouveau Monde, procède directement de ces années-là.

Correspond-elle à la réalité? À certains égards oui, mais pas partout, pas tout le temps, pas seulement. L'Amérique entière, vouée à devenir le champ clos des puissances européennes, aura à subir des situations similaires: prise de possession arbitraire, non-respect des promesses, des traités quand il y en aura, massacre dès qu'il y a résistance. Aux Amériques, le Portugal, la France, l'Angleterre, ne récolteront pas non plus que des titres de gloire.

Au tournant de ce XVIᵉ siècle, dont les découvertes vont, au sens strict, changer le monde, les navires de la reine Isabelle ont déjà abordé bien des côtes, et repéré une bonne partie de ce qui va constituer la « Méditerranée américaine ».

Vincent Yañez Pinzon, compagnon de la première expédition de Colomb, continue pour son propre compte. Il longe (en 1497 ?) les côtes du Honduras, du Mexique, et monte vers le nord jusqu'à un point imprécis. À bord : Amerigo Vespucci.

1499 : l'expédition Ojeda – de la Cosa – Vespucci reconnaît la côte du Venezuela, après avoir passé les bouches de l'Orénoque, longé la côte des Guyanes, poussé jusqu'au Brésil.

En 1500, Rodrigo de Bastidas, à la tête de deux navires, touche avant Colomb l'extrémité de l'isthme de Panama qui jouxte la future Colombie. Tandis que le Portugais Alvarez Cabral, à la suite d'une « volte » un peu appuyée, s'écarte suffisamment de l'Afrique pour atteindre le Brésil.

L'année suivante Vespucci arrive au moins à la hauteur de Rio de Janeiro, sans doute beaucoup plus bas.

En 1504, le dernier voyage de Colomb lui fait longer toute la côte de l'isthme, du Honduras jusqu'au Panama. Ce n'est déjà plus une expédition de découverte.

Diego de Nicuesa, en 1508, débarque à la Veragua (Colombie).

Dans les années 1506-1508, le rythme s'accélère. Les établissements permanents se multiplient sur la côte de terre ferme. Saint-Domingue, et bientôt Cuba, deviennent des bases très organisées. Seules les expéditions de grande envergure exigent désormais le concours de la métropole.

Porto Rico est colonisé en 1509 par Juan Ponce de Leon. Trois ans plus tard, il découvre la Floride, au moment de « Pâques fleuries ». Il faudra attendre pour que cette « île » soit comprise comme une avancée du continent.

La prospection des côtes Caraïbes attire les aventuriers de tout poil. L'histoire ne gardera pas trace de ces nombreuses *entradas*, menées avec un pourcentage de risque énorme : mers capricieuses, cyclones, navires rongés rapidement par la *broma* (tarets), qu'il faut jeter en catastrophe sur la côte. Les Indiens, avertis de la menace, ne sont plus aussi faciles à circonvenir que les gentils Taïnos de Colomb.

En 1513, la connaissance du nouveau continent connaît une avancée décisive avec l'expédition de Balboa, qui révèle, au-delà de l'étroite bande de terre bordant les Caraïbes à l'ouest, une « mer » nouvelle. Jusqu'où va-t-elle ? Pas loin, estime-t-on. Le Japon, la Chine, les îles aux épices ne sauraient être qu'à quelques jours de navigation. Il faudra attendre dix ans, et l'expédition Magellan, pour comprendre l'extravagante étendue de l'océan Pacifique.

L'histoire de Balboa, homme entreprenant, ne rechignant pas sur les moyens les plus brutaux, finalement exécuté sur ordre royal par ses propres soldats, est caractéristique d'un destin de « conquistador ».

Il s'appelle Vasco Nuñez de Balboa. Contrairement à de nombreux hidalgos venus redorer leur blason outre-Atlantique, c'est un homme d'origine obscure. Né en 1474, aux confins de l'Estrémadure et de l'Andalousie, il embarque comme simple marin pour les Indes de l'Ouest, devient petit planteur à Saint-Domingue. Comme beaucoup, il y échoue. Poursuivi par des créanciers, il parvient à s'échapper dans des circonstances rocambolesques – caché dans un tonneau, à bord d'un navire à destination du golfe de Darien.

La colonie naissante dans laquelle il débarque, à la jointure du continent sud et de l'isthme de Panama, est en mauvaise posture, pressée par les Indiens, affamée. Balboa prend la tête d'un groupe de colons dissidents, chasse l'incompétent responsable de la place, et transfère la colonie dans un environnement plus propice, à Santa Maria del Darien, aujourd'hui Darien tout court. Il obtient l'aval de Diego Colomb (fils de Christophe), gouverneur de toute la région.

Désireux de rétablir de cordiales relations avec les Indiens, Balboa pousse le zèle « diplomatique » jusqu'à épouser l'une des filles du cacique local. L'accord est entériné par la remise de douze kilos... d'or !

La cérémonie pourrait passer dans l'histoire en tant qu'épisode édifiant, illustrant l'alliance entre l'Ancien et le Nouveau Monde. Elle est surtout célèbre pour la querelle qui s'élève entre les

Espagnols, incapables, face au tas d'or, de se mettre d'accord sur le montant à prélever pour la Couronne. On en vient aux mains.

Scandalisé de cette cupidité, Panciaca, l'un des fils du cacique, renverse rageusement la balance utilisée pour le partage, et administre aux Espagnols un sermon sur l'inanité de leur passion. Au passage, il lâche une information du plus haut intérêt :

« Si votre soif d'or est à ce point insatiable que vous troubliez tant de nations, poussés par ce simple désir... sachez qu'il existe une région toute ruisselante d'or où vous pourrez satisfaire ce dévorant appétit... Lorsque vous franchirez ces monts, vous verrez une autre mer, où des hommes naviguent sur des navires aussi gros que les vôtres, mus par des voiles et des rames, bien qu'ils soient nus comme nous » (relaté par Pierre Martyr).

Une autre mer ? Balboa décide de monter une expédition à travers l'isthme, en suivant la direction indiquée, et accélère les préparatifs : son prédécesseur évincé, le bachelier Enciso, vient d'obtenir gain de cause auprès de Ferdinand. Il promet de débarquer d'un jour à l'autre pour lui régler son compte.

Fuite en avant ? Balboa réunit près de deux cents Espagnols, plusieurs centaines d'Indiens, et se lance à travers les forêts, franchissant des *« défilés inaccessibles habités par des bêtes féroces »*, *« gravissant des montagnes escarpées »*.

Les dangers les plus réels ne seront pas là. Il va falloir compter avec les Quarequas, pas du tout décidés à laisser passer des étrangers, et surtout avec la forêt panaméenne, infernale de chaleur, de touffeur, où ces hommes casqués et cuirassés, harnachés comme pour un champ de bataille, s'épuisent rapidement.

Vingt jours passent, l'expédition n'a fait que cent cinquante kilomètres. Unique boisson, l'eau polluée des marécages. Les Indiens font barrage. On passe en force, ferraillant dans la masse, tels *« des bouchers découpant bœuf et mouton pour le marché... Six cents (Indiens) furent ainsi battus comme des bêtes... »* (Pierre Martyr).

Traversant les villages, Balboa et ses hommes ne font pas dans la dentelle. Dès que pointe une menace, on massacre. La « barbarie » des mœurs indiennes sert d'alibi, et, comble du scandale, les pratiques homosexuelles non dissimulées, voire institutionnelles :

« Le frère du roi et un certain nombre d'autres courtisans étaient

habillés en femmes et, au dire des voisins (sic), *partageaient la même passion.»*

Le « vice immonde » vient opportunément libérer les chrétiens de tout scrupule :

« *Vasco* (Balboa) *ordonna que quarante d'entre eux fussent réduits en morceaux par des chiens... Les bêtes se jetèrent sur eux comme s'ils eussent été des sangliers ou des daims.* »

Le 25 septembre 1513, Balboa et sa troupe atteignent le pied d'une haute colline. Les guides amérindiens, par gestes, les incitent à la gravir. Ils verront de là-haut quelque chose de particulièrement intéressant. Balboa, raconte l'histoire légendaire, part seul vers le sommet, où ses hommes le voient tomber à genoux. En bas, de l'autre côté, s'étale une vaste plaine au bout de laquelle une immensité bleue scintille : la fameuse mer promise par le fils du cacique n'est plus qu'à quelques jours de marche. Tous s'agenouillent à leur tour, remerciant Dieu et la Providence. Un autel est édifié, en action de grâces.

Balboa aime soigner ses mises en scène. C'est en armure, casqué, l'épée à la main, qu'il s'avance, fendant les vagues de la mer nouvelle. Brandissant la bannière de Castille, il en prend solennellement possession « *royale, corporelle, actuelle et éternelle* »...

Balboa est plus banal quand il s'agit de baptiser la géographie. Il appelle « mer du Sud » l'océan qu'il vient d'atteindre – simplement parce qu'il a suivi cette direction pour traverser l'isthme. C'est Magellan qui lui donnera son nom durable, abusé par une période exceptionnellement calme : le Pacifique.

Triomphe lyrique pour Balboa. De courte durée cependant. À Darien, Enciso est de retour d'Espagne, comme prévu. Il porte le titre d'*Alguazil Mayor*. Le nouveau gouverneur de la Castille d'Or (Colombie), Pedrarias de Avila, un homme très en cour, marié à une dame d'honneur de la reine Isabelle, l'accompagne. Le premier vient faire justice, le deuxième prendre son poste, flanqué de mille cinq cents hommes.

Balboa, tout auréolé de sa découverte, opte pour l'humilité. Il se déclare aux ordres des envoyés de Sa Majesté. Embarras des justiciers, qui ne savent plus s'ils doivent complimenter ou sévir. Force est de demander l'avis de la Couronne. Un échange de courrier entre les « Indes » et l'Espagne représente alors des mois d'attente.

Une réponse arrive enfin : la Couronne loue Balboa pour sa bravoure et lui donne le titre d'*Adelantado* de la mer du Sud.

Notre homme exulte. Il tient à nouveau sa chance. Le temps de monter une nouvelle expédition, le voilà reparti vers « son » océan, où il fait acheminer à dos d'Indiens des navires en pièces détachées qu'il lance vers le sud.

Déjà, dans cette direction, la rumeur décrit l'existence d'un pays plus riche en pierres et en métaux précieux que tout ce qui a été découvert au Nouveau Monde. Balboa est venu trop tôt : ses navires, qui inaugurent sans le savoir l'itinéraire du Pérou et des flottes de l'or, ne dépasseront pas les îles dites des Perles, à quelques milles de là.

L'histoire a des retournements vicieux. Pendant qu'il s'efforce en vain de dépasser le golfe du Panama, un homme l'attend à terre, à la tête d'une troupe armée. Un homme qu'il connaît, un certain François Pizarre, compagnon de la précédente expédition vers la mer du sud. Pizarre obéit à un nouvel ordre venu d'Espagne : mettre fin aux menées séditieuses de Balboa. L'ironie veut que ce soit lui le soldat chargé de l'exécuter.

Étrange destin que celui des conquistadors. Ils soulèvent des montagnes. Ils marchent « l'âme entre les dents ». Ils ouvrent des territoires immenses, qui viennent à peu de frais grossir l'escarcelle de la Couronne. Et toujours les menace un parchemin venu de l'autre bout de l'Océan, d'une Cour où l'intrigue pèse plus que le service rendu. Quand on les exécute, ce n'est pas pour les punir d'injustifiables massacres amérindiens, mais pour des raisons de droit discutables, ou par le jeu d'ambitions concurrentes.

Enchaîné, soumis à un jugement expéditif, Balboa meurt décapité en 1519 ; exécuté par ses anciens soldats, dirigés par l'un de ses anciens officiers. L'ordre est venu de Pedrarias, son propre beau-père, puisque, entre-temps, il en a épousé la fille...

Las Casas, dans son *Histoire des Indes*, consacre à Balboa une oraison funèbre peu amène, et le range dans le clan des *perdidos*, en compagnie d'Ojeda et de tant d'autres...

L'Amérique espagnole des années 1510-1520 est devenue moins dépendante de la métropole. Saint-Domingue puis Cuba deviennent des centres coloniaux organisés, à certains égards autosuffisants.

Nombreux sont les candidats à une vie nouvelle qui franchissent l'Océan. La «Méditerranée espagnole» compte désormais plusieurs milliers de colons.

Parallèlement, la population indienne, épuisée par le travail forcé dans les mines d'or, par les maladies, diminue à une allure vertigineuse. Las Casas, qui attribue à Hispaniola trois millions d'Indiens à l'arrivée des Espagnols, en recense seulement dix mille en 1519. Les évaluations actuelles, plus «optimistes», donnent autour d'un million d'autochtones en 1492. Une diminution de 99 %...

Loin de réviser leurs méthodes meurtrières, les colons cherchent la main-d'œuvre ailleurs. Les Lucayes (Bahamas) font fonction de réservoir humain pillé méthodiquement : on déporte entre 1508 et 1518, sous les gouvernements successifs d'Ovando et de Diego Colomb, pas moins de quarante mille habitants des îles – hommes, femmes, enfants. Tout l'archipel se dépeuple en quelques années. Ignoble razzia doublée de courte vue. L'hécatombe continue, la main-d'œuvre manque toujours.

Porto Rico, à son tour, est colonisé. Puis c'est le tour de Cuba, par Sebastian de Campo. Cet ancien compagnon de Colomb avait signé, sous la contrainte, la fameuse déclaration présentant Cuba comme une avancée continentale et niant son insularité. C'est pourtant lui qui en fait le premier tour complet en 1508, donnant ainsi la preuve du contraire. À cette occasion, il repère le site de la Havane. En 1511, c'est la colonisation. Un groupe de colons, derrière un front combattant, débarque de quatre navires. Diego Velasquez, chef de cette expédition, sera le premier gouverneur de Cuba, où de scabreux démêlés l'attendent avec un secrétaire indocile nommé Fernand Cortès...

Peuplée en grande partie de ces mêmes pacifiques Arawaks, cultivateurs de manioc et de patate douce, la grande île s'avère facile à «pacifier». Moins nombreux qu'à Hispaniola, les Amérindiens opposent peu de résistance, se contentent, en vain, de fuir. Ils savent désormais ce qui résulte de la venue des Blancs : «*servitude, tourments, perdition...*» (Las Casas).

Le tribut en or imposé aux habitants de l'île Espagnole dès 1495, impôt exorbitant, a été rapidement remplacé par le travail obligatoire dans les mines. Un véritable système d'esclavage s'est instauré, visant la productivité et trouvant un alibi, en général parfaitement hypocrite, dans la «conversion» des Indiens, censés abandonnés leurs mauvaises mœurs et leurs pratiques «grossières».

Chacun des Espagnols ayant participé à la conquête se voit attribuer un contingent d'autochtones. C'est le système du *repartimiento* : un morceau de territoire et les gens qui y vivent, à charge pour le colon de les diriger, les faire travailler à la terre, dans les mines, et de les amener à la «civilisation» – la foi chrétienne en premier lieu.

En 1503, une forme juridique stable est donnée à ce système, auquel s'attachent désormais, en pure perte dans la majorité des cas, un certain nombre de consignes humanitaires : éviter les travaux trop durs, les châtiments, tenir compte des coutumes. Le chef, l'*encomendero*, demeure, sur son territoire (*encomienda*) maître absolu et quasi incontesté. Libre à lui de prendre en considération les conseils de bonté et de charité chrétienne.

Devant les abus de ce système seigneurial qui consacre les Indiens comme butin des conquérants, la réprobation de certains religieux commence à s'exprimer. Un dominicain, Antonio de Montesinos, prononce le dimanche avant Noël 1510, devant un parterre de personnalités de Saint-Domingue où figure Diego Colomb, gouverneur, un retentissant sermon accusateur :

«*Vous mourrez en état de péché mortel par la cruauté et la tyrannie dont vous usez envers ces innocents... Est-ce qu'ils ne sont pas des hommes ? Est-ce qu'ils n'ont pas une âme rationnelle ?...*»

Parmi l'assistance, un jeune *encomendero* reçoit le prêche accusateur avec une intense émotion. Il s'appelle Bartolomé de Las Casas.

Montesinos, d'abord désavoué par son ordre, ignoré par le roi Ferdinand, a ébranlé les consciences. Son message chemine discrètement. Dans les assemblées publiques comme dans les cercles privés, les conditions infligées aux Indiens sont débattues.

Un an après le fameux sermon, une commission de théologiens réunie sur ordre du roi, à Burgos, se penche sur la légitimité de l'*encomienda*, analyse les fondements moraux de la conquête. Quelques nouveaux bémols sont introduits : interdiction de faire travailler femmes enceintes et enfants de moins de quatorze ans, périodes de repos pour les travailleurs, nourriture suffisante. Mais le principe du servage subsiste. Les lois de Burgos, en 1512, déclarent les Indiens «hommes libres», tout en confirmant la légitimité de leur travail forcé et les pouvoirs exorbitants de leurs *encomenderos*.

L'un des juristes de Burgos, Palacios Rubios, livre à cette occasion un texte destiné à être lu aux Indiens par les conquérants en campagne : le fameux *Requerimiento* – exposé sommaire de la doctrine chrétienne, expliquant qui sont le Christ, le pape, le souverain et pourquoi les chrétiens sont fondés à exiger la soumission des populations. Si les Indiens s'inclinent, on leur laissera leurs femmes, leurs enfants, leurs biens. Dans le cas contraire on leur fera la guerre et le capitaine prendra tout le monde comme esclaves.

Le texte précise que l'on n'oblige pas les Indiens à devenir chrétiens (la conversion doit être volontaire), on leur demande une sujétion à l'autorité pontificale, dont le roi d'Espagne est le délégué. Nuance.

Dans le partage du monde de 1493, le pape Alexandre VI ne s'est pas contenté de délimiter les territoires de l'Espagne et du Portugal, il a abandonné aux deux Couronnes, sur leurs terres respectives, la responsabilité religieuse et l'administration de l'Église. Les rois, en fonction de ce droit de «patronage», ont toute latitude pour créer des diocèses, nommer des évêques. L'évangélisation, aussi soumise soit-elle aux intérêts temporels des puissances coloniales, demeure posée comme but final de la conquête.

L'incompréhension des Amérindiens sera totale face aux catégories théologiques autoritaires qu'énonce le *Requerimiento*, traduites plus ou moins approximativement, le plus souvent déclamées de manière expéditive par des soldats pressés d'en finir. Oviedo, peu suspect de complaisance excessive envers les autochtones, conquistador lui-même, montre bien ce que la scène, partout répétée, peut avoir d'odieux :

«Une fois que les Indiens furent enchaînés, quelqu'un leur lut le Requerimiento *sans connaître leur langue et sans interprètes ; le lecteur et les Indiens ne se comprenaient pas. Même après que quelqu'un qui comprenait leur langue le leur eut expliqué, les Indiens n'eurent aucune chance de répondre, comme on les amena immédiatement prisonniers, les Espagnols ne manquant pas d'utiliser le bâton sur ceux qui n'allaient pas assez vite.»*

Les Indiens appartiennent-ils de plein droit au genre humain ?

Il faut que la réponse soit demeurée longtemps incertaine puisque, en 1537 seulement, le pape Paul III proclame une bulle, *Sublimis Deus*, affirmant définitivement leur « nature humaine ».

Les conquistadors ne sont-ils que des prédateurs lâchés sans frein dans des territoires qu'ils sont libres de piller et de rançonner ? L'image est excessive. Leur indéniable appât du gain, leurs rêves d'or et de richesses sont patents. Ils sont tempérés par d'autres aspects : les liaisons et même les mariages avec des Indiennes créent une nouvelle donne, la nécessité de se rallier à l'ordre métropolitain exige une apparence de justice. Quelle que soit la brutalité de certaines *entradas*, elles se soldent toujours par une passation de pouvoir à la Couronne, arbitre définitif du bien-fondé et de la « moralité » de toute conquête.

Le conquistador type est un homme parti jeune pour les Indes. Il sait, depuis la chute de Cordoue, que c'est là qu'il pourra prouver sa valeur. S'il est cadet de famille, issu de la petite noblesse (*caballero*, *hidalgo*), il lui revient de diriger des contingents issus du peuple. Chaque catégorie espère obtenir richesse et honneur, à l'image des héros des romans de chevalerie – le Cid, l'Amadis de Gaule, dont tous sont très friands. Mais le clivage entre ceux qui possèdent un cheval et une arme à feu, *caballeros*, et ceux qui vont à pied, *peones*, départage d'emblée les perspectives réelles de réussite.

Tous ont été élevés dans une atmosphère de dévotion. Leur foi est sincère, souvent superstitieuse. La Vierge y joue un rôle prédominant. Ojeda est connu pour les images d'elle qu'il porte toujours sur lui et qu'il invoque dans les cas désespérés. En situation périlleuse, on promet pénitences et pèlerinages. Nombre d'églises seront construites, sur le sol du Nouveau Monde, en remerciement pour la victoire au combat.

Chacun de ces hommes est persuadé d'être l'envoyé de la Providence auprès de civilisations sauvages, souillées par le cannibalisme, la sodomie, l'idolâtrie. Dans de nombreux cas le profit espéré compte réellement moins que l'honneur de la conquête.

L'ensemble formé par cette foi, ces valeurs chevaleresques, la conviction d'appartenir à une civilisation supérieure à toutes les autres, l'espoir (souvent trahi) d'obtenir de la terre et des distinctions, déterminent un tempérament étonnamment combatif, d'un sang-froid, d'une ténacité exceptionnels. Là se trouve le secret d'une entreprise aussi démesurée que la *Conquista*, qui met en moins d'un siècle des millions d'Amérindiens sous la domination de quelques étrangers venus de la mer.

Une telle énergie, un tel aveuglement au droit des peuples, demeurent difficiles à appréhender aujourd'hui. Il faut cependant recourir aux deux pour comprendre l'énigme : comment le puissant Empire aztèque peut-il crouler en quelques mois, face à une poignée de cavaliers et de fantassins empêtrés, en révolte contre leur propre hiérarchie, isolés en terre mexicaine ?

8.

«*Au neuf pais du rouge bois*»

«*Par haute mer faisant des voies nouvelles...*»

CAMOENS

Mardi 21 avril 1500. Une flotte portugaise, en route pour Calicut et la côte ouest de l'Inde, effectue en plein Atlantique un itinéraire courbe destiné à contourner largement l'Afrique. Plus elle avance, plus s'accentue un phénomène surprenant :

«*Il y avait en abondance de ces longues herbes que les gens de mer appellent varech ainsi que d'autres qu'ils désignent sous le nom de queue d'âne.*»

Le lendemain, la présence d'oiseaux indique qu'une terre est proche. «*À l'heure de vêpres*», les marins la voient monter sur l'horizon : «*D'abord un grand mont très élevé et arrondi, au sud duquel se trouvaient d'autres montagnes plus basses, puis une plaine couverte de grandes forêts...*»

Le chef d'expédition, Pedro Alvares Cabral, donne l'ordre de débarquer sur cette mystérieuse île. Prenant possession au nom du roi de Portugal, il lui donne le nom de «Terre de la Vraie-Croix». Le Brésil vient d'être découvert. Il sera portugais.

L'histoire serait presque aussi simple, si ne subsistaient quelques incertitudes. Ces Portugais sont-ils vraiment les premiers à débarquer, alors que les expéditions espagnoles rayonnent déjà loin au-delà des Antilles ? Est-ce vraiment un hasard, cette découverte d'un territoire qui tombe si opportunément du côté portugais de la ligne de Tordesillas ?

Au chapitre des prédécesseurs possibles, beaucoup d'hypothèses, et quelques inventions pures. Mettons dans cette dernière catégorie le prétendu voyage d'un certain Jean Cousin, marin dieppois, qui aurait trouvé d'un même élan le Brésil et la route des Indes par le Cap en 1488, soit près de dix ans avant Vasco de Gama. Dût l'orgueil gaulois en souffrir, Jean Cousin n'a apparemment existé que dans la tête de son «inventeur», Desmarquets, un érudit de la fin du XVIIIe siècle. Suivi d'une lignée d'écrivains moins soucieux de vérité historique que de prouver envers et contre tout l'antériorité de la France en Amérique et en Inde...

Plus sérieux, l'argument selon lequel les Espagnols, notamment l'un des frères Pinzon (Vincent, accompagné d'Amerigo Vespucci), ont été présents sur ces rivages dès 1499. Il semble toutefois douteux que l'expédition Pinzon ait poussé plus loin au sud-est que la côte vénézuélienne. Le «grand fleuve» qu'aurait repéré Vespucci, à cette occasion, ne serait pas l'Amazone, mais l'Orénoque, bien plus au nord.

Laissons ces querelles – même si, en matière de découvertes, l'enjeu de la polémique se solde parfois par la possession d'immenses territoires.

Cabral, que nous allons suivre dans son «île» de la «Vraie-Croix», même s'il n'est pas le premier, demeure celui par qui le Portugal s'octroie toute une moitié de l'Amérique du Sud.

Une fois encore, le jeu de l'erreur et du hasard. Cette expédition n'a aucun objectif «américain». Elle vise à effectuer la première liaison régulière avec les Indes (les vraies), et à créer des établissements coloniaux sur la côte de Malabar. Elle s'inscrit à la suite de l'ouverture de la «route des Indes» par Vasco de Gama l'année précédente. En juillet 1499, l'arrivée à Lisbonne de Nicolas Coelho à bord du *Berrio*, l'un des navires de Vasco de Gama, a apporté la nouvelle: l'itinéraire recherché de génération en génération, depuis le temps d'Henri le Navigateur, est enfin tracé.

Les préparatifs d'une nouvelle expédition, destinée à concrétiser la liaison régulière avec le Dekkan, datent pratiquement de ce jour-là.

C'est à un gentilhomme de trente-deux ans, Pedro Alvares Cabral, qu'est confiée la responsabilité de cette mission porteuse d'attentes considérables. Symboliquement, il choisit comme navire amiral l'une des nefs du voyage inaugural de Vasco de Gama, le *Sao Gabriel*.

Les moyens sont à la mesure des espoirs : treize navires, commandés par le gratin de l'exploration maritime. On y retrouve Barthélemy Diaz, le premier à avoir doublé le Cap, en 1488 ; son frère Diego ; Nicolas Coelho, le porteur de la « bonne nouvelle » du succès aux Indes ; Sancho de Tovar, Simao de Miranda...

Un groupe de prêtres et de franciscains fait partie du voyage, qui compte également des interprètes – Indiens Malabars pris en otage par Vasco de Gama. Des soldats, artisans, marchands, proscrits, se joignent aux marins, pour constituer un effectif total de douze cents hommes.

Pêro Vaz de Caminha, contrôleur des monnaies à Porto, est chargé de l'organisation de la future « factorerie » de Calicut et plus particulièrement des « écritures ». C'est surtout comme secrétaire du responsable de l'expédition qu'il nous intéresse : il rédigera la relation du voyage.

Parmi les instructions qu'a données le roi Manuel Ier à Cabral, figure sans doute un itinéraire bien précis, dont l'efficacité a été vérifiée par Gama : mettre le cap au sud-ouest depuis les îles du Cap-Vert, afin d'effectuer une large boucle au milieu de l'Atlantique et d'éviter les calmes plats de la région équinoxiale le long de l'Afrique. Puis, accrochant les grands frais de l'hémisphère sud, contourner le Cap...

Que cette grande « volte », si les vents en creusaient un peu la courbure, atteigne un jour l'autre rive océane, était prévisible. Dès le deuxième voyage, c'est ce qui se produit.

Aucune preuve n'existe que le roi ait prescrit la recherche d'une escale ou d'une « terre ferme » au sud des possessions espagnoles antillaises. Cependant, toute île, grande ou petite, à une distance inférieure aux fameuses trois cent soixante-dix lieues à l'ouest du cap Vert définies au traité de Tordesillas est nécessairement la bienvenue : elle tombe automatiquement dans le secteur portugais.

Ce sont donc les Indes orientales, et seulement elles, que vise Cabral en mettant à la voile le 9 mars 1500, huit mois seulement après l'annonce du succès de Vasco de Gama.

Le 14, il passe au large des Canaries, simples points de repère, le 22 il atteint les îles du Cap-Vert, se cale sur l'alizé de côté, cap au sud-ouest, entamant la grande courbe atlantique qu'il poursuit jusqu'au 21 avril... où se présentent les premiers *« indices d'une terre »*.

Totale surprise ? Le journal de Vaz de Caminha est muet sur ce point. Pas question en tout cas de négliger une escale si opportune après un mois de pleine mer.

C'est ainsi qu'Alvares Cabral découvre, le long d'une côte qu'aucune carte ne signale, *« dix-huit ou vingt hommes à peau cuivrée, tous entièrement nus, sans rien pour couvrir leurs parties honteuses »*, Indiens du Brésil.

L'endroit a été localisé depuis, à dix-sept degrés sud, à l'embouchure du rio Cahy : Porto Seguro, aujourd'hui plage à la mode, entre Bahia et Rio de Janeiro.

Nicolas Coelho, envoyé au contact, fait signe aux indigènes de *« déposer leurs arcs »* mais tente en vain de se faire comprendre *« à cause de la mer qui se bris(e) sur la côte »* :

« Il leur donna seulement une toque rouge, un bonnet de lin qu'il portait sur la tête et un chapeau noir ; et l'un d'eux lui donna une coiffure faite de longues plumes avec une petite calotte en plumes rouges et grises comme celles des perroquets, et un autre lui donna un collier de perles blanches qui semblent être de la nacre... »

Belle image en cinémascope : les hommes nus à peau dorée voient venir les navigateurs des confins de l'Océan ; dans le fracas des rouleaux de l'Atlantique, à l'aide de quelques gestes simples et doux, on signe la rencontre de deux mondes.

Le lendemain, 24 avril 1500, on distingue derrière un récif un *« port excellent et très sûr »* (l'endroit en a tiré son nom) qui permet d'envisager une escale prolongée, au-delà des simples nécessités du bois et de l'eau. Les relations deviennent amicales avec les autochtones, dont Vaz de Caminha apprécie *« la peau cuivrée tirant sur le rouge, de beaux visages, des nez beaux et bien faits »*.

L'usage des « labrets » autour de la bouche, si répandu chez les Amérindiens du Sud, est noté pour la première fois :

« L'un comme l'autre avaient la lèvre inférieure percée, avec chacun un ornement blanc en os passé dedans, long comme la largeur d'une main, gros comme un fuseau de coton, acéré comme un poinçon ; ils les introduisent par l'intérieur de la lèvre... cela ne leur fait pas mal et ne les gêne ni pour parler, ni pour manger, ni pour boire. Leurs cheveux sont lisses et ils étaient coupés, courts plutôt que ras, et tondus jusqu'au-dessus des oreilles ; et l'un d'eux

portait sous ses mèches, d'une tempe à l'autre par-derrière, une sorte de perruque de plumes jaunes très épaisse et très touffue. »

Deux Indiens acceptent de monter dans une chaloupe et de se rendre à bord, à la nuit tombante. Cabral les reçoit assis, en tenue d'apparat, un collier d'or autour du cou, entouré de ses officiers :

« *Les deux hommes entrèrent sans ébaucher le moindre salut ni faire mine de parler au commandant ou à quiconque : mais l'un d'eux aperçut le collier, semblant nous dire qu'il y avait de l'or là-bas, et il vit aussi un chandelier en argent et de même il montrait la terre et ensuite le chandelier comme s'il y avait aussi de l'argent.* »

Avec réticence les Indiens goûtent les mets de l'autre monde, gâteaux, figues, pain, et trempent d'une moue dégoûtée leurs lèvres dans du vin. C'est cependant avec convoitise qu'ils guignent « *les grains blancs d'un chapelet* » ainsi que le « *collier du commandant* ». Par gestes, ils semblent vouloir dire qu'ils « *donneront de l'or en échange* ». Plus perspicace sur ce point que bien d'autres découvreurs, le « secrétaire » note, sceptique : « *C'est là ce que nous comprenions parce que c'était notre désir...* »

Après force troc et échanges d'informations approximatives, les autochtones se sentent visiblement en confiance avec ces marins venus de l'inconnu :

« *Voilà qu'ils s'allongèrent sur le dos à même le tapis sans se soucier le moins du monde de cacher leurs parties honteuses, lesquelles n'étaient pas circoncises et avaient leurs toisons soigneusement rasées. Le commandant donna l'ordre de leur mettre à chacun un coussin sous la tête, et celui qui avait la perruque prenait grand soin de ne pas l'abîmer ; on jeta sur eux un manteau, ils l'acceptèrent, restèrent couchés et s'endormirent.* »

Au matin, nantis des habituels cadeaux (bonnets, grelots, clochettes) les deux invités sont reconduits à terre, flanqués d'un « *jeune proscrit chargé de se mêler à eux et de connaître leur façon de vivre et leurs coutumes* ».

Vaz de Caminha, qui se trouve dans la chaloupe, voit approcher le rivage où sont rassemblés « *deux cents hommes tous nus, des arcs et des flèches à la main* », pacifiques semble-t-il. Ceux-ci se livrent avec passion au troc proposé par les étrangers, mais refusent, les échanges terminés, de garder le proscrit avec eux.

Notre « reporter », sensible à la beauté de « *quatre jeunes filles fort jeunes et fort gracieuses* », aux « *longs cheveux très noirs sur les épaules* », se livre à une description minutieuse de leurs « *parties honteuses, si bien fermées, si bien épilées* » et s'étonne un peu naïvement de les « *regarder attentivement sans en éprouver la moindre honte* ». Son émotion doit être grande, pour qu'il y revienne quelques lignes plus bas :

« *Une des filles était toute colorée des pieds à la tête de la teinture dont j'ai parlé* (noir bleuté) ; *elle était en vérité si bien faite et si potelée, et cette partie de son corps dont elle n'avait point honte avait tant de grâce, que bien des femmes de notre pays, lui voyant une telle tournure, auraient eu honte de n'avoir pas une féminité comme la sienne.* »

L'histoire ne raconte pas quel usage fut fait par Vaz de Caminha de cette « féminité » observée de si près. Le lendemain, dimanche, une messe est dite à terre, sous le regard intrigué des Indiens nus.

Cabral délibère avec ses capitaines : ne faut-il pas distraire un navire de l'expédition pour porter au roi Manuel la nouvelle de cette découverte ? La réponse est oui. Faut-il « *s'emparer par la force de deux hommes pour les envoyer à (Son) Altesse* » ? Les Portugais semblent plus lucides que les Espagnols sur la précarité des informations obtenues de la sorte : « *Ceux que l'on emmène ainsi de force déclarent qu'il y a chez eux tout ce qu'on leur demande.* »

Mieux que des « truchements » indigènes, les officiers suggèrent la solution inverse : laisser sur place deux proscrits. En « immersion totale », dirait-on aujourd'hui. À la prochaine visite, on retrouvera des interprètes complètement au fait des mœurs locales. Cabral acquiesce. Inutile de préciser que lesdits proscrits ne sont à aucun moment consultés.

Les scènes avec les indigènes sont plaisantes, bien qu'on perçoive à l'occasion le mépris sous-jacent des Européens. Un vieillard offre à Cabral la pierre verte (« *sans valeur* », précise l'écrivain) qui lui perce la lèvre. Il fait signe au commandant portugais de se la planter dans la bouche.

« *Nous restâmes un instant à rire du manège, alors le commandant en eut assez et quitta le vieillard ; l'un des nôtres lui donna un vieux chapeau en échange de la pierre...* »

Un des hommes d'équipage, « *boute-en-train* », se joint à une fête indienne, «*emmenant avec lui un de nos cornemuseux avec son instrument*» :

«*Il se mit à danser avec eux en les prenant par la main et eux s'amusaient et riaient et le suivaient fort bien au son de la cornemuse.*»

Échauffé par son succès, le marin se livre à des acrobaties fort appréciées :

«*Il exécuta devant eux à même le sol force entrechats et un saut périlleux, ce dont ils s'étonnaient, riaient et s'amusaient fort; et bien que ce faisant il les eût grandement rassurés et amadoués, ils s'effarouchaient bien vite comme encore sauvages...*»

Les Portugais voient ces hommes nus comme appartenant à un stade d'«avant la civilisation», proche d'une sorte d'animalité heureuse :

«*Ils sont frustes et ignorants, c'est pourquoi ils sont aussi farouches. Néanmoins ils sont très soignés et très propres, en quoi il me semble qu'ils sont pareils aux oiseaux ou aux animaux sauvages à qui le grand air donne de plus belles plumes et un plus beau poil qu'aux animaux domestiques.*»

On trouve également, chez Vaz de Caminha, la vision de l'indigène comme «page blanche» sur laquelle il sera facile d'inscrire le message évangélique :

«*Ils me paraissent gens d'une telle innocence que si on pouvait les comprendre et qu'ils nous comprissent, ils seraient bientôt chrétiens car ils n'ont pas de croyance à ce qu'il semble.*»

On accompagne, jusqu'à un village composé d'une dizaine de «longues maisons» communautaires, l'un des proscrits qui ont ordre de rester sur place. L'accueil est bon, mais les Indiens refusent absolument que des étrangers s'installent chez eux.

Provisions faites, Cabral songe à repartir. Cette terre inattendue, quel que soit son charme, n'est nullement l'objet de la mission.

Vendredi 1er mai, une croix est plantée, des crucifix d'étain sont distribués. Les deux proscrits, outre leur mission d'enquête sur le terrain, sont chargés de préparer les autochtones à la conversion, en leur donnant «*une plus grande connaissance de notre foi*».

Cabral veut ignorer les réticences manifestées par les Indiens devant un accueil permanent, et les risques qu'elles impliquent.

Il active les préparatifs. Le navire de ravitaillement est vidé de son chargement, réparti sur les autres navires. C'est lui qui part rejoindre le Portugal pour annoncer la découverte au roi et lui remettre le récit de Vaz de Caminha, intitulé *Lettre à dom Manuel*. Sa conclusion montre que les capitaines demeurent incertains quant aux dimensions et à la situation réelles de l'«île» découverte :

«*Cette terre, Sire... semble si vaste qu'il y a bien vingt ou vingt-cinq lieues de côte... D'un bout à l'autre ce n'est qu'une grève plane comme la paume de la main et très belle. À l'intérieur, depuis la mer, elle nous a semblé très grande, car à perte de vue nous ne pouvions apercevoir que terre et forêts et le pays nous paraissait fort étendu...*»

Si l'or et l'argent sont hypothétiques, l'air y est «*excellent*», «*frais et tempéré*», l'abondance d'eau y permettra la culture. En toute hypothèse, le «*meilleur fruit*» demeure le «*salut de ces gens*». Mais ce qui demeure le plus marquant est «*cette possibilité d'étape pour la traversée vers Calicut...*».

Et Vaz de Caminha d'apposer, sur le document en partance pour Lisbonne, sa signature précédée de :

«*À Porto Seguro, en votre île de la Vraie-Croix, aujourd'hui vendredi 1er mai 1500.*»

Dès le lendemain, 2 mai, l'armada de Cabral continue sa route. Cap au sud-est à travers l'Atlantique afin de contourner l'Afrique. Mais l'hiver austral est déjà là. Il se peut que la trajectoire, tracée trop au large du Cap afin de gagner du temps, soit également mal choisie. Après trois semaines de navigation, une énorme tempête fait rage. L'Océan engloutit quatre navires, dont celui de Barthélemy Diaz. L'ancien découvreur du «cap des Tempêtes», futur cap de Bonne-Espérance, n'y sera retourné que pour y disparaître. La première route des Indes, commencée par une heureuse «parenthèse» sur une terre nouvelle, a tourné au drame. Six navires seulement atteindront la côte de l'Inde début août. Vaz de Caminha, le scripteur, meurt dans un affrontement avec des Musulmans de Calicut.

Pendant ce temps, à Lisbonne, le roi apprend avec intérêt l'existence sur la route des Indes de cette escale «miraculeuse» – ainsi la qualifie-t-il dans un courrier qu'il adresse aux Rois Catholiques, en spécifiant qu'elle appartient de plein droit à la Couronne portugaise.

Une deuxième expédition part concrétiser la possession... L'«île» se révèle alors «terre ferme» (ce qui est presque dire continent), et riche d'une denrée précieuse : un bois de teinture, dont on faisait jusque-là venir de coûteuses cargaisons d'Orient. Ce *pao brasil* donne un beau rouge, de *braise*, aux étoffes. Les couleurs vives étant furieusement à la mode, un tel arbre est une mine d'or.

C'est la marchandise qui prête son nom à la terre, peut-être par convergence avec Hy-Brazil, l'île bienheureuse de la mythologie celtique.

Comme toujours, le Portugal tente de garder secrètes les coordonnées de cette terre providentielle. Comme toujours, l'information filtre de port en port. D'autant que les Français à leur tour, par un semblable hasard de navigation, sont présents sur la côte brésilienne dès 1504.

L'épisode mérite d'être évoqué, bien qu'il ne représente pas, au sens strict, une découverte. L'aventure française au Brésil s'y amorce. Riche en péripéties, elle durera un siècle, et conjuguera le commerce, la piraterie, l'effort de colonisation.

Le hasard a sauvé la relation d'un voyage français en 1503. Peut-être pas le premier, le seul qui ait laissé des traces. L'équipage, normand, obéit à un certain Jean Paulmier de Gonneville, à bord d'un navire honfleurais, *l'Espoir*. Comme Cabral, mais sans mandat officiel, Gonneville désire atteindre l'Inde pour y remplir ses soutes d'«*épiceries et autres raretés*». Il s'est adjoint, «*à gros gages*», déclare-t-il, deux pilotes portugais «*qui avaient fait ce voyage*», afin de «*les aider de leur savoir sur la route des Indes*».

Malgré les sanctions portugaises prévues pour ce genre de trahison, les fuites sont nombreuses, en cette époque où tout le monde regarde vers les Indes.

Démarrant du cap Vert, les Normands sont poussés par une tempête à l'ouest de l'itinéraire prévu. Le 5 janvier 1504, «*ils découvr(ent) une grande terre*», située semble-t-il vers vingt-six degrés de latitude sud, en dessous de l'actuel Sao Paulo.

Le séjour va durer jusqu'en juillet :

«Ils avaient trouvé le navire si vermoulu et gâté qu'il avait grand besoin de radoub : à quoi il ne fut pas employé peu de temps, à cause du manque d'ouvriers experts en ces choses. »

Pendant ces six mois, des liens d'amitié se nouent avec les *«gens de ladite terre»*. Des Guaranis. Ces *«gens simples ne demandent qu'à mener joyeuse vie sans grand travail, vivent de chasse et de pêche, et de quelques légumes et racines qu'ils plantent»*. Nudité, plumes, cheveux tressés, air de santé, hospitalité : l'impression générale rappelle l'expédition Cabral. Les Guaranis de Gonneville semblent toutefois plus pointilleux sur la tenue morale. Une entorse au respect filial va se solder, sous les yeux des marins impuissants, par la condamnation à mort d'un jeune homme. Le coupable, dix-huit ans, a giflé sa mère. Le chef(« roi ») Arosca apprend cette grave faute par la rumeur villageoise :

«Bien que la mère ne s'en fût pas plainte, le roi envoya chercher (le garçon), le fit jeter dans la rivière, une pierre au cou, fit appeler à cri public les jeunes fils du village et des autres villages voisins ; et nul ne put obtenir la rémission, pas même la mère, qui à genoux vint demander pardon pour son enfant. »

Arosca, dans ses relations avec les Normands, se comporte avec bienveillance. Il accepte même *«qu'un de ses jeunes fils qui (est) en bonne entente avec ceux du navire vi(enne) en Chrétienté»*, en échange de la promesse d'un retour *«dans vingt lunes au plus tard»*...

Ce jeune Indien, Essomericq, flanqué d'un compagnon plus âgé, aura un destin original. Baptisé Binot – prénom du capitaine – , il épousera une jeune fille de la famille de Gonneville et fera souche en Normandie.

Une croix, selon la coutume, est plantée bien en vue sur le rivage brésilien, avec une légende en latin :

«Ici Paulmier de Gonneville éleva ce monument sacré, en associant intimement les peuplades et la lignée normande.»

En juillet, l'achèvement des réparations du navire permet d'envisager le retour en France.

Cependant les vents sont contraires. *«Ayant couru diverses fortunes»*, les hommes de *l'Espoir* sont *«tourmentés de fièvre maligne»* (le scorbut). À mi-chemin de la traversée atlantique, les Normands sont rabattus vers la terre de l'ouest, qu'ils retrouvent en quelques jours.

Accueil tout différent, sur cette côte peuplée d'«*Indiens rustres... se peignant le corps de noir*», aux «*lèvres trouées garnies de pierres vertes*», qui s'avèrent «*au reste, cruels mangeurs d'hommes; grands chasseurs, pêcheurs et nageurs...*»

Une précision permet, à ce deuxième atterrissage brésilien, de situer Gonneville dans des parages déjà fréquentés par les navires européens :

«*Aux lieux dudit pays qu'ils abordèrent, il y avait déjà eu des chrétiens, comme il était apparent d'après les denrées de Chrétienté que les Indiens avaient : aussi n'étaient-ils pas étonnés de voir le navire ; et pour la même raison ils craignaient surtout l'artillerie et les arquebuses.*»

Débarquant pour faire de l'eau, trois hommes sont pris par les sauvages. Impossible de leur porter secours. On décampe au plus vite : «*Ce cas piteux leur (fait) quitter les lieux de cette malencontre, et remonter la côte sur cent bonnes lieues.*»

Au pays tupinamba, ils récoltent sans accrochage notoire une cargaison de bois brésil, afin de «*payer les frais du voyage en laissant bon profit*». Calcul qui omet, hélas, la présence sur les mers de nombreux pirates à la recherche de riches cargaisons.

Après une traversée de retour sans encombre, par la mer des Sargasses («*une mer herbue*») et les Açores, *l'Espoir* arrive dans les parages de Guernesey, où il se fait attaquer par un «*forban anglais de Plymouth*» bientôt assisté d'un «*autre forban épineux, français de nation*»... Choisissant de s'échouer sur la côte afin de sauver l'équipage, Gonneville perd toute la cargaison, pillée par les corsaires.

L'aventure des marins de *l'Espoir* ouvre la voie aux navires français dans la collecte du bois de teinture sur les côtes brésiliennes, tout en montrant les dangers qui accompagneront longtemps de telles expéditions. Outre les risques de la mer, les inconnues du comportement autochtone, il faudra compter avec la course et la piraterie. Sans oublier le «possesseur» du Brésil, le Portugal, qui s'efforcera de préserver son monopole commercial et se livrera à des inspections systématiques, finissant souvent dans le sang.

Il ne sera donc pas de tout repos pour les navires du Dieppois Jean Ango, pour les Bretons, les Basques, les Rochelais, de fréquenter ces parages comme ils vont le faire pendant la majeure partie du XVIe siècle. Aux établissements commerciaux, visant à organiser la coupe du bois par les indigènes, succédera une véritable entreprise coloniale : la «France antarctique». Précaire, bientôt déchirée par les querelles entre protestants et catholiques, cette première colonie française au Nouveau Monde s'écroulera en 1560 devant l'offensive portugaise de Mem de Sa. Les Français, un moment réfugiés dans l'État de Pernambuco, fonderont une autre «France» baptisée cette fois «Équinoxiale». Sa brève existence ne laissera qu'une nuance d'influence française au Brésil, dont quelques toponymes : la ville de Saint-Louis, son ex-capitale, s'appelle toujours Sao Luis. En 1715 une ultime expédition, confiée au corsaire Duguay-Trouin, affirmera les prétentions de Louis XIV sur le Brésil. Ce dernier, définitivement fixé dans l'aire portugaise, compte aujourd'hui cent trente millions de lusophones.

Du point de vue indien, l'arrivée de Cabral et des navires français sonne le glas des peuples tupinambas et guaranis. Longue histoire honteuse et sanglante dont les derniers chapitres se déroulent sous nos yeux en Amazonie.

Que l'émotion des «premiers contacts» ne nous aveugle pas sur la suite. Ni sur cette simple évidence : les «découvreurs» d'Europe ne sont rien d'autre, dans le regard amérindien, que des «envahisseurs»...

9.

Cortés, le héros machiavélique

« *Tant d'enchantement suivi pourtant
d'une destruction aussi complète!* »

Tzvetan TODOROV

Au moment où Hernán Cortés, jeune juriste de bonne famille, délégué à d'obscures tâches administratives, commence à rêver de conquête, les deux colonies espagnoles des « Indes », Saint-Domingue et Cuba, sont dans une phase difficile. Aux enthousiasmes de la découverte a fait place la désillusion. Les mines d'or produisent moins. Aux nouveaux arrivés, les terres du bout de l'Océan ne fournissent guère qu'un lopin de terre à cultiver. Fallait-il tout quitter pour si peu? Où est le rêve de fortune et d'honneur?

Des groupes d'insatisfaits et de désœuvrés complotent. Une guerre civile larvée oppose le parti de l'Amiral aux Aragonais de l'administration royale. Il faut un exutoire. Il faut repartir à la découverte.

L'inconnu, ce n'est pas ce qui fait défaut, dans une Amérique à peine effleurée. Les Indiens des îles ne racontent-ils pas qu'il existe un empire très puissant, bordant à l'ouest la mer des Caraïbes? Colomb lui-même, en 1502, a croisé dans le golfe du Honduras un lourd navire marchand « *aussi long qu'une galère et large de huit pieds, fait d'un seul tronc d'arbre, chargé de vivres* », se souvient Ferdinand Colomb qui participait à l'expédition. N'est-ce pas l'indice d'une civilisation sophistiquée, différente des peuplades taïno et caribe?

Les années 1510, qui voient l'exploration croissante de l'isthme,

150

renforcent la certitude d'un royaume établi en « terre ferme », sur de hauts plateaux.

En 1511, où l'on s'interroge encore, des naufragés espagnols atteignent la côte du Yucatan, à bord d'un canot de sauvetage déporté par vents et courants. La plupart d'entre eux finiront en rôti rituel, et n'auront bénéficié que d'un sursis. La chance sourit à quelques autres, dont un certain Geronimo de Aguilar, qui parvient à se faire adopter par les populations de la côte, dont il devient l'homme de peine. On ne le retrouvera que huit ans plus tard...

En 1516, les autorités espagnoles de Cuba veulent atteindre cette côte qu'on dit riche et peuplée. Une première expédition s'organise, sous la direction de Francisco Hernandez de Cordova. Bernal Diaz del Castillo y participe. Il sera de toutes les découvertes mexicaines. Le destin de cet homme, qui livre dans ses mémoires le plus passionnant des récits de la *Conquista*, mérite qu'on s'y arrête : c'est un résumé de la carrière du conquistador, qui « conquiert » dans la souffrance et récolte bien peu d'« or »...

Diaz fait partie d'un contingent arrivé en 1513, au Darien récemment pacifié. Aucun renfort n'y étant plus nécessaire, il attend une nouvelle affectation. Les choses traînent. Avec d'autres soldats désœuvrés, il rejoint Cuba, s'empresse d'aller, selon ses propres termes, *« baiser les mains du gouverneur Vélasquez »*, qui lui *« fait un accueil très affectueux »* et promet d'octroyer *« les premiers Indiens dont on lui annoncera la vacance »*.

Mais les « cadeaux » escomptés tardent à être livrés. Les mois passent, Diaz et ses compagnons (ils sont cent dix), partis depuis bientôt quatre ans, n'ont toujours rien fait de productif aux « Indes ». Ils n'ont obtenu ni terre, ni main-d'œuvre, rien. Certes le gouverneur Vélasquez, conscient des frustrations grandissantes, envisage de nouvelles razzias d'esclaves dans les Antilles. Mais ces soldats, venus pour en découdre, ne veulent rien entendre. Peut-être ont-ils été touchés par l'effort de « moralisation » de la conquête issu des milieux religieux.

« Nous répondîmes que ni Dieu ni le Roi n'avaient commandé que nous fissions des esclaves avec des hommes libres. »

Les compagnons de Diaz del Castillo ne veulent qu'une chose : *« Aller à la découverte de terres nouvelles. »* Vélasquez donne son aval à l'expédition de Cordova, exutoire idéal. Elle compte une centaine d'hommes, à bord de trois navires.

Touchant le continent au Yucatan, Cordova et ses hommes en contournent la pointe nord et longent le golfe de Campêche. Ils ne sont pas les bienvenus. Partout, des pluies de flèches les accueillent. La rumeur des exactions blanches a dû largement se répandre sur le continent.

Lors d'une échauffourée, un religieux, le frère Gonzalez, réussit à saisir des *«cassettes en bois contenant des idoles qui f(ont) des grimaces diaboliques»*, ainsi que d'autres objets d'or. Ce butin, assez maigre, va être *«tellement grossi par la renommée que le bruit s'en répan(dra) dans les îles entières de Saint-Domingue et de Cuba, et même en Castille»* (Diaz).

Deux Indiens ramenés par l'expédition Cordova sont questionnés par le gouverneur Vélasquez. Ils assurent qu'il y a d'importantes mines d'or au Yucatan.

Une deuxième tentative intervient dans la foulée. À la tête de quatre navires cette fois, Juan de Grijalva effectue en 1518 une première reconnaissance des côtes mexicaines. Tout trahit la proximité d'une civilisation sans comparaison avec les villages de paillotes des Antilles. Les Indiens, qui présentent de menus objets d'or en échange des habituelles verroteries, décrivent la riche et puissante ville de l'intérieur. Ils la nomment : Tenochtitlan, alias Mexico.

Chemin faisant, à San Juan de Ulua, les Espagnols relèvent avec horreur l'existence de sacrifices humains. Ce n'est pas une nouveauté aux «Indes», mais il semble qu'on les pratique ici à une grande échelle. De manière troublante, l'aspect du «clergé» indigène chargé de cette funeste tâche, n'est pas sans rappeler les prêtres de la Sainte Église :

«Quatre Indiens étaient là, vêtus de longues robes noires, avec des capuches simulant la manière des dominicains ou des chanoines. C'étaient les prêtres de cette divinité à laquelle ils avaient sacrifié ce jour-là deux jeunes hommes dont la poitrine était ouverte ; les cœurs et le sang avaient été offerts à la maudite idole. Ces ministres venaient nous encenser avec ce même parfum qui a l'odeur d'encens (copal) *et qu'ils adressaient à leur dieu ; mais nous ne voulûmes pas y consentir, émus que nous étions de pitié et*

de regret pour ces jeunes malheureux, en les voyant au moment où ils venaient de tomber victimes d'une cruauté si grande. »

Au retour de cette deuxième expédition, qui confirme les promesses d'or de la première, la totalité des Caraïbes, de leurs colons frustrés, de leurs gouvernements avides, commence à diriger ses regards vers le continent. Le gouvernorat de la Jamaïque se lance vers le nord du Mexique. Les combatifs Huastèques lui feront rapidement tourner casaque.

La grande entreprise va venir de Cuba, à l'initiative d'Hernán Cortés, secrétaire du gouverneur, qui va s'avérer (on a envie de dire : hélas) l'un des plus remarquables chefs de guerre de l'histoire. Le Mexique, sans Cortés, finirait certes par se soumettre. Plus tard, au prix de plus durs affrontements. C'est largement à la personnalité de Cortés, à son sang-froid, à son intelligence, ses dons pour la manipulation psychologique, que l'Espagne doit la possession, dès 1521, des hauts plateaux mexicains et des principautés qui en dépendent.

Cortés, un découvreur ? Oui. Expéditif dans les conséquences : au premier contact succède immédiatement la mainmise. Là où Colomb, Magellan, Cartier, observent, décrivent, puis repartent après de symboliques érections de croix et baptêmes de lieux-dits... Cortés met en œuvre sur-le-champ le projet colonial. À la fois éclaireur et bâtisseur d'empire. À peine a-t-il rencontré l'empereur des Aztèques, dans la magnificence de son pouvoir, qu'il s'en fait le geôlier. Tout va très vite. Trop vite. À peine a-t-on entamé le dialogue que déjà tout est consommé. Il ne reste qu'un vainqueur et un vaincu, dans un paysage de désolation où se bâtit, à un train d'enfer, l'ordre nouveau.

Pour Cortés, l'un des grands prédateurs de l'histoire, découvrir c'est soumettre.

Comment une civilisation aussi avancée que celle de l'empire Mexica pourra-t-elle s'effondrer en quelques mois devant la détermination d'une centaine d'étrangers, en mauvaise santé, empêtrés dans des armures que, pour des raisons de sécurité, ils ne quittent presque jamais ? L'énigme de cette fragilité – une société de la révérence et des présages littéralement dynamitée par une entreprise guerrière et idéologique froidement menée – est aujourd'hui mieux comprise, dans son enchaînement tragique.

Après les tentatives de Cordova et de Grijalva, qui ont fourni beaucoup d'informations mais peu de résultats tangibles, l'idée s'impose au gouverneur de Cuba, Vélasquez, que seule une expédition lourde peut réussir. Douze navires sont équipés, à Cuba même, sans le concours de la lointaine métropole. On n'a plus vu d'armada de cette taille depuis les premières flottes d'occupation d'Hispaniola.

À qui confier la responsabilité d'une telle entreprise ? Les candidatures sont nombreuses. Bien des conquistadors présentent de brillants états de service dans l'isthme et sur la terre ferme du sud. Pourquoi Vélasquez, au terme de longues hésitations, choisit-il son proche collaborateur Hernán Cortés ?

L'homme n'est pas qu'un gratte-papier, loin de là. Vélasquez a eu l'occasion de mesurer ses qualités militaires, son sang-froid, sa maîtrise stratégique, lors de la prise de Cuba. Peut-être même est-ce son intelligence qui inquiète le gouverneur. Cet homme ne risque-t-il pas, à un moment ou à un autre, loin du contrôle colonial, d'agir pour son propre compte ?

Vélasquez se tâte, finit par porter son choix sur Cortés... pour s'apercevoir presque tout de suite que ses doutes étaient fondés. À peine Cortés se fait-il, le 23 octobre 1518, confier le commandement, qu'il part lever des troupes le long de la côte cubaine. Vélasquez voit Cuba se vider de ses forces vives. Le 18 février suivant, prenant de vitesse le vieil *adelantado* qu'il sait décidé à revenir sur son choix, Cortés appareille vers l'ouest.

À trente-quatre ans, c'est un homme dans la pleine force de l'âge, qui a attendu sa chance de longues années dans les coulisses. Il incarne les vertus et les vilenies du conquistador : courage physique, fierté de ses origines, ruse cohabitant bizarrement avec un « sens de l'honneur » sincère et une vraie piété... Cet individu séduisant, irritant, généreux, cynique, fascine.

Natif de Medellin en Estremadure, Cortés est noble « par les quatre quartiers » – de cette petite noblesse tombée dans la gêne depuis la fin des grandes opérations de la Reconquête, et qui constitue l'essentiel de l'encadrement de la *Conquista* américaine. Las Casas, dont l'*Histoire des Indes* est en général peu favorable au conquérant du Mexique, le situe ainsi :

« *Fils d'un écuyer que j'ai connu, qui était très pauvre et très humble, encore que vieux chrétien et, dit-on, hidalgo...* »

Jeune homme plutôt turbulent, porté sur l'épée et le beau sexe (il le restera), Cortés atteint un niveau culturel plus élevé que le conquistador moyen : études de droit à Salamanque, usage du latin, plume déliée, propension à taquiner la muse...

Les portraits qu'on possède de lui coïncident, au-delà de divergences dans le détail, sur certains traits – bouche ourlée, sensualité, expression volontaire, front haut, nez long bien dessiné. La description, sans complaisance particulière, que fait Bernal Diaz, dégage une impression globale plutôt attirante. Cortés y apparaît *« bien de stature et de corps, bien fait et la jambe nerveuse... la couleur de son visage tirait un peu sur la cendre, et non pas très allègre, et s'il avait eu le visage plus large, il eût été mieux... ses yeux avaient une expression quelque peu amoureuse mais grave aussi. Il avait la barbe noire et peu fournie, et les cheveux, qu'on portait sans coiffe à l'époque, pareils à la barbe ; il avait la poitrine large et l'épaule bien faite, et il était maigre et de peu de ventre, et avait les jambes un peu arquées, mais les mollets et les cuisses bien pris ; et il était bon cavalier, expert dans toutes les armes, aussi bien à pied qu'à cheval, il savait bien s'en servir, par-dessus tout avec cœur, ce qui compte le plus dans cette affaire. J'ai entendu dire que, lorsqu'il était jeune homme, dans l'île Espagnole, il fut assez dissipé avec les femmes, et que plusieurs fois il se battit à l'épée contre des hommes courageux et adroits, toujours avec succès ; et il avait une marque d'épée près de la lèvre inférieure, qu'on remarquait quand on le regardait bien, mais qu'il dissimulait sous sa barbe, laquelle marque il reçut durant une de ces querelles ».*

En 1504, à l'âge de dix-neuf ans, Hernán Cortés a choisi la seule destination où, estimait-il, un homme de sa condition pouvait prouver son talent : les « Indes ». Embarquant pour Saint-Domingue, il y est parvenu au moment même où Colomb achevait son dernier voyage. Déjà la capitale de l'île Espagnole présentait un aspect de cité coloniale raffinée : avenues tracées au cordeau, couvents, cathédrale. Le front des découvreurs était bien plus loin, au sud, à l'ouest, le long de l'isthme et sur la terre ferme...

Les dix premières années de Cortés au Nouveau Monde, entre Saint-Domingue et Cuba, n'ont pas été celles d'un chef de guerre. Il a beaucoup gratté dans l'administration coloniale d'Ovando, géré une modeste plantation, accompagné des opérations de «pacification» des Indiens.

Après la conquête définitive de Cuba, où il a pu cette fois montrer ses compétences stratégiques et sa force de caractère, Vélasquez a fait de lui, en 1511, son second : homme à tout faire, secrétaire, conseiller.

Parvenu à la deuxième phase de sa vie, à Santiago de Cuba, Cortés prospère. Il reçoit une *encomienda*, «*fait extraire à ses Indiens beaucoup d'or et s'enrichit rapidement*» (Gomara).

Jouissant du statut de fonctionnaire royal, ce propriétaire terrien qui a, de surcroît, l'oreille du gouverneur Vélasquez, pourrait se contenter d'une réussite somme toute confortable. Mais l'homme n'est pas du genre à prendre du ventre en s'épanouissant dans une situation moyenne.

Il se lance dans une intrigue amoureuse. La jeune fille, Catalina Juarez, est d'une famille honorable : il lui promet le mariage. Sa victoire consacrée, l'amant tarde à régulariser. Catalina a pour sœur une autre séduisante créature à laquelle M. le Gouverneur lui-même s'intéresse de près ; Catalina n'est pas sans appuis. L'affaire se corse bientôt d'une intrigue politique. Cortés est soupçonné d'association avec des contestataires, d'anciens participants de l'expédition cubaine qui s'estiment lésés dans les *repartimientos* et complotent contre Vélasquez.

Imbroglio politico-amoureux total. Le secrétaire du gouverneur est incarcéré, parvient à s'échapper, se réfugie dans l'église de Santiago... et finit, contraint et forcé, par passer la bague au doigt de Catalina.

La réconciliation avec Vélasquez tarde un peu, mais se fait. Preuve en est que le gouverneur lui confie officiellement la troisième et décisive expédition en direction des côtes mexicaines... pour revenir quelques semaines plus tard sur sa décision.

La raison de ce retournement ? Vélasquez apparaît comme un homme confus, influençable, soucieux avant tout de son propre intérêt. Il se peut qu'il ait finalement préféré l'idée d'une expédition moins lourde, financée par ses moyens personnels, lui permettant de tirer un meilleur bénéfice. À moins qu'il n'ait fini par céder aux médisances de son entourage et réalisé les risques de dissidence de Cortés et de sa troupe, une fois livrés à eux-mêmes en territoire inconnu. Voyant son ex-secrétaire recruter à tout-va, vidant Cuba de ses meilleurs hommes, Vélasquez annule tout.

Cortés ne veut pas le savoir. Il brusque le départ. Doublant la pointe occidentale de Cuba, à la mi-février 1519, il met le cap vers la terre ferme. Désormais il ne rendra de comptes qu'à la Couronne. Dans cette perspective il n'a qu'une issue : réussir.

La flotte, onze navires, parvient sans encombre, comme celles qui l'ont précédée, à l'île de Cozumel, sur la côte est du Yucatan. Cortés y fait le compte exact des effectifs et des moyens grâce auxquels il sait déjà qu'il va mener une expédition de conquête mémorable :

« Il trouva cinq cent huit soldats, sans compter les pilotes, les maîtres d'équipage et les matelots, au nombre de cent neuf ; plus seize chevaux ou juments (celles-ci toutes de brio et fortes coureuses) » (Diaz).

Parmi ces hommes, on retrouve nombre de survivants des expéditions de Cordova et Grijalva, qui ont pu entrevoir les richesses de l'Amérique centrale. Ils les savent sans commune mesure avec celles des îles. Citons parmi eux les pilotes Anton de Alaminos, Juan Alvarez, Pedro Camacho, ainsi que Alonso Davila, Francisco de Montijo, Pedro de Alvarado, grand gaillard à la barbe blond vénitien (« le soleil », l'appelleront les Indiens)... ainsi que Bernal Diaz del Castillo, l'homme de toutes les aventures mexicaines, qui écrira, trente années après la chute de Mexico, sa précieuse *Histoire véridique de la conquête de la Nouvelle Espagne*.

C'est de cette relation, finalement parvenue à la cour d'Espagne en 1575, bien longtemps après les événements, que nous tenons les plus précieuses informations sur la conquête du Mexique. Lue en parallèle avec les mémoires de Cortés, elle fournit la vision du soldat, loin de l'historiographie partiale et pompeuse.

Avant de suivre Diaz et Cortés sur la route de Mexico, où ils ne connaîtront au début que des succès, soulignons un trait essentiel de ce jeune chef de guerre de trente-quatre ans : Cortés n'est pas un autodidacte comme Colomb, ce n'est pas un soudard comme Pizarre. Outre ses lectures classiques de bachelier, ses rêveries romanesques sur le Cid ou Esplandian, il a subi l'influence d'un certain pragmatisme ambiant, qu'on peut appeler cynisme, voire machiavélisme... et qui n'est autre que le début de la science politique.

Cortés n'a pu, avant sa campagne mexicaine, lire *Le Prince*, écrit en 1513 mais publié seulement en 1532. Toutefois, l'esprit même dans lequel Machiavel a composé son œuvre, apologie de la lucidité et de la ruse dans la conduite des affaires, est dans l'air. L'époque est d'un arrivisme souvent glacé, les tyrans y jouent à merveille du faux-semblant, et les souverains les plus intègres ne sauraient faire l'économie du réalisme politique. Le «*Prince encore régnant mais qu'il ne convient pas de nommer*», modèle du personnage de Machiavel, n'est peut-être pas un seul homme mais plusieurs. César Borgia a fourni les traits essentiels, mais il semble bien que viennent s'y superposer des détails pêchés dans la personnalité de... Ferdinand d'Aragon, régent d'Espagne au moment de la rédaction de l'œuvre.

Ce Prince, auquel Machiavel attribue les qualités suprêmes qu'il faut attendre d'un dirigeant, «*ne prêche jamais que la paix et la bonne foi*»... toutefois, ajoute en ricanant le philosophe : «*S'il eût observé l'une et l'autre, il eût perdu plus d'une fois sa réputation et ses États.*»

Il se peut que Cortés ait été imprégné de ce machiavélisme (qui ne porte pas encore son nom), dans le tout premier emploi aux Indes qui l'a placé sous les ordres de Miguel de Pasamonte, vieux serviteur de Ferdinand.

Le conquistador s'avère en tout cas un studieux applicateur des préceptes du Florentin : faire des promesses qu'on sait ne pouvoir tenir, diviser pour régner, en toutes choses considérer la fin et non les moyens.

Nul doute qu'il reconnaisse avec Machiavel la nécessité de «donner le change» :

«*Il n'est pas nécessaire à un Prince d'avoir toutes les qualités mais il faut qu'il paraisse les avoir. Et même j'oserai dire que, s'il les a et qu'il les observe toujours, elles lui portent dommage ; mais, faisant beau semblant de les avoir, alors elles sont profitables...*».

Tantôt enjôleur, tantôt menaçant, prompt à percevoir et à tourner à son avantage les rancœurs qui minent le jeune Empire aztèque, comprenant d'emblée le parti à tirer du trouble provoqué par la nature même des Espagnols (sont-ils hommes ? sont-ils dieux ?), Cortés va parvenir, en moins de deux ans, à soumettre la plus puissante des sociétés amérindiennes.

Dès son arrivée sur les côtes du Yucatan, Cortés entend donner à son expédition un style personnel. L'«image» compte. Pas question de vivre sur le pays. Pedro de Alvarado, débarqué avec quelques jours d'avance au lieu de rendez-vous, s'est avisé de voler aux Indiens des poules et un peu d'or mélangé de cuivre. Il provoque l'ire de son supérieur qui «*lui en fait un reproche sévère*», «*lui disant que ce n'(est) pas en leur prenant ainsi leurs biens que l'on apaiser(a) les pays conquis*».

Le ton est donné : il va s'agir de faire passer tout un État, une population dont on pressent qu'elle est nombreuse, organisée, sous le contrôle espagnol.

Dès les premiers jours, le hasard fournit à Cortés un atout maître, avec la rencontre inespérée de Geronimo de Aguilar, prêtre castillan qui a fait naufrage en 1511. L'apparition de cet ancien diacre indianisé fait forte impression sur la troupe, qui met un certain temps à déceler le compatriote sous le sauvage :

«*En sus d'être naturellement brun, il avait les cheveux coupés ras comme un Indien esclave. Il portait une rame sur l'épaule, une vieille sandale au pied et l'autre attachée à la ceinture, une mauvaise cape très usée et un brayer pire encore pour couvrir ses nudités. Un vieux livre d'heures pendait attaché à la cape. Cortés en le voyant y fut pris comme les autres ; il demanda ce qu'était devenu l'Espagnol. Or l'Espagnol qui le comprit s'assit sur ses talons, à la manière des Indiens, en disant : "C'est moi !" Cortés lui fit donner aussitôt, pour l'habiller, une chemise, un pourpoint, des culottes, un chaperon et des sandales. On ne possédait pas d'autres vêtements. Il l'interrogea sur sa vie, son nom, et l'époque de son arrivée dans le pays.* »

Aguilar parle parfaitement la langue maya. Il constitue un informateur précieux. À l'intérieur du pays, confirme-t-il, «*il existe beaucoup de grands centres habités*».

On pense aujourd'hui que le plateau mexicain a environ vingt millions d'habitants quand Cortés débarque.

Longeant la côte de Tabasco, itinéraire déjà parcouru par l'expédition précédente, Cortés s'adjoint un deuxième interprète, encore plus essentiel : une Indienne de vingt ans, fille de cacique aztèque, qui a été vendue à des Mayas. C'est la fameuse Malinche

– comme l'appellent les Espagnols, par déformation de son nom indien de Malintzin.

Personnage clé de la conquête, elle maîtrise les deux langues véhiculaires de la région, le nahuatl des Aztèques et la langue maya. Par le double truchement – Aguilar-Malinche, Malinche-Aztèques – Cortés sera en mesure de communiquer avec toutes les populations du Mexique et du Yucatan.

Personnage énigmatique, cette Malinche : « offerte » à Cortés par ses maîtres mayas, devenue sa maîtresse, elle semble adopter d'emblée le parti des conquistadors. A-t-elle gardé rancune aux siens de l'avoir abandonnée ? Pourtant, lorsqu'elle les retrouvera sur le chemin de la conquête, aucun désir de vengeance ne semblera l'animer. Malinche, figure de la trahison pour les indigénistes mexicains, est appréciée des conquistadors de Cortés, qui l'appellent « Doña Marina » :

« Doña Marina était femme de grande valeur ; elle avait un ascendant extrême sur tous les Indiens de la Nouvelle Espagne. »

De Cortés elle aura un fils, avant d'être à nouveau « cédée », cette fois à un *caballero*, en justes noces.

Détail intéressant, par l'inversion du processus habituel, c'est en fonction de son lien avec la Malinche que les Indiens nommeront le grand capitaine des Espagnols :

« On appelait Cortés "Malinche"... Le motif qui lui fit appliquer ce nom c'est que, comme notre interprète Doña Marina était toujours avec lui, surtout lorsqu'il venait des ambassadeurs ou des messagers de caciques, comme aussi c'était elle qui transmettait tous les discours en langue mexicaine, pour cette raison on s'habitua à appeler Cortés le Capitaine de Marina, et bientôt, par corruption, on le nomma Malinche. »

Avril 1519. Continuant son cabotage dans le golfe du Mexique, Cortés atteint San Juan de Ulua, où lui sont dépêchés les premiers émissaires directs de l'Empire des hauts plateaux. Ces deux *« envoyés du Grand Montezuma »*, porteurs de cadeaux – volailles, étoffes, plumes, or, tout un bric-à-brac –, assistent médusés à la messe de Pâques. Cortés se lance dans une grande explication, déclare qu'il est chrétien et *« sujet du plus grand seigneur qui soit au monde, appelé l'empereur Don Carlos »*, qui a *« depuis longtemps connaissance de ce pays »*.

Son désir est grand, dit-il, de rencontrer Moctezuma au plus vite. Offusqués de cette précipitation, les deux envoyés d'un prince auquel eux-mêmes ne parlent que courbés et les yeux baissés remettent Cortés à sa place :

« Tu arrives à peine et tu veux à l'instant lui parler... »

L'un des ambassadeurs a mission d'informer son maître sur le comportement et l'apparence des hommes venus de la mer. Il fait dessiner *« le visage, le corps et les traits de Cortés et de tous les capitaines et soldats, les navires, les voiles, les chevaux... »*. Ce rapport illustré et détaillé sur l'aspect et le comportement de ces étrangers va grandement troubler Moctezuma.

Cortés, en habile metteur en scène, offre une démonstration de son artillerie. Pedro de Alvarado, cavalier hors pair, présente un spectacle équestre qui laisse abasourdis les envoyés de Moctezuma. N'ayant jamais vu de cheval, ils croient que l'homme et sa monture constituent une seule et même personne, centaure surpuissant et surnaturel.

Le casque doré qu'arbore l'un des Espagnols attire le regard des ambassadeurs aztèques. Ils s'étonnent de sa ressemblance avec *« d'autres qui sont en leur pouvoir et que leurs ancêtres leur ont transmis comme un monument des races dont ils sont descendus »*. Moctezuma *« serait certainement heureux de le voir »*, risquent-ils.

Cortés, que son sens de l'à-propos n'abandonne jamais, offre le casque. Pour sa part, déclare-t-il à l'ambassadeur, il aimerait savoir si *« leur or est comme celui que (les Espagnols) retir(ent) de (leurs) rivières »*, et souhaite récupérer le casque *« plein de grains de ce métal »*, afin de le transmettre à son grand empereur à lui...

Ce simple objet, que le hasard a voulu copie conforme des coiffures portées par les ancêtres des Aztèques, joue un rôle déterminant. Le recevant de ses ambassadeurs, Moctezuma l'examine, et passe du doute à la certitude : ces étrangers surgis de l'Orient sur leurs étranges châteaux flottants sont bien des dieux, venus reprendre une place abandonnée bien des générations plus tôt.

La méprise est renforcée par divers présages, où les devins de l'empereur ont relevé les signes d'un bouleversement imminent : une comète, des famines, des épidémies (premières manifestations du « choc microbien » ?). Ce chef de guerre barbu, à la peau blanche, avec son cortège d'animaux fabuleux et de foudres domestiquées, n'est-il pas Quetzalcoatl, le dieu-prêtre, le « serpent à

161

plumes» parti autrefois dans la direction du Levant, dont le retour doit marquer un ordre nouveau?

Les documents indigènes relatifs à la conquête témoignent de l'impuissance du souverain devant le dieu venu – conformément à l'enchaînement des cycles – reprendre sa place.

«Grande fut sa stupeur et grand son émerveillement... quand il ouït dire comment éclate le canon, comment retentit son tonnerre et la pâmoison qu'il suscite...»

La description physique de ces êtres d'une autre essence qu'humaine laisse Moctezuma abasourdi:

«De tous côtés leurs corps sont emmitouflés, on ne voit paraître que leur visage. Il est blanc, blanc comme s'il était de chaux. Ils ont les cheveux jaunes, bien que certains les aient noirs. Longue est leur barbe qui est jaune également. Leur chevelure est bouclée, fine, légèrement crépue... En outre leurs chiens sont énormes; ils ont les oreilles frémissantes et aplaties... ils ont des yeux qui répandent du feu, ils ne cessent de cracher des étincelles... Quand (Moctezuma) eut fini d'entendre tout cela il fut saisi de grande crainte, en sorte que son cœur en fut comme pâmé, il eût le cœur saisi, accablé par l'angoisse» (Codex florentin).

Par un hasard, parfois calculé, nombre de détails viennent renforcer la thèse Quetzalcoatl, dont l'empereur analyse le pour et le contre. Cortés, lors de son entrevue avec les premiers ambassadeurs mexicains le vendredi saint de l'année 1519, est vêtu de noir, conformément à l'usage de ce jour de «deuil». Le noir, dans les prophéties indiennes, est justement la couleur que doit arborer le serpent à plumes pour son retour...

«(Moctezuma) eut la certitude que nous appartenions à la race de ces hommes dont leurs aïeux avaient dit qu'ils viendraient commander dans ces contrées» (Diaz).

Quelques jours plus tard, un des ambassadeurs de Moctezuma réapparaît, porteur de nouvelles offrandes. Cortés repousse avec horreur des pâtés confectionnés avec la chair humaine des sacrifices, mais accepte des bijoux d'or et d'argent, *«très bien travaillés»*, précise Diaz, accompagnés du fameux casque rempli de pépites. C'est un véritable trésor que Moctezuma adresse à Cortés. S'y joint toutefois une fin de non-recevoir, concernant l'audience sollicitée. Tout en *«se réjouissant que des hommes aussi valeureux soient venus dans son pays»*, et en *«désirant beaucoup voir (le) grand Empereur* », Moctezuma juge que l'entrevue avec Cortés « *n'a pas de raison d'être et y voit beaucoup d'inconvénients* ».

Les Espagnols, qui n'ont pas les yeux dans leur poche, remarquent la ressemblance étonnante de l'un des nouveaux ambassadeurs aztèques avec Cortés. Ce n'est nullement un hasard, mais une manœuvre « magique » de la part de Moctezuma.

Là où Cortés pose méthodiquement ses pions, mûrissant sa stratégie, accumulant les informations sur les faiblesses de l'Empire aztèque, Moctezuma cherche la parade dans le répertoire magico-religieux : sacrifices, devins. L'idée d'expédier aux intrus un sosie de leur capitaine, est une parade magique. Côté Cortés, logique et détermination ; côté Moctezuma, incertitude et recours aux sortilèges.

La guerre symbolique entre les mondes amérindien et européen est sans doute la clé de la réussite de Cortés, ainsi que l'a montré Tzvetan Todorov dans *La Conquête de l'Amérique*. Elle ne laisse aucune chance à ces peuples, incomparablement supérieurs en nombre mais fragilisés par une approche sacrée du monde et des forces en présence dans la relation humaine. Cortés, de son côté, saisit rapidement le trouble de l'adversaire, son incertitude sur la vraie nature des Espagnols et sur le sens mythique de leur venue. Il apprend à jouer subtilement son personnage de *teule* (dieu), entretient la confusion. Quand les Mexicains verront clair, saisiront la réalité strictement humaine de l'agression, il sera trop tard.

La force de Cortés réside dans son intelligence. Il analyse le degré de fragilité de ces populations gouvernées par leurs dieux. Il prend le risque de susciter des révoltes en brisant les idoles dans les villages. Il fait chauler les sanctuaires indiens maculés de sang humain. Aucune révolte n'en découle. Bien au contraire. En territoire mexica, comme chez les peuples vassaux, la destruction des lieux de culte entraîne la confusion, l'accablement.

Une des scènes de la « pacification » des totonaques, décrite par Diaz, est parlante :

« *Nous précipitâmes les idoles qui roulèrent en morceaux. C'était des sortes de dragons épouvantables, grands comme des veaux, et d'autres figures représentant des demi-corps d'hommes et des chiens de haute stature, le tout de fort mauvais aspect. Les caciques et les papes* [1] *qui étaient présents, les voyant ainsi mis en pièces, se prirent à pleurer et à se voiler la face, leur demandant pardon en langue totonaque et leur faisant observer qu'ils n'étaient pas coupables, puisqu'ils n'avaient plus de pouvoir, et que le sacrilège venait de ces teules contre lesquels ils n'osaient s'armer, de crainte d'être livrés ensuite sans défense aux Mexicains. »*

Combinant la guerre psycho-symbolique et la stratégie militaire, Cortés va progresser sans revers sérieux jusqu'à Mexico, au cœur du pays.

Avant cela il lui faut trouver une astuce pour résoudre les tensions croissantes à l'intérieur de son propre camp. Et d'abord assurer la légitimité de son commandement. Au regard du droit, Cortés n'est pour l'instant qu'un chef d'expédition rebelle, engagé dans une opération de conquête sans le moindre mandat officiel – le sien lui ayant été retiré au dernier moment par Vélasquez.

Une part importante de ses troupes, demeurée fidèle au gouverneur de Cuba – par scrupule, mais aussi par peur de s'enfoncer à l'intérieur des terres –, renâcle et menace de faire dissidence.

Cortés n'est pas juriste pour rien. Il se fait plébisciter par ses hommes, ordonne la fondation d'une ville – Villa Rica de la Vera Cruz – à la tête de laquelle une municipalité, conformément au droit communal, est dotée des pleins pouvoirs... qu'elle délègue à Cortés ! Sous le double titre d'« alcade » (pouvoir judiciaire, exécutif) et de « capitaine général » de la colonie nouvelle, il peut désormais agir « légalement » contre le parti de Vélasquez, neutralisé. Ce tour de passe-passe est un nouvel exemple des subtilités dont est capable Cortés. La Couronne, il le sait bien, entérinera le tout, sous réserve que la conquête réussisse.

Fort de sa nouvelle autorité, le « capitaine général » prend une nouvelle décision destinée à couper court à toute désertion – celle de « brûler ses vaisseaux ». Dans la réalité il les échoue et les rend impropres à la navigation. De cette manière une solide base côtière, sans défection possible, est assurée. Il récupère les marins comme soldats – ce qui grossit sa troupe d'une centaine d'hommes.

Ayant ménagé ses arrières et placé tous ses hommes devant

---

1. Terme utilisé par les Espagnols pour désigner les prêtres amérindiens.

l'alternative de vaincre ou mourir, il peut aller de l'avant. Il y va très vite.

À ce stade, mi-août 1519, il a déjà parfaitement saisi l'autre faiblesse de l'empire gouverné par Moctezuma : c'est une mosaïque mal cimentée de populations récemment soumises.

La Triple Alliance, établie près de cent ans plus tôt, en 1428, regroupe les cités voisines de Tenochtitlan, Texcoco et Tacuba. Certaines cités, comme Tlaxcala, demeurent rebelles, tandis que d'autres supportent de mauvaise grâce une vassalité qui exige d'importants tributs en vivres, en marchandises – voire, lorsque ces derniers viennent à manquer, en femmes, en esclaves, en êtres humains destinés au sacrifice. Cortés offre la perspective d'en finir avec cette écrasante tutelle.

Passé la méfiance initiale, parfois accompagnée d'affrontements violents, certaines ethnies indiennes ne tardent pas à voir en Cortés un libérateur.

À Cempoala, en pays totonaque, le cacique se laisse facilement circonvenir. Il étale à Cortés ses griefs contre le suzerain aztèque :

« Il se mit à soupirer et à se plaindre vivement du Grand Montezuma et de ses gouverneurs, disant que ce prince avait assujetti sa province depuis peu de temps et s'était emparé de tous leurs joyaux d'or : depuis lors il les tenait dans un tel état d'oppression qu'ils n'osaient plus faire que ce qui leur était commandé ; car c'est un seigneur possédant de grandes villes, de vastes pays, une multitude de vassaux et de nombreux gens de guerre. Et Cortés, comprenant qu'il ne pouvait rien faire pour le moment au sujet des plaintes qu'on lui portait, se contenta de répondre qu'il prendrait des mesures pour qu'ils fussent vengés » (Diaz).

Le lendemain, visitant à nouveau Cortés, le cacique rallonge la liste des doléances :

« Chaque année on exigeait d'eux grand nombre de leurs fils et de leurs filles pour les sacrifier aux idoles ou les faire servir dans les maisons et sur les champs ensemencés. Leurs griefs, ajoute Diaz del Castillo, *étaient si nombreux que je puis à peine m'en souvenir ; comme, par exemple, que les percepteurs de Montezuma s'emparaient de leurs femmes et de leurs filles et les outrageaient quand elles attiraient l'attention par leur beauté : horreurs qu'ils commettaient dans toute la contrée totonaque où se trouvaient près de trente villages. »*

Combinant le jeu des alliances et le combat contre les alliés indéfectibles de Moctezuma, Cortés gagne du terrain avec une étonnante rapidité au cours de l'été 1519. Grossie de milliers d'autochtones, son armée n'a plus rien de commun avec la petite troupe débarquée au Yucatan quelques mois plus tôt.

Alliance est bientôt conclue avec la puissante province de Tlaxcala, qui n'a jamais été annexée par les Aztèques.

Le 23 septembre, les Espagnols font en grande pompe leur entrée dans la cité de Tlaxcala, dont Cortés, dans sa correspondance avec Charles Quint, fait une description éblouie :

« Cette ville est si grande et si belle que je n'en dirai pas la moitié de ce que j'en pourrais dire... Elle est plus grande que Grenade ; elle est mieux fortifiée ; ses maisons, ses édifices et les gens qui les habitent sont plus nombreux que ceux de Grenade au temps où nous en fîmes la conquête, et mieux approvisionnés de toutes choses de la terre, pain, oiseaux, gibiers, poissons des rivières, légumes, et autres vivres dont ils font usage et mangent excellents... Il y a un grand marché tous les jours où se pressent plus de trente mille acheteurs et vendeurs... toutes espèces de marchandises en vivres, étoffes et vêtements... joyaux d'or, d'argent, de pierres précieuses... poteries de toutes les formes et peut-être meilleures qu'en Espagne... herbes comestibles et médicinales... Il y a des maisons de barbiers où l'on vous coupe les cheveux et lave la tête ; il y a des bains. Enfin un ordre parfait règne dans cette ville dont les gens paraissent sages et policés comme aucune ville d'Afrique n'en pourrait offrir un tel exemple... »

Tout d'abord hostiles, les combatifs Tlaxcaltèques ne doutent plus d'avoir trouvé en ces *teules* barbus les alliés inespérés contre l'ennemi héréditaire aztèque. Leurs troupes de plusieurs milliers d'hommes vont constituer un renfort décisif.

La mémoire indienne, dont le chroniqueur Sahagun recueille l'expression bien des années après, garde vivace l'épisode de l'allégeance rendue à Cortés et à ses hommes par les caciques de Tlaxcala :

« Ils leur dirent (aux Espagnols): *– Seigneurs, vous vous êtes dépensés sans compter... C'est dans votre pays que vous venez d'arriver. Tlaxcala est votre demeure. Voici votre demeure la cité de l'Aigle, Tlaxcala... Ils les conduisirent, ils les amenèrent, ils leur servirent de guides... Ils leur rendirent tous les honneurs, ils*

leur fournirent tout ce dont ils avaient besoin, ils conclurent avec eux une étroite alliance, puis leur donnèrent leurs filles.

«Sans tarder les autres demandèrent : – Où se trouve Mexico ? Et à quelle distance ? Ils leur répondirent : – Ce n'est plus loin maintenant. Peut-être y arrivera-t-on en quelque trois jours. C'est une fort belle ville. Et les hommes en sont très braves, très guerriers... En tout lieu ils vont faisant des conquêtes.»

Scellant leur accord, Espagnols et Tlaxcaltèques marchent ensemble en octobre sur la cité rivale : Cholula, alliée inconditionnelle des Aztèques. Victoire complète. Mexico n'est plus qu'une question de jours. Les hommes de Cortés, flanqués de leur infanterie indienne, constituent une colonne offensive qui terrifie les populations. Sahagun note le souvenir que ces dernières en gardent :

«Ils marchent formant le cercle, ils marchent sur le pied de guerre. Autour d'eux, s'élève en tourbillons la poussière des routes. Leurs lances, leurs enseignes qui ressemblent à des chauves-souris, passent resplendissantes... Ils passent dans un vacarme assourdissant. Ils sont tous harnachés de fer, ils étincellent dans leur marche. Leur marche inspire à tous la terreur. Ils sont terrifiants, ils sont horribles. Et leurs chiens les précèdent, ils vont à l'avant-garde. Ils dressent le museau, ils pointent le museau. Ils avancent au galop, de leur gueule coule la bave.»

Moctezuma, averti quotidiennement de l'avancée des Espagnols, envoie de nouveaux ambassadeurs proposant de payer un tribut à l'«*Empereur de Cortés*». Cortés veut plus que cela.

La troupe n'est plus séparée de Mexico que par des montagnes. Cortés note qu'elles sont «*très élevées et merveilleuses*» et «*ont au sommet tant de neige à la fin du mois d'août qu'on ne peut voir rien d'autre*». L'une d'elles surtout intrigue les Espagnols, la plus haute, dont «*il sort plusieurs fois le jour et la nuit une masse de fumée grosse comme une grande maison, qui monte des sommets de la montagne jusqu'aux nues, aussi droite qu'une flèche ; de sorte que, à ce qu'il paraît, les vents très violents qui soufflent toujours dans ces hauteurs ne peuvent la détourner*» (Cortés).

Différant de quelques jours l'avancée sur Mexico, Cortés veut comprendre ce qu'est cette montagne fumante :

«Je voulus connaître le secret de celle-ci, qui me parut bien merveilleuse, et j'envoyai dix de mes compagnons.»

Parvenu au sommet, malgré les supplications des Indiens qui craignent la colère des dieux du volcan, le détachement espagnol observe, entre deux explosions, le cratère grondant du Popocatepetl.

Au loin, dans la brume de la vallée, on distingue « *la grande ville de Mexico et toute la lagune et tous les villages qui s'y trouvent bâtis* » (Diaz).

C'est le 8 novembre 1519 que Cortés, ses fantassins, sa cavalerie, en grande tenue, s'avancent enfin sur la digue qui mène à Mexico-Tenochtitlan, formidable cité lacustre peuplée d'au moins un demi-million d'habitants. La plus grande concentration humaine du Nouveau Monde. Mexico elle-même n'est qu'une des villes lagunaires. L'ensemble, avec les cités liges, Texcoco, Tlatelolco, constitue une agglomération d'un million et demi de personnes.

Quarante années plus tard, Diaz del Castillo relate, avec une émotion intacte :

« *Nous marchions sur la chaussée, qui est d'une largeur de huit pas et tellement en droite ligne sur Mexico qu'on ne la voit dévier nulle part... La foule était telle qu'il nous était impossible de garder nos rangs. Les tours, les temples, les embarcations de la lagune, tout était plein de monde. Nous n'en devons pas être surpris puisque jamais les habitants du pays n'avaient vu ni chevaux ni hommes comme nous. Quant à nous en présence de cet admirable spectacle, nous ne savions que dire sinon nous demander si tout ce que nous voyions était la réalité.* »

Au bout de la chaussée se produit la rencontre. Avançant lentement « *sous un dais merveilleusement orné* », celui que Diaz nommera « le Grand Montezuma » vient en personne saluer Cortés et ses officiers :

« *Ses pieds étaient chaussés de sandales aux semelles d'or et enrichies de pierreries. Les quatre seigneurs qui se tenaient à ses côtés étaient aussi très brillamment vêtus (ils avaient sans doute pris en route les riches vêtements dont ils étaient ornés pour aborder Montezuma et venir avec lui, car nous les avions vus autrement habillés lorsqu'ils marchaient en notre compagnie). Outre ces seigneurs, d'autres grands caciques s'occupaient à porter le dais qui recouvrait leurs têtes tandis que quelques-uns encore s'avançaient devant Montezuma en balayant le sol sur* lequel ses pieds devaient se poser, prenant soin de le couvrir de tapis afin qu'il ne foulât jamais la terre. Aucun de ces grands seigneurs n'osait lever les yeux sur lui ; ils marchaient le regard baissé en affectant le plus grand respect.

« Cortés, prévenu que le seigneur Montezuma était proche, descendit de cheval, et quand ils furent en présence, ils se livrèrent l'un envers l'autre à de grandes démonstrations de respect. Montezuma s'empressa de donner à Cortés la bienvenue, et notre chef employa doña Marina pour lui traduire son compliment. Il me semble que Cortés voulut placer Montezuma à sa droite et que celui-ci refusa, offrant à notre chef cette place d'honneur. En cet instant Cortés prit un collier de pierres marguerites enfilées dans un cordon en fil d'or et parfumé de musc ; il s'empressa de le passer au cou de Montezuma, et il s'apprêtait en même temps à lui donner l'embrassade lorsque les grands seigneurs qui étaient à ses côtés lui retinrent le bras, car ils considéraient cet acte comme un signe de mépris. Cortés alors lui dit, au moyen de doña Marina, que son cœur était au comble de la joie pour avoir vu un si grand prince... » (Diaz).

Traversant la ville, Cortés et sa troupe sont menés à leur résidence, spécialement choisie et décorée par Moctezuma pour plaire aux « dieux » venus de l'Orient :

« Ces maisons avaient appartenu au père du Grand Montezuma... Pour le moment, Montezuma y avait établi les oratoires de ses idoles et il y entretenait une chambre très secrète, pleine de joailleries d'or ; c'était le trésor qu'il avait hérité de son père et auquel il ne touchait jamais. On choisit ces maisons pour nous loger parce que, en notre qualité de teules (ils nous prenaient pour tels), nous nous trouverions au milieu de leurs idoles, c'est-à-dire des divinités qu'ils y entretenaient. Quoi qu'il en soit, on y avait préparé de grands salons et des boudoirs tapissés de belles étoffes du pays pour notre capitaine ; et, quant à nous, on avait formé les lits au moyen de nattes avec de petits baldaquins au-dessus ; il n'eût pas été possible de nous en donner d'autres, quelque grands seigneurs que nous eussions été, parce qu'on n'en fait pas usage dans la contrée. Ces constructions étaient très brillantes, blanchies à la chaux, bien balayées et ornées de rameaux » (Diaz).

Les jours suivants, Moctezuma et Cortés poursuivent les échanges de cadeaux, s'entretiennent plus intimement. Doña Marina traduit. Sous le protocole et le faste, la tension est perceptible. Cortés, désireux d'entamer la conversion de son interlocuteur, se lance dans un *crash-course* biblique, en remontant jusqu'à Adam et Eve. Il conclut en demandant à Moctezuma l'arrêt immédat de l'«idolâtrie» et des sacrifices.

Sans se fâcher, ce dernier précise que ses informateurs lui ont déjà résumé les thèses chrétiennes, martelées par Cortés à tous ses interlocuteurs autochtones depuis qu'il a mis le pied sur le continent :

«*Seigneur Malinche, j'étais au courant de vos conversations et de vos discours antérieurs adressés à mes serviteurs sur la plage de sable, relativement à votre dieu. Nous ne vous avons rien dit ni sur la croix ni sur ce que vous avez prêché dans tous les villages où vous êtes passés ; nous n'avons fait de réponse à aucune de ces choses parce que, depuis le commencement du monde, nous adorons nos dieux et nous les croyons bons ; les vôtres le sont sans doute aussi, mais ne prenez plus le soin de nous parler d'eux. Pour ce qui est de la création du monde, nous le croyons de même depuis les temps les plus reculés. La foi qui accompagne nos croyances nous fait d'ailleurs accepter comme certain que vous êtes ces mêmes hommes dont nos aïeux ont dit qu'ils viendraient d'où le soleil se lève.*»

Le 12 novembre, Moctezuma fait faire à Cortés le tour de sa capitale. La place du marché et son «*immense quantité de monde et de marchandise*», «*l'ordre et la bonne réglementation qu'on y observe en toutes choses*», enchantent les Espagnols. Parmi les volailles, les bijoux, les pierres précieuses, les étoffes, les «*racines et plantes médicinales*», les fruits, le miel, les cuirs, couteaux d'obsidienne, haches, cacao, fourrures, boiseries, ils remarquent la présence d'«*esclaves, hommes et femmes*», «*attachés par le cou à de longues perches formant collier pour qu'ils ne pussent point prendre la fuite*»... Exactement, note Diaz, ce que font les Portugais en Guinée.

De là, les Espagnols sont conduits au grand temple, le fameux *teocalli* («maison de dieu») de cent quatorze marches, que Cortés grimpe allégrement, affirmant à son guide royal : «*Ni lui ni aucun (des siens) ne se fatiguait jamais, quelle qu'en fût la raison*» (!).

Au sommet, ils sont admis à pénétrer dans le sanctuaire, sacré entre tous, de Huitzilopochtli et Tezcatlipoca. La statue géante du premier, dieu de la Guerre et du Soleil, est une terrifiante figuration de la puissance de ce peuple conquérant :

«*Son visage était très large, les yeux énormes et épouvantables ; tout son corps, y compris la tête, était recouvert de pierreries, d'or, de perles grosses et petites adhérant à la divinité au moyen d'une colle faite avec des racines farineuses. Le corps était ceint de grands serpents fabriqués avec de l'or et des pierres précieuses ; d'une main il tenait un arc et de l'autre des flèches... Du cou de (Huitzilopochtli) pendaient des visages d'Indiens et des cœurs en or... Non loin se voyaient des cassolettes contenant de l'encens fait avec le copal ; trois cœurs d'Indiens sacrifiés ce jour-là même y brûlaient et continuaient avec l'encens le sacrifice qui venait d'avoir lieu. Les murs et le parquet de cet oratoire étaient à ce point baignés par le sang qui s'y figeait qu'il s'en exhalait une odeur repoussante*» (Diaz).

Cortés, qui décidément ne doute de rien, demande à Moctezuma la permission de dresser une croix au sommet du temple et de construire un pavillon dédié à Notre-Dame dans l'enceinte même des dieux, afin qu'elle «*inspire de la crainte*» à ces «*idoles*» dont les Mexicains sont «*les dupes*» !

Cette fois le patient Moctezuma est à deux doigts de sortir de ses gonds :

«*Montezuma répondit à moitié en colère, tandis que les papes présents faisaient des démonstrations menaçantes : "Seigneur Malinche, si j'avais pu penser que tu dusses proférer des blasphèmes comme tu viens de le faire, je ne t'eusse pas montré mes divinités. Nos dieux, nous les tenons pour bons ; ce sont eux qui nous donnent la santé, les pluies, les bonnes récoltes, les orages, les victoires et tout ce que nous désirons. Nous devons les adorer et leur faire des sacrifices..."*» (Diaz).

Un ange passe. Cortés s'incline, suggère qu'il est temps de mettre fin à la visite.

De l'empereur lui-même, personnage énigmatique, étonnamment patient face à l'étranger venu lui arracher son pouvoir et ses dieux, Diaz a laissé un portrait attachant :

«*Le Grand Montezuma avait environ quarante ans ; il était d'une stature au-dessus de la moyenne, élancé, un peu maigre, avec de l'harmonie dans les formes. Son teint n'était pas très foncé et ne s'éloignait nullement de la couleur habituelle de l'Indien. Il portait les cheveux peu longs, descendant seulement de manière à couvrir les oreilles. Il avait la barbe rare, noire et bien plantée. Son visage était gai et d'un ovale un peu allongé. Son regard avait de la dignité, témoignant d'ordinaire des sentiments de bienveillance et prenant de la gravité lorsque les circonstances l'exigeaient. Il était propre et bien mis ; il se baignait tous les jours une fois dans l'après-midi. Il avait un grand nombre de concubines, filles de grands seigneurs, et deux caciques de distinction pour femmes légitimes, avec lesquelles il n'avait de communications intimes que par des voies très secrètes, au point que quelques serviteurs seulement le pouvaient savoir »* (Diaz).

Le train de vie somptueux du roi éblouit ses visiteurs européens, tout comme le raffinement de ses menus, longuement décrits par Cortés et par Diaz del Castillo. Seule fausse note dans ces ripailles de *« plats si divers à base si compliquée »*, leur composition inclut à l'occasion *« des chairs d'enfants de l'âge le plus tendre »*...

Toute approche du monarque s'avère d'une obséquiosité extravagante :

« Sa garde se composait d'environ deux cents personnages de distinction qui occupaient de vastes salles à côté de ses salons ; tous n'étaient pas admis à lui parler, mais bien quelques-uns seulement, et quand ils s'approchaient de lui, ils devaient enlever leurs riches habits et se couvrir de vêtements de peu de valeur et d'une grande propreté. Ils entraient nu-pieds, les yeux baissés vers la terre, sans jamais les lever sur son visage ; ils avançaient en faisant trois révérences, disant à chacune d'elles : "Seigneur, mon seigneur, grand seigneur..." » (Diaz).

À nouveau Cortés, devenu familier de Moctezuma, tout en conservant les formes de la révérence, l'entreprend sur le chapitre religieux. L'idée est simple : maintenant que les Espagnols se trouvent au cœur de la puissance aztèque, il s'agit d'obtenir la conversion du souverain et sa soumission à Charles Quint.

Moctezuma, à ce stade, commence sûrement à mettre en doute la nature divine de ces hôtes encombrants et insolents. Au quotidien, ne se comportent-ils pas comme de banals humains ? Les Aztèques manifestent un début de résistance, renâclent à servir les hommes de Cortés.

Ce dernier estime qu'il faut franchir l'étape suivante, faire prisonnier Moctezuma. À contrecœur, semble-t-il. Il y a une véritable sympathie entre les deux hommes, par-delà le projet de conquête de l'un et le trouble de l'autre. Mais la logique de la conquête exige de passer outre. Si Moctezuma, mis sous tutelle, parvient à faire accepter la soumission à l'ensemble de ses sujets, l'affrontement pourra être évité. L'Empire mexica passera ainsi en douceur sous la coupe espagnole.

Cortés s'efforce de convaincre Moctezuma de se laisser emprisonner sans résistance. Cette fois le ton change, la menace n'est plus déguisée :

« Vos sujets et vos officiers semblent perdre envers nous toute retenue et ils disent entre eux que vous devez nous faire périr. Ce ne sont pas encore là des raisons pour que je commence l'attaque et détruise votre capitale ; j'ai cru qu'il serait mieux que, pour tout prévenir, vous vinssiez immédiatement avec nous dans nos logements en silence et sans faire aucun esclandre. Vous y serez considéré et servi comme dans votre propre palais. Mais si vous élevez la voix et vous méditez n'importe quel scandale, vous tomberez mort immédiatement sous les coups de mes officiers » (Diaz).

Incroyable impudence : cet homme isolé, avec quelques centaines d'Espagnols et d'auxiliaires indiens, au milieu d'une agglomération de plusieurs centaines de milliers d'habitants, parviendrait à faire prisonnier le chef de la puissante Confédération ?

Docilement, avec une sorte de dignité désespérée, Moctezuma accepte de rejoindre le quartier général des Espagnols. Les égards dus à son rang sont respectés. L'empereur devient l'otage des conquistadors.

Des générations de commentateurs se sont interrogés sur l'étrange aboulie d'un souverain puissant, décrit comme un être intelligent et non dénué d'autorité. Moctezuma a certes cru, dans un premier temps, à une manœuvre divine ; c'est avec une frayeur sacrée qu'il a vu arriver des hommes dont l'apparence et la provenance coïncidaient avec les prédictions sur le retour de Quetzalcoatl. Mais comment le doute a-t-il pu survivre à quelques heures de cohabitation ?

L'historien des Indes Lopez de Gomara exprime, dans sa chronique, du mépris pour Moctezuma qui, selon lui *« a dû être un homme faible et de peu de courage pour s'être laissé arrêter ainsi, et, plus tard, alors qu'il était prisonnier, pour n'avoir jamais essayé de fuir...».*

On a envisagé une explication : le sentiment demi-conscient de culpabilité nationale dont Moctezuma pouvait se croire la victime expiatoire. Les Aztèques, qui aimaient à se présenter comme les successeurs légitimes des Toltèques (dont Quetzalcoatl est la divinité emblématique), étaient en réalité des usurpateurs, d'assez fraîche date – deux siècles environ. Le retour de ce dieu serpent à plumes est-il apparu au dernier descendant des empereurs « félons » comme une juste réinstauration de l'ordre originel ?

Tzvetan Todorov, dans sa minutieuse analyse, a rassemblé de manière convaincante le faisceau des raisons, personnelles, stratégiques, symboliques, qui expliquent une capitulation à première vue invraisemblable.

Les événements se précipitent au tournant de 1520. Cortés apprend que, près de Veracruz, sept soldats ont été tués par des alliés des Aztèques. Les « étrangers » ne sont pas des dieux puisqu'on peut les tuer. Et voici qu'ils osent emprisonner le *tlatoani* (« celui qui possède la parole »). Les yeux des Mexicains se dessillent. La révolte s'organise.

Cortés de son côté, par le truchement de doña Marina, qui traduit désormais directement le nahuatl en espagnol, obtient de son prisonnier des informations capitales sur l'état de la Confédération, le tribut payé par chaque cité, l'organisation administrative des trois capitales bénéficiaires regroupées dans la lagune : Tenochtitlan, Texcoco, Tacuba. Mais avant de continuer à travailler au corps cet empire divisé, dont il recueille déjà les impôts, il lui faut renforcer ses arrières, rétablir la communication avec l'extérieur par l'établissement d'un port solide sur la côte du golfe du Mexique.

Des troupes sont envoyées dans cette direction. Elles font rapidement demi-tour : une colonne cubaine, placée sous les ordres de Panfilo de Narvaez, monte vers Mexico, avec ordre de pendre le capitaine général et de faire passer sous contrôle du gouverneur Vélasquez l'ensemble de la conquête mexicaine.

Cortés, sous l'œil ironique de l'empereur qui voit les « dieux » se déchirer entre eux, quitte en hâte Mexico. Pedro de Alvarado se voit déléguer le commandement dans la capitale.

Sans réelles difficultés, Cortés défait Narvaez dans la région de

Cempoala, s'adjoignant du même coup le précieux renfort des effectifs venus de Cuba. Une fois encore il sait retourner à son profit une situation tangente.

À Mexico, pendant ce temps, les hommes d'Alvarado s'affolent. Isolée, affaiblie par le départ de Cortés et de sa troupe, la garnison procède, le 23 mai 1520, à un horrible massacre des notables rassemblés dans le grand temple de Mexico pour la fête de Huitzilopochtli.

La mémoire indienne garde le souvenir de cet épisode qui marque la fin d'une illusion – la « conquête sans effusion de sang », telle que la souhaitait Cortés :

« *Immédiatement (les Espagnols) cernent les danseurs. Ils se ruent vers le lieu où résonnent les timbales, ils assènent leur estoc sur celui qui jouait : ils lui coupent les deux bras. Puis ils le décapitent : sa tête tranchée s'en va rouler au loin... Certains se voient attaqués par-derrière : ils s'écroulent, leurs entrailles jonchant le sol. D'autres ont la tête mise en pièces, la tête déchiquetée, réduite en lambeaux... Le sang des guerriers coule comme de l'eau : comme de l'eau soudain stagnante ; et la puanteur du sang monte dans l'air...* » (informateurs de Sahagun).

De retour à Mexico, le 24 juin, Cortés trouve une situation changée :

« *On ne voyait dans les rues ni caciques, ni capitaines, ni Indiens connus ; les maisons étaient vides d'habitants. Quand nous arrivâmes à nos quartiers, le Grand Montezuma vint au-devant de nous dans la cour pour parler à Cortés, l'embrasser, lui donner la bienvenue et le féliciter de sa victoire sur Narvaez. Mais Cortés, fier de son triomphe, se refusa à l'entendre, et Montezuma, triste et pensif, regagna son appartement* » (Diaz).

L'imminence du soulèvement mexicain ne fait plus de doute :

« *Il devenait certain que nous aurions beau bien nous défendre et nous présenter en plus grand nombre qu'autrefois, cela ne nous empêcherait pas de voir nos existences en grand danger et d'être exposés à la faim, aux fatigues, surtout au milieu d'une ville si bien défendue* » (Diaz).

La révolte éclate. Cortés tente une dernière fois d'utiliser Moctezuma à son profit. Il lui demande d'intervenir auprès de ses sujets afin que les Espagnols sortent pacifiquement de la ville.

Moctezuma consent, harangue les troupes mexicaines et leurs

chefs. En vain. Les officiers aztèques déclarent qu'ils se sont donné un autre souverain.

Dans la version que donne Diaz del Castillo, Moctezuma s'effondre lors de cette ultime entrevue, atteint par les siens :

« *C'est alors que le malheureux monarque fut frappé de trois pierres et d'une flèche, à la tête, aux bras et à la jambe. À la suite de l'accident on le pria de se laisser soigner et de manger ; mais on eut beau user auprès de lui des plus douces paroles, il se refusa à rien faire, et tout d'un coup, sans nous y attendre aucunement, nous apprîmes qu'il était mort.* »

Une épée espagnole l'a-t-elle aidé à mourir ? D'autres le suggèrent.

Les Espagnols doivent d'urgence quitter Mexico. Par la force ou par la ruse. Ils s'emparent du trésor du père de Moctezuma, dont ils ont découvert la cachette derrière une cloison maçonnée, dans le palais qu'ils occupent. Le partage, effectué en hâte à l'heure de la retraite, réveille les convoitises. Le simple soldat, cet éternel oublié des richesses du Nouveau Monde, se voit attribuer un butin dérisoire de quelques pesos. Cortés, de son côté, s'octroie une part égale à celle du roi. Le restant va aux officiers. Grogne dans les troupes. Mais Cortés, comme toujours, fait les promesses qui apaisent... et empoche tranquillement son compte de lingots d'or.

L'image de ces hommes menacés, faisant fondre à la hâte l'or du vieil empereur, avant de se lancer dans une retraite meurtrière, est un des classiques du « légendaire » américain.

La nuit du 30 juin 1520, on décide de sortir. Le long de la chaussée de Mexico, dont les ponts ont été détruits pour entraver la marche des Espagnols, la mêlée est sanglante. La moitié des troupes est tuée. Une grande partie du trésor emporté en catastrophe est semée sur le chemin. Dans l'eau et dans la boue, les turquoises, les lingots, les masques d'or... Au matin du 1er juillet Cortés est défait pour la première fois. De ses mille soldats ne restent que quatre cents, de ses quatre-vingts chevaux à peine une vingtaine. C'est la « Nuit Triste » : Cortés pleure sur son armée vaincue. Diaz del Castillo se lamente sur les compagnons disparus :

« *Qu'étaient devenus Juan Velasquez de Leon, et Francisco de Salcedo, et Francisco de Morla, et Lares le bon cavalier, et tant d'autres de l'armée de Cortés ? Pourquoi en nommer si peu ? C'est que vraiment, s'il fallait dire tous ceux qui manquaient, nous n'en finirions pas de longtemps. Les soldats de Narvaez restèrent presque tous dans les tranchées, chargés de leur or. Que devinrent encore tant de Tlaxcaltèques qui avaient mission de porter les lingots ou de nous aider de leur secours ? »*

Cortés va-t-il rembarquer ? L'échec militaire, il le sait, signera sa mort et celle de tout l'encadrement. Quelle que soit la minceur des chances, il est condamné à réussir.

De leur côté, à Tenochtitlan, les Aztèques pensent avoir définitivement gagné la partie :

« On pensa que les Espagnols étaient partis pour toujours, qu'ils ne reviendraient jamais, qu'ils ne seraient jamais de retour, au grand jamais. Pour cette raison, on prodigua de nouveau les apprêts dans la maison du dieu... »

Et de remettre aux statues des divinités, Tlaloc, Tonatiuh, Huitzilopochtli, leurs parures, *« leurs plumages de quetzal... leurs masques de turquoise »*.

Cortés fait ses calculs. Si les alliés indiens, Tlaxcaltèques, Otomis, restent fidèles malgré cette mauvaise passe, tout espoir n'est pas perdu. L'issue tient à un fil. Et le fil tient. L'alliance est confirmée. Une semaine seulement après la fuite de Mexico, Cortés et ses hommes, mal remis de leurs blessures, affaiblis par le manque de nourriture, portés par l'énergie du désespoir, remportent le 7 juillet une nouvelle victoire, à Otumba, contre une forte coalition ennemie.

Cortés sait que la « guerre fleurie [1] », l'organisation hiérarchique, fragilisent les armées mexicaines. Il donne l'ordre de tuer en priorité les chefs.

« Le combat fut si serré que nous pouvions à peine distinguer les ennemis des nôtres... Nous luttâmes de cette manière une bonne partie du jour jusqu'à ce que Dieu ait voulu qu'un de leurs soldats mourût, qui devait être une personne très importante parce qu'avec sa mort toute cette guerre prit fin » (récit de Cortés à Charles Quint).

---

1. Stratégie qui consiste à capturer l'ennemi vivant, pour le sacrifier aux dieux.

Repliés, au lendemain de la victoire, chez leurs amis tlaxcaltèques, les Espagnols se voient confirmer solennellement l'alliance.

Pendant ce temps, à Mexico, dans l'espoir d'un triomphe final, les sacrifices humains connaissent un paroxysme. Tout ce qu'il reste en ville d'alliés des Espagnols est mis à mort rituellement.

Mais voilà qu'un nouveau fléau s'abat sur Mexico : la «tache divine» – la variole, apportée, dit-on, par un esclave noir des troupes de Narvaez passé au service de Cortés. La maladie fait des ravages parmi une population non immunisée. Les Indiens sont terrorisés par cette malédiction incompréhensible :

«*De son aile de mort elle couvrit certains, sans rien épargner de leur corps... Personne, désormais, n'avait la force de marcher... Bougeait-on tant soit peu, c'étaient des cris sans fin...* » (Codex florentin).

Cortés se refait. Il grossit sa troupe d'un nouveau contingent cubain, envoyé comme le précédent pour sévir, et rallié à son tour.

Le siège de Mexico se prépare. Cortés a compris que la victoire appartient à celui qui a la maîtrise du lac. Il fait construire une flottille de treize brigantins. Dès décembre 1520, l'encerclement commence. En mai, c'est le siège. Texcoco, la captiale *bis* de l'Empire, se rallie aux Espagnols. À Mexico, l'eau et la nourriture manquent, les gens meurent de la dysenterie. La ville tiendra pourtant plus de deux mois, dans des conditions atroces. Le nouvel empereur Cuauhtémoc (l'«aigle qui tombe» – surnom prédestiné) stimule jusqu'au bout la résistance. Le 13 août c'est la fin. Il y a deux ans et quelques semaines que Cortés a débarqué au Yucatan...

«*Ce jour-là*, écrit-il lui-même, *plus de quarante mille Mexicains furent tués ou faits prisonniers. Les femmes et les enfants criaient et pleuraient... Nous fûmes plus occupés à empêcher cruautés et tueries de la part de nos amis* (les Tlaxcaltèques, avides de vengeance) *qu'à nous battre contre les Mexicains...* »

Passons sur le fait que Cortés se donne forcément le beau rôle. Mettons cependant à son crédit qu'il répugne aux tueries inutiles. La campagne du Mexique a connu des bavures (le massacre du Grand Temple). Il les a durement sanctionnées.

Un formidable silence tombe sur la ville défaite : Cuauhtémoc, le nouvel empereur, vient d'être fait prisonnier, tandis qu'il tentait de fuir en barque sur la lagune. Diaz del Castillo se souvient, longtemps après, de ce silence, bourdonnant des cris de la bataille :

« *Nous étions, tous les soldats, absolument assourdis comme si jusqu'à cet instant il y avait eu un homme en train d'appeler du haut d'une tour et de sonner beaucoup de cloches, et que d'un seul coup il avait cessé de les faire tinter.* »

Ici et là finit un peuple. Ici et là finit la capitale sur laquelle s'étaient extasiés les Espagnols :

« *Nous disions entre nous que c'était comparable aux maisons enchantées dans* L'Amadis, *à cause des tours élevées, des temples, et de toutes sortes d'édifices bâtis à chaux et à sable, dans l'eau même de la lagune... Aujourd'hui toute cette ville est détruite, et rien n'en reste debout.* »

Sur ce tas de cendres se consume la Triple Alliance. Le Mexique perd jusqu'à son nom pour devenir « Nouvelle Espagne »...

Côté butin, l'affaire se révèle en réalité bien décevante pour le simple soldat espagnol. Une fois prélevée la part du roi et celle du capitaine général, que reste-t-il ? Soixante pesos par cavalier, cinquante par fantassin. Une misère. Certains soupçonnent Cortés d'un accord secret avec Cuauhtémoc et l'existence d'un trésor caché. Cortés, pour se couvrir, n'a d'autre solution que d'autoriser la torture de Cuauhtémoc. Vaine cruauté : l'empereur ne livre aucun renseignement. Entre deux offensives de ses bourreaux, il glisse à son compagnon de souffrance, le roi de Tacuba, qui geint à côté de lui, ce mot célèbre : « *Et moi, suis-je sur un lit de roses ?* »

Dès la fin 1521, Cortés est maître absolu de ce qui fut la Confédération aztèque. Cet immense morceau de Nouveau Monde vient opportunément s'additionner aux territoires d'un jeune empereur, là-bas, au-delà de l'Océan, sans qu'il ait levé le petit doigt. Comme prévu, dès octobre 1522 Charles Quint consacre le fait accompli en nommant Hernán Cortés capitaine général et gouverneur de la Nouvelle Espagne.

De là, l'Espagne s'étend en Amérique centrale. En quelques années, un million de kilomètres carrés passent sous contrôle. Au nord, les résistances huastèques sur lesquelles diverses expéditions cubaines s'étaient cassé les dents sont vaincues. Au sud, Pedro de Alvarado soumet les Mixtèques, entame l'aire maya. La ville de Guatemala est fondée en juillet 1524. Celui que les autochtones ont surnommé «Tonatiuh», le Soleil, à cause de ses cheveux blonds, ne fait pas le détail : chiens féroces, tueries.

> *«Lorsqu'ils arrivèrent ici,*
> *ils enseignèrent la peur.*
> *Pour que vive leur fleur*
> *ils flétrirent et détruisirent la nôtre.»*

se lamentent les Annales des Cakchiquels.

Nuño de Guzman, sans ménagement non plus, occupe le Michoacan à partir de 1529. Au Yucatan, fractionné en principautés, l'avancée sera plus lente.

Cortés met en place au Mexique le système de l'*encomienda*, cette forme de servage dont les bases juridiques ont été établies à Saint-Domingue. Il y introduit toutefois une composante «métissée»: certains octrois de terre et de main-d'œuvre se font au bénéfice de notables indiens. Des postes administratifs leur sont également accordés, avantages matériels et honneurs compris. Cette politique d'amalgame, qui préserve une partie de la hiérarchie autochtone en la chapeautant, est l'apport original de Cortés, sorte de «despote éclairé».

Pourtant, il ne suffit pas longtemps à cet homme d'action d'être un maître absolu en terre indienne, ni un «sultan» couvert de femmes – dont il semble effectivement être grand consommateur. La gestion coloniale l'ennuie. Comme Colomb avant lui, il rêve de repartir «à la découverte».

Voici le prétexte. L'une des colonnes qu'il a lancées à travers la Mésoamérique semble avoir pris une direction contraire aux ordres, celle du Honduras. Pire : elle se met sous la protection de l'ennemi juré de Cortés, Velasquez. Cristobal de Olid, capitaine de l'expédition, a visiblement tiré les conclusions de la conquête mexicaine : pour le pouvoir métropolitain, le succès justifie à peu près tout. Si on trouve suffisamment de métaux précieux au Honduras, tout en «pacifiant» le pays, on peut être sûr que le Conseil des Indes fermera les yeux.

Cortés, au lieu de déléguer, prend la direction d'une expédition punitive. Il quitte Mexico en octobre 1524, laissant le champ libre aux intrigues coloniales.

La troupe baroque de ce capitaine général, qui a pris goût à un train de vie fastueux, comporte valet de chambre, maître d'hôtel, sommelier, pâtissier, majordome pour l'argenterie, jongleurs... Il ne s'agit pourtant pas d'un défilé d'apparat, bannières au vent, mais de la traversée du Yucatan par un dédale de trois cents kilomètres de rivières et de marécages. Après des mois de galère en pleine jungle, Cortés finit par retrouver l'expédition Olid. Le chef est mort exécuté, la troupe a été reprise en main par un autre contingent, que Cortés lui-même avait dépêché par la voie maritime.

Pendant ce temps, à Mexico, on fait courir le bruit que Cortés est mort. Un groupe de conspirateurs dirige la colonie, favorisant les Espagnols contre la hiérarchie indienne. Le retour triomphal de Cortés à Mexico, en mai 1526, vingt mois après son départ, n'est que le début d'une période trouble. Les intrigues fermentent, loin du pouvoir royal qui n'en reçoit que des échos déformés. Une série d'enquêteurs et autres commissaires royaux est expédiée depuis l'Espagne.

Cortés, excédé, démissionne de toutes ses fonctions, part pour l'Europe, afin d'obtenir justice.

Charles Quint, à la tête de son empire composite fort difficile à gouverner, est trop occupé pour écouter d'une oreille autre que distraite les doléances de ce vétéran. Il lui octroie négligemment quelques titres honorifiques : marquis, chevalier de Saint-Jacques. L'autorité civile de la Nouvelle Espagne est confiée à une « Audience » de cinq magistrats. Cortés, qui n'est nommé ni gouverneur ni vice-roi, se retire sur ses terres de Cuernavaca avec une sérieuse compensation : il se trouve à la tête de vingt-trois mille « vassaux », système féodal qu'il va rendre rapidement lucratif.

Mais le vieux rêve, « découvrir et conquérir », le tenaille. Les côtes de la « mer du Sud » (le Pacifique) se perdent au nord du Mexique dans l'inconnu. Cortés prend prétexte d'une mission de sauvetage pour explorer la région de Santa Cruz, ou « île » de la Sainte-Croix – en fait le longiligne cap de Basse-Californie. Entre la prétendue île et le continent, il distingue une « mer ». Elle s'appelle aujourd'hui encore « mer de Cortéz ». Ce bras du Pacifique qui s'avance profondément dans le continent n'est autre que la longue échancrure du golfe de Californie (mille kilomètres), dont Cortés ne voit pas le fond.

Plusieurs expéditions suivront, relevant le tracé de la côte pacifique du Mexique jusqu'à la Californie.

Parfois, le mirage se substitue à la destination réelle. Cortés, comme beaucoup d'autres, espère trouver la cité merveilleuse de Cibola. Capitale du royaume dit des Sept Cités, elle a été décrite sous un jour enchanteur par un franciscain, Marc de Nice, qui prétend s'y être rendu en 1537. Cette ville, raconte le bon père, est aussi grande que Mexico, et bâtie en pierre. Ses habitants portent de riches bijoux de turquoise et d'or. Cortés imagine de monter à nouveau une vaste entreprise de conquête.

Mais il a un concurrent imparable en la personne du vice-roi, Mendoza, nouvellement nommé par l'empereur. Mendoza tient à garder l'exclusivité. Il envoie vers la cité mirage ses propres hommes, qui rentrent bredouilles.

Cortés, désœuvré, part à nouveau pour l'Europe, avec deux de ses fils. Il participe, un peu en spectateur, au désastreux siège d'Alger, qui voit la perte de la flotte espagnole. Ses requêtes auprès de Charles Quint sont écoutées distraitement.

Là-bas, le destin de la Nouvelle Espagne suit son cours sans Cortés, sous la direction de Mendoza. L'ex-conquérant s'occupe l'esprit en créant un cercle de lettrés, discute philosophie, littérature, écrit des poèmes en latin. Il ne touchera plus de son vivant la terre des «Indes», mais c'est à Coyoacan, près de Mexico, qu'il demande à être enterré. Son testament montre qu'à aucun moment le Mexique n'a quitté son esprit. Une fortune est léguée à des œuvres mexicaines : hôpitaux, collèges. Cortés insiste sur la nécessité de préserver la liberté, les biens des autochtones, et donne sur ce point des consignes à son fils et successeur, Martin. Le 3 décembre 1547, non loin de Séville, Hernán Cortés rend le dernier soupir.

Les compagnons de la conquête, ces *happy few* qu'on pourrait croire comblés, l'ont déjà précédés.

Les rares survivants, tel Diaz del Castillo, qui s'attellera à plus de quatre-vingts ans à sa relation très personnelle de la conquête de la Nouvelle Espagne, n'ont gagné que peu de titres ou de bénéfices :

«Nous sommes bien vieux, affligés de maladies, très pauvres,

chargés de fils, de filles à marier et de petits-enfants, avec de fort mesquins revenus ; et nous passons ainsi notre triste vie au milieu des fatigues et des misères. »

À quoi sert d'avoir pris tant de risques, tué tant d'hommes, investi des cités qui figuraient parmi les plus belles du monde ? Diaz del Castillo se lamente sur Mexico l'ancienne, dont rien ne reste :

« *Aujourd'hui toute cette ville est détruite et rien n'en reste debout.* »

10.

Magellan : vers l'Extrême-Occident

> *« Personne, je crois,*
> *n'entreprendra jamais plus un tel voyage. »*
>
> Journal d'Antonio PIGAFETTA

L'homme qui, à la fin de l'année 1522, conclut par cette phrase trois années de tribulations autour de la planète, se trompe radicalement : le voyage sera refait des centaines de milliers de fois. De la manière la plus banale, il s'accomplit de nos jours, en quelques heures d'avion. Cet homme a pourtant raison : personne ne réalisera plus semblable exploit, dans des conditions semblables.

En ce 10 août 1519, où Pigafetta et deux cent trente-sept compagnons recrutés difficilement embarquent sur cinq navires rafistolés, aucun ne s'attend, certes, à une croisière de loisir. De là à imaginer une telle série d'avanies, et, pour les rares survivants, un tel triomphe...

A-t-on même expliqué à cet équipage hétéroclite, venu d'horizons multiples, sans foi ni loi, où se côtoient sept nationalités différentes, ce qu'ambitionne son chef, un petit homme boiteux, volontaire, sans grande réputation ? Rien moins que l'accomplissement du premier tour du monde. La boucle bouclée. La Terre cousue bord à bord. Les cartes enfin « raccord »...

Où se fera, si la réalité est conforme au dessein, la soudure du connu et de l'inconnu ? Aux îles des épices, à l'est de la Sonde et de Malacca, là où l'Empire portugais s'épanouit chaque jour. Là où il butera bientôt contre la limite que lui assigne en Asie le traité de Tordesillas. Dès lors il y a fort à parier que les îles odorantes, atteintes cette fois par la voie de l'ouest, seront englobées dans l'aire espagnole...

L'itinéraire est cohérent : contourner l'énorme obstacle américain par le sud, en poussant plus loin que les Cabral, Diaz de Solis et autres flottes du bois *brasil*. Trouver *le* passage, quelque part vers les cinquante degrés sud. Traverser la mer qu'a contemplée Balboa six ans plus tôt depuis les rivages de l'isthme. Une petite mer, sans doute un simple bras, qui portera en quelques jours l'expédition vers les îles où poussent le cannelier, le giroflier, la muscade : les Moluques.

Le rêve de Colomb revisité à la lumière des connaissances acquises depuis trente ans, toujours ce rêve de soie, de porcelaine, de camphre, de parfums, de poivre...

Retentissante première, non ? Pas au sens sportif où on l'entend aujourd'hui. Telle que peut la concevoir un européen du XVIᵉ siècle, fou de curiosité pour ce monde dont une immense partie échappe encore à la connaissance. Les blancs sur la carte, les marges ouvragées où roulent de grosses vagues peuplées de poissons bizarres lui font battre le cœur. Là-bas se gagnent les honneurs et les fortunes.

La pudeur avec laquelle l'aventurier d'alors relate difficultés, risques et souffrances, étonne. Rien de commun avec l'« homme d'exploit » contemporain, ses balises Argos, ses essaims de scripts, d'opérateurs, d'attachés de presse.

Pour comprendre le défi démesuré, la somme de courage, il faut savoir lire entre les lignes. C'est sans un gémissement qu'un Pigafetta, compagnon de cette odyssée, en décrit les conditions atroces. Une fois encore le hasard est capitaine, et l'exploit procède en partie de la méconnaissance. Le « bras de mer » prévu derrière l'Amérique du Sud va se révéler, à l'usage, le plus vaste océan du monde :

« *Nous entrâmes en la mer Pacifique où nous demeurâmes trois mois et vingt jours sans prendre vivres ni autres rafraîchissements et nous ne mangions que du vieux biscuit tourné en poudre, tout plein de vers et puant de l'ordure d'urine que les rats avaient fait dessus... Nous buvions une eau jaune infecte. Nous mangions les peaux de bœuf dont était garnie la grande vergue...* »

Au bout de l'immensité bleue du Pacifique, les îles parfumées seront au rendez-vous, mais pour y parvenir, que de souffrances...

La personnalité de l'homme placé à la tête de cette « armada des Moluques » en partance pour tous les possibles, sur laquelle flotte le pavillon de Charles Ier, roi d'Espagne, est inattendue. Son origine d'abord : c'est un transfuge de la « boutique » rivale, celle de Lisbonne. Les méchantes langues en font un traître à son pays. Son nom, hispanisé en Hernando de Magallanes, se fera connaître chez nous sous sa forme francisée de Fernand Magellan, alias Ferdinand de Magellan.

Personne moins que lui n'est du genre à gémir. Il l'a prouvé dans les Indes portugaises où il a bourlingué pendant dix ans, et s'est fait blesser au combat. Opiniâtreté, intelligence, sang-froid, le caractérisent dès ses débuts difficiles.

Né dans la province montagneuse de Tras-os-Montes, dont chaque année, dit-on, se répartit entre « *neuf mois d'hiver et trois mois d'enfer* », Magellan est d'un lignage noble appauvri. Orphelin à dix ans, il est placé au service de la cour, d'abord auprès de la reine Léonore, veuve de Jean II, puis du roi Manuel.

Le statut de courtisan ne sied guère à ce garçon entreprenant, petit et noiraud, peu doué pour l'intrigue et les compliments alambiqués. Il rêve de mer et d'aventures. Qui n'en ferait autant en ce début du XVIe siècle, où chaque année voit les découvertes les plus excitantes ?

Dans le sillage de Vasco de Gama, la route des Indes est en train de devenir une ligne régulière – ligne « à haute tension », qui relie Lisbonne à Calicut. L'Asie dévoile ses merveilles. Un courant d'excitation parcourt les quais de Lisbonne, les officines du commerce maritime, la « Casa da India » nouvellement créée pour l'administration des nouveaux mondes.

En 1505, au moment où Magellan commence sa carrière de marin sous les ordres de Francisco de Almeida, premier vice-roi des Indes portugaises, il est normal que l'Amérique (elle ne porte pas encore ce nom) n'intéresse guère le Portugal. Certes, Cabral a découvert cinq années plus tôt l'escale « miraculeuse » du Brésil en s'écartant un peu plus largement que prévu de l'Afrique. Mais ces rivages de sable blanc et de palmiers, peuplés d'hommes nus et peints, sont moins attirants que les côtes de l'Inde, où les navires malais viennent décharger les somptueuses marchandises de la Chine, laissant présager des richesses inépuisables.

Magellan, âgé de vingt-cinq ans, engagé dans la flotte d'Almeida qui l'emmène jusqu'à Malacca, se distingue. Il évite aux Portugais un massacre en détectant un projet vengeur du « samorim » de Calicut. Blessé dans la bataille qui s'ensuit, à Cannanore, le 16 mars 1506, il n'est pas au bout de ses peines.

D'autres expéditions le voient ferraillant à Malacca, dans un combat meurtrier où son courage le fait remarquer d'Albuquerque cette fois, le fondateur de l'Empire portugais d'Asie. À l'été 1511, le verrou de Malacca saute. Magellan, enfiévré par les rumeurs qui courent à propos des Moluques, terres d'élection des meilleures plantes à épices, s'engage dans une expédition vers l'est qui atteint effectivement Ambon et Banda. Les navires rentrent à Malacca les cales bourrées de muscade.

De là date sans doute l'amorce de son grand dessein. Ces îles providentielles, prêtes à commercer directement avec l'Europe, se révèlent difficiles à atteindre, à travers les régions périlleuses du détroit de Malacca et de Bornéo, infestées de pirates. Ne justifient-elles pas la recherche d'un itinéraire plus aisé, par l'autre côté : la route de l'ouest ?

Colomb, en son temps, s'est trompé dans les proportions, il ne s'est peut-être pas trompé dans le principe. Pourquoi ne pas reprendre l'esprit de son projet, revu et corrigé à la lumière des connaissances nouvelles ?

Tandis que l'idée fait son chemin dans sa tête, Magellan connaît des revers qui aigrissent ses rapports avec la Couronne portugaise.

Certes le voici promu au rang de *fidalgo escudeiro* avec une modeste pension, mais une sale affaire le déconsidère : au Maroc, où le Portugal intervient militairement, il est injustement accusé d'un trafic de bétail avec l'ennemi maure. Magellan prend les devants, part se justifier devant le roi Manuel. Mais est-il bien opportun de profiter de la même audience pour demander une augmentation de sa *moradia*, l'allocation royale ? Manuel l'envoie balader sèchement, lui ordonne de commencer par mettre ses affaires en ordre au Maroc.

Certains chroniqueurs de l'époque affirment que le roi de Portugal éprouve une antipathie personnelle prononcée à l'égard de Magellan. Pour quelle raison ? Mystère. L'aspect physique de ce petit homme râblé, sans élégance, au visage volontaire, ne le sert pas. Objectivement, ses états de service méritent mieux que la morgue du roi Manuel.

Magellan ne tarde pas à se disculper. Il revient à la charge auprès du roi, demandant une mission conforme à ses compétences. Mais Manuel demeure sourd à toutes ses requêtes. Un sentiment d'injustice commence à ronger cet homme sans forfanterie, mais qui connaît sa valeur. Qu'a-t-il récolté au service de son pays? Une demi-solde et une jambe raide. À la cour de Lisbonne, on récompense plus généreusement les flatteurs et les courtisans.

Vers cette époque il fait la rencontre d'un certain Ruy Faleiro, cartographe et astronome de talent, au caractère ombrageux, qui semble s'être lui aussi, pour des raisons imprécises, attiré le dédain du roi. Est-ce cette antipathie commune qui les unit? Ou leur complémentarité: celle de l'homme de sciences et du bourlingueur, celle de l'érudit de cabinet et de l'aventurier qui a touché l'inconnu? Passionnés par les nouvelles perspectives de la planète, ils progressent dans la connaissance grâce à un rare privilège: le libre accès à la « *Tesoraria* », les archives privées du roi, où sont portées, sur des cartes ultra-secrètes, les nouvelles terres découvertes à l'ouest comme à l'est. Tous deux en tirent les mêmes conclusions, concernant la route des épices par le ponant. Elle est parfaitement possible, sans doute plus courte, moins dangereuse.

Difficile de dire sur quels documents précis est fondée leur certitude. Ils ne sont d'ailleurs pas seuls à la partager. Autour de 1515, la vision qu'a l'Europe du continent américain, les cartes en témoignent, est celle d'une masse continentale étroite, bordée à l'ouest par la « mer du Sud » qu'a aperçue Balboa, et sans doute disjointe quelque part. Sur un point essentiel toutes les représentations du monde censées faire autorité, cartes de Martin Behaim, globe de Schöner (1515), concordent: l'Asie est considérablement grossie d'ouest en est. Si on superpose les cartes d'alors et celles d'aujourd'hui, l'Asie s'étend jusqu'au milieu de l'actuel Pacifique, et Cipangu (Japon) n'est qu'à quelque mille kilomètres à l'ouest du Mexique. Ce qui réduit d'autant la durée probable d'un voyage maritime par l'ouest.

Un problème capital demeure: comment contourner ce « Nouveau Monde », si encombrant, surgi de l'Atlantique, et qui n'a pour l'instant révélé aucun passage ?

L'isthme central est étroit (les Espagnols viennent de le traverser à pied) mais sans faille.

Si passage il y a, où peut-il se trouver ? Les deux compères ont visiblement des informations encourageantes. Il circule à l'époque plusieurs documents faisant figurer un passage dans l'hémisphère austral. L'un d'eux est daté de 1514, rédigé en mauvais allemand, et s'intitule *Copia der Newen Zeytung auss Presillg Landt*. Autrement dit « Copie d'un récit de voyage au Brésil ». On y relate une expédition portugaise qui a poussé loin au sud des côtes brésiliennes, et a pénétré dans un large golfe *« sans en apercevoir le fond »*, vers les quarante degrés sud. De là à en déduire un passage...

Quelques années plus tard, en 1516, le thème du passage s'étoffe quand parvient à la connaissance de l'Europe l'expédition espagnole de Juan Diaz de Solis. Ce dernier a atteint lui aussi, avec trois navires, un immense golfe, il s'y est enfoncé, s'est étonné que l'eau soit de moins en moins salée, mais a estimé qu'il pouvait s'agir d'une « mer douce » (!). Pour son malheur, les autochtones étaient belliqueux : tous ceux qui se trouvaient à terre ont été massacrés.

En réalité, c'est le Rio de la Plata qu'a exploré Diaz de Solis, le majestueux estuaire des fleuves Uruguay et Parana, où se dressera Buenos Aires.

De l'expédition Solis certains tirent la conclusion que le passage est à cet endroit. Magellan semble avoir été l'un d'eux dans un premier temps. Il apprendra dans la douleur que le vrai passage se trouve beaucoup plus bas : au-delà des cinquantièmes dits « hurlants »...

Il est piquant de constater que l'enthousiasme de Magellan, comme celui de Colomb, est basé sur une double erreur d'appréciation : la latitude du détroit, l'étroitesse de la « mer du Sud » à traverser pour gagner l'Asie. Comme Colomb, il va appliquer des qualités de marin exceptionnelles à un parcours beaucoup plus ardu que prévu.

Fort de ses convictions, Magellan propose à Manuel l'expédition qu'il a mûrie dans le détail avec Faleiro. Le roi, comme d'habitude, le repousse. Le Portugal commence à tirer des fruits substantiels de ses comptoirs indiens, il n'a que faire de cette route de l'ouest hypothétique, et d'un projet présenté par un fâcheux. Nouvelle déconvenue pour Magellan, qui ne peut s'engager dans une telle aventure sans sauf-conduit. Que faire ? Se résigner ? Ce n'est pas dans son caractère. S'adresser à une autre puissance, et laquelle ? François I er ne s'intéresse pas encore à l'horizon océanique, pas plus qu'Henri VIII. Seule la rivale du Portugal, l'Espagne, et son jeune roi Charles I er, futur Charles Quint, sont susceptibles d'être preneurs.

Douloureuse décision à prendre pour un marin d'ascendance noble, dont la fidélité au service de son pays ne s'est jamais démentie. Magellan pèse le pour et le contre. À l'automne 1517, il sollicite de Manuel une ultime audience. Il demande, en désespoir de cause, l'autorisation de se mettre à la disposition de quiconque sera disposé à récompenser ses services. Manuel, avec une indifférence offensante, donne son accord. Qu'il aille où il veut. Manuel, dit le « Fortuné », aura ce jour-là manqué de flair.

Magellan part pour Séville. Il est accompagné de son serviteur, l'esclave Henrique, autrefois « acheté » à Malacca. Dans la bourdonnante capitale des Indes espagnoles il conquiert l'estime providentielle de l'alcade de l'Arsenal, Diogo Barbosa, lui aussi d'origine portugaise. Un appui de première importance – bientôt renforcé par un lien familial : Magellan épouse sa fille, Béatrice. Mariage d'amour, semble-t-il, quoique opportun.

Enthousiasmé par le projet de son gendre, Barbosa lui ouvre les portes de la *Casa de Contratacion* et obtient le concours non désintéressé d'un de ses membres, Juan de Aranda, qui propose de financer personnellement l'expédition. Vient l'entrevue avec le Conseil du Roi. Contre toute attente, le redouté évêque Juan de Fonseca – qui, vingt-cinq années plus tôt, avait bloqué les projets de Colomb – se montre enthousiaste. Craint-il de voir l'histoire passer à nouveau à côté de lui ?

Un gros armateur portugais lié aux banques allemandes et vénitiennes, Christophe de Haro, fait de la surenchère, propose de donner à Magellan le commandement d'une flotte...

La chance a tourné. Les offres se bousculent.

Dès mars 1518, Magellan se trouve devant Charles, le jeune roi d'Espagne, entouré de son Conseil. Las Casas, présent lors de l'entretien, décrit dans son *Histoire des Indes* le navigateur portugais, un globe à la main, montrant au futur Charles Quint sa route par le détroit «*laissé volontairement imprécis afin que personne ne puisse le devancer*». Magellan, avec la caution scientifique de Faleiro, venu du Portugal le rejoindre, fait forte impression sur le roi et ses conseillers. Si l'on en croit Las Casas, le navigateur a acquis à ce stade de nouvelles certitudes sur son itinéraire :

«*Je lui demandai* (dit Las Casas) *quelle route il se proposait de prendre. Il répliqua qu'il voulait dépasser le cap Santa Maria (que nous appelons Rio de la Plata), et longer la côte vers le sud jusqu'à la découverte du détroit.*»

Et si aucun détroit ne se présente? Alors, déclare Magellan : «*Nous rejoindrons la route des Portugais...*» Autrement dit : nous retraverserons l'Atlantique pour gagner le Cap. Magellan envisage comme solution de rechange la route des Indes par la voie classique, celle qu'il a si souvent effectuée sous pavillon portugais! Le propos vise sans doute à rassurer ses commanditaires, car Magellan lui-même, confiera Pigafetta, est alors «*parfaitement certain de trouver le détroit*»

Les compétences nautiques de Magellan, les démonstrations géographiques de Ruy Faleiro font merveille.

Voici maintenant l'argument décisif. Les Moluques, ces îles précieuses dont Magellan a vu de ses yeux les immenses richesses, ne tombent-elles pas tout naturellement dans la moitié du monde attribuée à l'Espagne par le traité de Tordesillas? Le fameux méridien, situé à trois cent soixante-dix lieues (deux mille deux cents kilomètres) à l'ouest des îles du Cap-Vert, sépare les possessions portugaises et espagnoles. Il est prolongé par un anti-méridien, remontant de l'autre côté du globe. Selon toute probabilité, cette ligne coupe l'Asie du sud au nord. Où exactement? On se perd en conjectures. Ce qui est sûr, explique Magellan à Sa Majesté catholique, ce sont les droits de l'Espagne sur une partie importante de la zone déjà conquise par les Portugais. Les Moluques en particulier...

Charles considère avec enthousiasme l'ingénieuse proposition et, le 22 mars 1518, signe les cédules qui scellent son accord avec ces deux hommes providentiels :

«*Étant donné que vous, Hernando de Magellanes, chevalier natif du Portugal, et Ruy Faleiro, bachelier, également natif de ce royaume, vous proposez de Nous rendre un grand service dans les limites de la zone de l'Océan qui Nous a été attribuée, Nous ordonnons que l'accord suivant soit conclu...* »

Magellan et Faleiro obtiennent une exclusivité pour dix ans : « *On ne donnera à personne la permission de prendre la même route pour faire les découvertes que vous avez projetées...* » Un vingtième des revenus des terres nouvelles leur est attribué, ainsi que le titre d'*adelantado*, transmissible à leurs héritiers.

La préparation de l'expédition, qui engage une flotte de cinq navires, baptisée « armada des Moluques », va être menée tambour battant. Magellan veille au moindre détail, avec d'autant plus de vigilance que la plupart des vaisseaux sont usagés et ont besoin de sérieuses restaurations. Abattus en carène, calfatés, renforcés, ils s'avèrent malgré tout opérationnels : les « fortunes » de l'expédition (il y en aura) ne viendront pas d'une déficience des navires.

Les problèmes pour l'instant sont ailleurs. Le plus gênant est l'hostilité qui prévaut dans l'arsenal de Séville où se déroulent les préparatifs. Les badauds du port, découvrant un jour, au sommet du grand mât de la nef amirale *Trinidad* des armes portugaises (celles de Magellan), commencent à se rassembler, indignés. La foule grossit, gronde, menace de saccager le navire. L'alcade et les troupes de police du port interviennent *manu militari*.

Il n'est pas impossible que des provocateurs portugais aient jeté de l'huile sur le feu. Un certain Alvaro da Costa, au service de Manuel, suit de très près ces préparatifs qui irritent Lisbonne. Da Costa rencontre l'ancien *fidalgo*, le culpabilise, lui propose de rentrer au pays, moyennant une somme importante. Rien n'y fait. Magellan a tourné la page avec le Portugal.

Manuel va-t-il faire des menaces officielles ? La conjoncture politique ne s'y prête guère, l'heure est au rapprochement entre les deux couronnes ibériques [1]. Lisbonne se contente de remontrances par la voie diplomatique. Le jeune roi Charles, qui sait déjà comment éluder les questions embarrassantes, adresse les requêtes portugaises, auxquelles il accorde la « plus grande atten-

---

1. Mariages des sœurs de Charles Quint avec Manuel et son successeur Jean III.

tion », à une commission, laquelle commission met un temps infini à traiter le dossier...

Magellan, pendant ce temps, accélère les préparatifs, amorce la phase la plus difficile: le recrutement de l'équipage. Peu de marins espagnols chevronnés acceptent d'être enrôlés. L'époque est à l'expansion, le trafic avec les Indes occidentales est devenu régulier et profitable. Les lignes des Antilles offrent des emplois autrement plus séduisants qu'une expédition de découverte, périlleuse, menée par un « étranger ». On mesure, aux réticences rencontrées, l'impopularité des Portugais en Andalousie.

Magellan se débrouille. Il engage le maximum de marins portugais (mais la *Casa de Contratacion* lui assigne un quota), et se retrouve avec un équipage bigarré de Français, Italiens, Flamands, Anglais... Les repris de justice n'y sont pas rares. Ce n'est pas des hommes que viendront pourtant les ennuis, mais des officiers.

Le roi , soucieux de constituer un contre-pouvoir dans cette expédition, nomme des officiers castillans, tous proches du cardinal Fonseca. L'un d'eux est son neveu (plus probablement son fils naturel): Juan de Cartagena. Sous le titre de *veedor*, il représente la personne de Charles I er. Il prend le commandement du *San Antonio*. Juan de Mendoza, *tesorero*, dirige la *Victoria* ; Gaspar de Quesada est à la tête de la *Concepcion*.

Malgré leur serment d'obéissance au chef d'expédition, prêté solennellement dans la cathédrale Santa Maria de la Victoria, Magellan sait qu'il devra se méfier d'eux. Le roi leur a-t-il, de surcroît, donné l'autorisation secrète de chapeauter, en cas de besoin, l'« étranger »?... De bons amis semblent glisser le doute dans l'oreille de Magellan.

Lui-même renforce sa position par le recrutement d'un petit cercle qui lui est personnellement dévoué: son beau-frère, Duarte Barbosa, divers cousins et amis. Il obtient qu'un des capitaines soit un de ses proches: Juan Serrano, frère de Francisco Serrano, le meilleur ami de Magellan, son ancien compagnon d'aventures dans les Philippines et les Moluques. Juan Serrano prend la tête du *Santiago*.

Les cinq pilotes sont portugais. Personne ne connaît mieux les côtes du Brésil, fréquentées depuis vingt ans par les navires lisboètes. Un seul de ces pilotes, Estevao Gomes, se montrera déloyal.

Côté domesticité, on retrouve le Malais Henrique, personnellement attaché à Magellan. D'autres esclaves sont affectés au service des officiers, qui les ont ramenés de leurs voyages... Le train des capitaines espagnols dépasse nettement celui du chef d'expédition, homme sobre, peu soucieux des marques extérieures. L'ensemble fait un peu trop de bouches à nourrir : on s'en rendra compte dans l'interminable traversée du Pacifique.

À bord de la *Trinidad*, la nef amirale, un personnage marginal a également embarqué. C'est un jeune lettré italien de Vicence, venu en spectateur, désireux semble-t-il de vivre une aventure hors du commun et de découvrir les curiosités des nouveaux mondes. Il va être servi.

Comme chacun à bord doit se rendre utile, Antonio Pigafetta — c'est son nom — est placé au service de Magellan dans la fonction de *criado del Capitan y sobresaliente* (serviteur personnel de Magellan et « aspirant »). Il se voit confier la rédaction du journal d'expédition. C'est à cet homme sans expérience de la mer, âgé de vingt-huit ans au moment du départ, que nous devrons l'un des plus extraordinaires documents de l'histoire des découvertes : *Navigation et descouvrement de la Indie supérieure faicte par moy Anthoyne Pigaphete, Vincentin, chevalier de Rhodes,* le récit du premier tour du monde. Document d'autant plus précieux qu'il est le seul à décrire ce voyage — les journaux de bord seront tous saisis par les Portugais dans la dernière partie du voyage.

D'autres témoignages, figurant dans des archives judiciaires, permettent de suivre l'histoire des mutineries successives auxquelles Magellan va faire face. Car cette expédition, indéniable exploit maritime, va devoir à l'habileté stratégique de son chef d'être menée jusqu'au bout, non sans drames cependant.

Quant au succès final, il sera cher payé : au bout de trois ans, de ces deux cent cinquante hommes ne reviendront que dix-huit, à bord d'un seul navire rescapé sur les cinq...

Que devient, dans tout cela, le géographe Faleiro, co-dirigeant de l'expédition, dont le nom manque à la liste des participants ? Il a disparu, on ne sait comment, au cours de la mise en œuvre du projet. L'érudit a mauvais caractère, il s'est apparemment discrédité aux yeux des autorités espagnoles. Selon Morison, il a même carrément basculé dans la folie et se trouve interné dans une *casa de locos* au moment où Magellan met à la voile. Selon d'autres sources, Faleiro s'est retiré volontairement de l'affaire, les astres lui ayant prédit qu'il n'en reviendrait pas vivant. *Exit* le cosmographe. Nul doute qu'il eût été une charge dans une telle aventure. Il n'est cependant pas sûr qu'avec son remplaçant, Juan de Cartagena, Magellan ait gagné au change...

C'est probablement avec un double sentiment d'exaltation et de menace que ce dernier met à la voile, le 20 septembre 1519, de San Lucar de Barrameda, après avoir descendu le Guadalquivir.

Six jours de navigation sans histoire jusqu'à Tenerife, simple escale de ravitaillement. Les ennuis commencent juste après. L'équipage ne comprend pas la direction prise : celle du sud, le long de l'Afrique, au lieu de la traversée océane classique en direction du Brésil. La raison de cet itinéraire inhabituel réside dans les craintes – justifiées – que le roi Manuel ait dépêché une flotte pour barrer le passage. La route atypique choisie descend jusqu'au niveau de la Sierra Leone ; puis cap à l'ouest. Mais la traversée atlantique en zone équatoriale a les inconvénients de ses avantages : elle va coûter à l'expédition une exaspérante alternance de violentes tempêtes et de calmes plats.

Questionné par Cartagena sur ces choix incongrus, Magellan lui intime sèchement de se contenter d'obéir aux ordres sans poser de questions. Les trois capitaines espagnols, ulcérés d'être tenus à l'écart des décisions, organisent une première mutinerie, vite réprimée. Cartagena, le représentant du roi Charles, finit la traversée à fond de cale.

Deux mois après le départ, les côtes brésiliennes sont en vue. Prudence, cependant. La zone est portugaise, régulièrement fréquentée pour la collecte du bois de teinture. Il faut éviter une rencontre qui pourrait mal tourner. La flotte reste au large, évite de s'approcher des postes portugais. C'est dans la baie de Rio qu'intervient la première véritable escale américaine, le 19 décembre 1520.

Séjour délicieux de deux semaines, pour cet équipage privé de femmes, qui débarque dans une civilisation où des beautés à peine pubères s'offrent sans réticences, en échange de clochettes ou de perles de verre... Pigafetta note qu'un simple clou fait le bonheur de l'une d'entre elles :

« Une belle jeune fille vint un jour dans la nef de notre Capitaine, là où j'étais. Elle ne venait que pour trouver son aventure. Cependant elle fixa son regard vers la chambre du patron où elle vit un clou de la longueur d'un doigt. Elle l'alla prendre gaillardement et se le ficha de part en part des lèvres de sa nature, y voyant chose grande et nouvelle, et incontinent en se courbant en avant elle s'en alla. Nous vîmes ce mystère, le Capitaine et moi. »

Au Brésil, Pigafetta décrit, comme ses prédécesseurs, les peintures de corps, les *canoe* (pirogues) *« faits d'un arbre tout d'une pièce »*, les *amache* (hamacs), *« filets attachés à de gros bois d'un bout de leur maison jusqu'à l'autre »*, les pratiques cannibales — avec boucanage de la chair humaine à fin de conservation...

Si enchanteur soit, par certains aspects, ce lieu exotique, il faut cependant continuer, partir à la recherche du passage, situé nécessairement plus au sud.

La côte du Brésil n'apporte pas de fait marquant. Atteignant la latitude de trente-cinq degrés, celle où le globe de Schöner (1515) fait figurer le passage, les marins ont un coup au cœur : une vaste échancrure entame le rivage ! Magellan, qui sait avoir atteint la latitude explorée par l'Espagnol Diaz de Solis quatre ans plus tôt, dépêche son capitaine de confiance, Juan Serrano, à bord du *Santiago*. Là est la mer « douce » dont ont parlé les survivants de l'expédition espagnole : l'affaire mérite une attention particulière.

Hélas, au bout de quelques jours, les nouvelles sont décevantes : le fond de la baie va rétrécissant, l'eau devient marécageuse. De toute évidence, c'est un estuaire, non un bras de mer. Diaz de Solis (Dieu ait son âme, il a été dévoré par les Indiens charruas sous les yeux de ses hommes) s'est trompé. Ce « Rio de Solis », futur Rio de la Plata, aux miroitement argentés, n'est qu'un leurre.

Le voyage reprend vers le sud. Faune et végétation indiquent déjà des latitudes froides :

« Toujours côtoyant cette terre vers le pôle antarctique, nous trouvâmes deux îles pleines d'oies, d'oisons et de loups marins [1]. *On ne saurait estimer la grande quantité de ces oisons, car nous*

---

1. Phoques.

en chargeâmes tous les cinq navires en une heure. Ces oisons sont noirs et ont des plumes par tout le corps d'une même grandeur et façon, et ils ne volent point et vivent de poisson. Ils étaient si gras qu'on ne les plumait point, mais on les écorchait... »

Les hommes de Magellan, en abordant les côtes de Patagonie, viennent de découvrir la saveur de la chair de pingouin. Des constellations nouvelles apparaissent. Février arrive, annonçant la fin de l'été austral.

Passé les quarantièmes, la navigation se corse. Une rude tempête se déchaîne le 27 février 1520. Malgré l'heureux réconfort du feu Saint-Elme qui illumine le haut des mâts, les marins sentent qu'ils ont mangé leur pain blanc. Mars est là. Il faut trouver un abri pour passer l'hiver antarctique :

« *Au quarante-neuvième degré et demi au ciel antarctique, parce que nous étions en hiver, nous entrâmes dans un port pour hiverner et nous demeurâmes là deux mois entiers sans jamais voir personne. Toutefois un jour, sans que personne y pensât, nous vîmes un géant qui était sur le bord de la mer tout nu, et il dansait et sautait et chantait, et en chantant il mettait du sable et de la poussière sur sa tête... Il était si grand que le plus grand de nous ne lui venait qu'à la ceinture. Il était vraiment bien bâti. Il avait un grand visage peint de rouge alentour et ses yeux aussi étaient cerclés de jaune, aux joues il avait deux cœurs peints. Il n'avait guère de cheveux à la tête et ils étaient peints en blanc.* »

Pigafetta, ébahi, brosse le portrait du tout premier « Patagon » jamais contemplé par des Européens. Les explorateurs du XVIe siècle ont rencontré tellement de monstres, géants et autres cynocéphales dans leurs lectures, qu'ils ont tôt fait de voir la réalité confirmer leurs fictions.

Géants, ces habitants du bout du monde ? Un mètre quatre-vingts tout au plus pour les hommes, un mètre soixante-dix pour les femmes, révèle une enquête des années 1950, sur les Indiens tehuelches peuplant ces régions. Des humains de belle stature, nettement supérieure à la moyenne européenne de leurs contemporains. Pas de quoi être taxé de gigantisme.

Qui baptise ? Magellan lui-même. À nouveau une fiction de l'Ancien Monde va servir à nommer le Nouveau. « Patagon » est le géant d'un roman de chevalerie. Il vit dans un pays peuplé d'« hommes sauvages » décrits comme « *très braves et farouches et*

197

qui mangent de la chair crue, produit de leur chasse dans les montagnes : ils sont comme des sauvages et ne sont vêtus que des peaux des bêtes qu'ils tuent... »

Les Tehuelches, avec leurs peaux de guanaco (sorte de lama), et leurs compagnes obèses qui font office de bête de somme, semblent effectivement cadrer trait pour trait avec la description.

« Le Capitaine appela cette manière de gens "Pataghoni". Ceux-ci n'ont point de maisons mais possèdent des baraques faites de la peau des bêtes susdites avec laquelle ils se vêtent... ils vivent de chair crue... »

Pigafetta se plaît à souligner leur appétit gargantuesque, et prétend que deux des « géants » accueillis à bord *« mangeaient un grand couffin plein de biscuits et des rats sans les écorcher. Ils buvaient un demi-seau d'eau chaque fois. »* !

L'art médical des Patagons intéresse au plus haut point le jeune Italien :

« Quand ces géants ont mal à l'estomac, au lieu de prendre médecine, ils mettent en leur gorge une flèche de deux pieds environ de long, puis ils vomissent une bile verte entremêlée de sang... Quand ils ont mal à la tête, ils se font une entaille au front, de travers, et de même aux bras et aux jambes, pour se faire tirer du sang en plusieurs parties de leurs personnes. »

Des remèdes « sauvages » pas si éloignés finalement de leurs équivalents européens de l'époque, où la saignée constituait une panacée...

Mais tandis que Pigafetta livre ses impressions sur ces géants qui *« courent plus vite qu'un cheval »*, et tirent presque toute leur subsistance (nourriture, vêtements, habitat) du guanaco, les capitaines espagnols préparent une nouvelle mutinerie.

Il y a déjà des semaines qu'une partie de l'équipage veut rentrer. Avant même que la flotte, éprouvée par les tempêtes d'automne, ait cherché un abri pour hiverner, beaucoup d'hommes ont déclaré qu'ils voulaient remonter vers le nord, pendant qu'on le pouvait encore. Magellan a écouté les doléances et refusé de céder. Il est sûr d'être près du détroit. Au demeurant, les vivres ne manquent pas. Une simple question de patience.

Le lieu choisi pour l'hivernage est une baie qu'il nomme San Julian, plutôt sinistre, enclose dans des falaises grisâtres. Dès le lendemain de l'arrivée, le 1er avril, la mutinerie éclate. Les trois capitaines espagnols décident de rentrer, ordre ou pas ordre.

Magellan invente un stratagème pour rétablir son autorité sur la *Victoria* : il bloque la sortie de la baie aux deux autres rebelles, le *San Antonio* et la *Concepcion*. Un coup de maître. Sans doute aidé par la faveur dont le *Capitan Mayor* bénéficie auprès des hommes d'équipages des cinq navires.

Malgré l'ampleur de la mutinerie, un seul homme est tué, le capitaine Mendoza. Juan de Cartagena, principal meneur, est condamné à rester à terre, avec quelques biscuits et quelques armes, en compagnie d'un prêtre qui a soutenu sa cause.

Une mauvaise surprise marque également cet hivernage difficile : les réserves de vivres, embarquées au départ de Séville et prévues pour un an et demi, se révèlent beaucoup moins substantielles. Les commerçants, malhonnêtes, n'en ont livré que pour six mois !

Dans l'espoir de trouver à terre des produits frais et (qui sait ?) localiser le détroit, Magellan envoie son fidèle Serrano à bord du *Santiago* vers le sud. Malheureuse initiative : le navire est drossé à la côte à quelque soixante milles du point de départ...

Deux membres de l'équipage échoué se portent volontaires pour retourner par la terre prévenir Magellan. Ils traversent, à l'aide d'un radeau, l'estuaire qui les sépare de San Julian et entament une longue marche de onze jours dans le froid et la neige. Magellan, prévenu, organise le sauvetage des hommes, ainsi que la récupération de la cargaison. Mais le *Santiago* est perdu. Décidément, San Julian ne porte pas chance.

Magellan prend la décision de terminer ce premier hiver antarctique un peu plus au sud, à l'embouchure d'une petite rivière navigable : la baie de Santa Cruz, atteinte le 14 septembre, au jour de la Sainte-Croix. Plus qu'un mois à tirer. Bloqués aux antipodes, les hommes commencent à désespérer, un an après leur départ, de trouver ce fameux détroit d'où viennent tous leurs malheurs. L'idée de reprendre la route « normale » des Indes, en retraversant l'Atlantique, les hante. Magellan est inflexible.

Pigafetta s'occupe en rédigeant, avec le concours d'un Tehuelche embarqué de force, un lexique italo-patagon. Il observe l'un des plus anciens savoir-faire de l'humanité :

« *Quand ces gens veulent faire du feu, ils prennent un bois pointu et le frottent avec un autre jusqu'à ce qu'ils fassent le feu en une moelle d'arbre qui se trouve entre ces deux bois.* »

Insensiblement la température remonte, le compte à rebours des derniers jours d'hiver s'égrène. La navigation va pouvoir reprendre. Mais jusqu'où, dans ce Sud extrême que jamais aucun navigateur n'a atteint, faudra-t-il pousser ? Pigafetta déclare que le « *Capitaine Général avait délibéré d'aller jusqu'au soixante-quinzième degré du pôle antarctique où, en été, il n'y a point de nuit...* ». Apparemment Magellan n'est plus si sûr de la position exacte du passage.

Et voilà que le miracle se forme à l'horizon brumeux de la Patagonie.

Quatre jours après le redémarrage, le 21 octobre 1520, l'armada des Moluques passe le « *cinquante-deuxième degré du ciel antarctique* » : une baie s'ouvre derrière un promontoire, baptisé « cap des Onze Mille Vierges ». Ce jour est la fête de Sainte-Ursule, l'héroïne de cette légende chrétienne. Magellan, circonspect, qui a déjà exploré beaucoup de culs-de-sac et d'embouchures le long de la côte, envoie deux navires en reconnaissance, sous les ordres de deux « fidèles » : Serrano et le pilote portugais Mezquita.

Le suspense est long, mouvementé, ponctué de bourrasques de nord-est. Serrano et Mezquita avancent, tandis que le passage se resserre, puis s'élargit à nouveau :

« *Voyant que c'était un détroit de terre ils allèrent plus avant et trouvèrent une baie. Puis, allant plus loin encore, ils trouvèrent un autre détroit et une autre baie plus grande que les deux premières ; alors, très joyeux, ils tournèrent en arrière pour le dire au Capitaine Général.* »

Retour triomphal, toutes bannières déployées, dans le tintamarre de « *force artillerie* ». Pigafetta raconte ce moment d'exaltation, les inquiétudes qui se dénouent, les cris, le tonnerre des canons...

Quand on observe sur une carte le labyrinthe que constitue ce détroit, on réalise combien d'incertitudes se trouvent encore sur la route des quatre équipages en pleine réjouissance. Cette fois pourtant, la chance va être avec eux.

De goulet en vaste baie, de cul-de-sac en île contournée, l'armada des Moluques s'insinue lentement entre le continent américain et la Terre de Feu – où la présence humaine se manifeste de loin, par de vastes bûchers allumés le long de la rive.

Pourquoi le pilote du *San Antonio*, Estevao Gomes, choisit-il justement ces journées historiques pour déclencher la seule mutinerie réussie de l'expédition et prendre de nuit la direction de l'Espagne, après avoir mis Mezquita, son capitaine, aux fers ? D'après Pigafetta, Gomes est frustré depuis le début. Il est « jaloux » de la faveur accordée à Magellan, alors que lui-même serait vainement « *allé voir l'Empereur pour essayer d'obtenir quelques navires pour découvrir terre* ».

Plus probablement Gomes n'a pas digéré que Magellan, après la mutinerie de San Julian, nomme son cousin Mezquita capitaine du *San Antonio*, responsabilité pour laquelle il s'estime (sans doute à juste titre) mieux qualifié.

Estevao Gomes, rentré prématurément en Espagne, va être le premier à annoncer la découverte du passage. Bien entendu, il va s'en attribuer provisoirement une bonne partie des mérites.

Quoi qu'il en soit, cette désertion ne semble pas saper le moral de Magellan ni des trois équipages restants, engagés dans le détroit – où chaque jour apporte de nouvelles raisons d'espérer.

Résolvant un à un les problèmes posés par les méandres, les baies trompeuses, revenant en arrière, les trois navires progressent vers l'ouest, entre des parois montagneuses de plus en plus abruptes. Le détroit se resserre, canyon d'eau sombre balayé par de violentes bourrasques : les *williwaws*.

Emporté par l'enthousiasme devant la magnificence du paysage, l'abondance d'eaux douces, de poissons, de végétaux comestibles – notamment une sorte de céleri sauvage où les navigateurs suivants trouveront un excellent anti-scorbutique –, Pigafetta laisse sa plume s'échauffer : « *Je crois qu'il n'y a pas au monde de plus beau pays et de meilleur détroit que celui-là.* »

Une baie accueillante se présente, grouillant de petits poissons argentés. Magellan la baptise « rivière des Sardines ». De là il envoie une chaloupe en reconnaissance. Trois jours après, les hommes sont de retour, avec la fantastique nouvelle tant espérée. Magellan, une fois n'est pas coutume, laisse libre cours à son émotion :

« *Ils nous dirent qu'ils avaient trouvé le cap et la mer grande et large. Alors le Capitaine Général, de la joie qu'il eut, commença à pleurer, et il nomma le cap cap du Désir, comme une chose bien désirée et de long temps.* »

Cinq semaines après avoir pénétré dans le détroit, la flotte de Magellan atteint l'Océan. Cette «mer du Sud» aperçue par Balboa, qui borde le Nouveau Monde à l'ouest. Par on ne sait quelle faveur exceptionnelle, les conditions météo vont s'y révéler durablement clémentes, et Magellan estimera pouvoir baptiser «Paisible», «Pacifique», cette mer nouvelle:

«*Mercredi 28 novembre 1520, nous saillîmes hors dudit détroit et nous entrâmes en la mer Pacifique... Celle-ci était bien nommée Pacifique car durant ce temps* (la première transpacifique durera quatre mois) *nous n'eûmes aucune fortune* (tempête)...»

Quelle infernale traversée, pourtant, dans ce désert liquide qui semble ne jamais devoir finir! Magellan serait décidé à éviter toute terre qu'il ne pourrait mieux faire.

Commençant par longer les côtes de l'actuel Chili, il remonte vers le nord. Pigafetta observe le ciel, décrit pour la première fois les deux galaxies qui portent aujourd'hui le nom de Magellan:

«*Le pôle antarctique n'est point tant étoilé que l'arctique. On y voit plusieurs petites étoiles groupées comme deux nébuleuses peu séparées l'une de l'autre. Au milieu de celles-ci sont deux étoiles ni très grandes ni très reluisantes, qui se meuvent petitement. Et ces deux étoiles sont le pôle antarctique.* »

Pourquoi Magellan remonte-t-il presque jusqu'à la hauteur de Valparaiso, avant d'obliquer vers l'ouest? Une première raison s'impose: la recherche de vents suffisamment nourris pour pousser plus loin vers l'ouest. Drake, Wallis, Bougainville confirmeront que les vents d'est sont insuffisants à la latitude du détroit et qu'il faut, de novembre à mars, remonter vers le nord pour accrocher l'alizé.

Il y a une deuxième raison. Magellan a pour destination finale les Moluques, situées à l'équateur. Seulement voilà: «*Il savait qu'à Maluco (les Moluques) il ne trouverait pas de ravitaillement. Il déclara donc qu'il voulait prendre une direction plus nord, jusqu'à dix ou douze degrés nord...* » (témoignage d'un des pilotes).

Magellan, n'oublions pas, croit le Pacifique cinq à dix fois plus étroit qu'il ne l'est. S'il veut viser directement l'archipel japonais, ou les Philippines, pour se ravitailler avant de redescendre sur les Moluques, il lui faut appuyer sérieusement vers le nord. D'où ce trajet en diagonale, qui l'éloigne malencontreusement des îles où il pourrait relâcher.

La première traversée intégrale du Pacifique commence. Les vents se maintiennent. Nul doute que l'immensité bleue de cet Océan apparaît d'une beauté stupéfiante à des hommes venus de l'autre moitié du monde. Mais la souffrance est au rendez-vous, la faim et la soif :

« *Nous buvions une eau jaune infecte. Nous mangions les peaux de bœufs dont était garnie la grande vergue... Elles étaient durcies par le soleil, la pluie et le vent. Et nous les laissions macérer dans la mer quatre ou cinq jours, puis nous les mettions un peu sur les braises. Et nous les mangions ainsi. Et aussi beaucoup de sciure de bois et des rats qui coûtaient un demi-écu l'un, encore ne s'en pouvait-il trouver assez.* »

Le scorbut fait des ravages : « *Les gencives de la plupart de nos gens croissaient dessus et dessous, si fort qu'ils ne pouvaient manger et qu'ils en mouraient.* »

Pigafetta avance le chiffre de cinquante morts. Au scorbut s'ajoutent d'autres maladies dues aux privations.

Quelques cailloux disséminés dans ce désert liquide ne servent qu'à décevoir : pas d'eau, pas de vivres.

Enfin, le 6 mars 1521, après « *trois mois et vingt jours* » de mer (on comprend qu'en de telles circonstances chaque jour soit compté) : « *Nous découvrîmes une petite île sous le vent du maestral, et deux autres tirant au garbin...* »

Un horizon enchanteur : collines vertes sur fond de pitons rocheux, cocotiers, fleurs et fruits... Paysage ou mirage ? Ces marins au bout du rouleau ont dû se poser la question. Ils viennent d'arriver à Guam, dans les Mariannes.

Regardez la carte du Pacifique, mesurez l'étendue qui se trouve derrière eux, évaluez la proximité des Philippines, de la Chine : à ce point de son odyssée, Magellan a accompli son deuxième tour de force. La traversée du Pacifique est chose faite.

Pour l'instant, les futurs héros ne sont que des affamés. Ils scrutent le rivage, cherchent une passe dans le récif, pénètrent dans une baie turquoise, où un groupe de pêcheurs s'active sur des pirogues à balanciers...

Pas étonnant que la description devienne, subitement, paradisiaque :

« *Ces gens vivent en liberté et selon leur volonté, car ils n'ont point de seigneur ou supérieur, ils vont tout nus... ils ont les cheveux longs jusqu'à la ceinture... les femmes couvrent leur nature d'une écorce étroite et mince comme le papier qui naît entre l'arbre et l'écorce de palme. Elles sont belles et délicates et plus blanches que les hommes, leurs cheveux épars fort noirs et longs jusqu'à terre... Ces femmes oignent leur corps et leurs cheveux avec l'huile de coco...* »

L'Occident découvre sa première île du Pacifique. Et déjà le récit de Pigafetta raconte la beauté, la vie simple et édénique, qui feront rêver des générations de « civilisés »...

Seul défaut de la population délicieuse de Guam, sa propension extravagante à la rapine, qu'elle exerce avec le plus parfait naturel : « *Ces gens des îles entrèrent dans les navires et nous volèrent de sorte qu'on ne pouvait s'en garder...* »

Les marins, rendus nerveux par les longues semaines de mer et de privations, harcelés par cette nuée de chapardeurs, tentent en vain de les repousser. La coupe déborde : on vient de constater la disparition du « *petit bateau appelé esquif amarré à la poupe du navire du Capitaine* ».

Magellan, « *fort courroucé* », débarque en force pour récupérer son bien : « *Il alla à terre avec quarante hommes armés, brûlant quarante ou cinquante maisons et tuant sept hommes de l'île ; ils recouvrèrent leur esquif...* »

Triste première rencontre avec ces îles heureuses. Le 6 mars 1521, jour d'arrivée de Magellan dans les Mariannes, est aussi un sombre anniversaire : l'extinction des civilisations polynésiennes commence.

Ayant fait provision d'eau, de fruits, et baptisé « îles des Larrons » les deux terres sœurs, Magellan cingle vers les Philippines. Il se rapproche de la longitude à laquelle il est parvenu autrefois, par la route des Indes.

Son serviteur Henrique, originaire de Sumatra, s'aperçoit qu'il comprend le langage des indigènes :

« *Jeudi vingt-huitième de mars... nous vîmes une barquette avec huit hommes ; elle s'approcha de la nef du Capitaine Général. Alors un esclave du Capitaine natif de Sumatra parla de loin à ces gens qui entendirent son parler et vinrent près du bord du navire... Deux heures après nous vîmes venir deux longues bar-*

ques, pleines d'hommes ; en la plus grande était leur roi, assis sous un pavillon fait de nattes. Quand ils furent près du navire du Capitaine, l'esclave parla à ce roi, qui le comprit bien...»

Henrique, esclave «noir» du capitaine Magellan, acheté pour une bouchée de pain dix années plus tôt à Malacca, est véritablement le premier homme à avoir effectué le tour de la terre...

L'épilogue de toute cette aventure n'appartient plus à l'histoire américaine. Le Pacifique traversé, la boucle bouclée, les épices sont bien là où Magellan les attendait : gingembre, muscade, cannelle, poivre. Il lui reste hélas peu de temps pour savourer sa réussite. Le 27 avril 1521, dans l'île de Cebu, il succombe sous les flèches empoisonnées de guerriers philippins, lors d'une bataille intertribale, à laquelle il a eu le tort de vouloir s'associer.

Pigafetta assiste à la mort de Magellan, «*d'une lance de canne envenimée au visage qui le tua tout raide*». Il compose un vibrant éloge funèbre, afin que la «*renommée d'un si vaillant et noble capitaine*» ne soit «*point éteinte ni mise en oubli en notre temps*» :

«*Entre autres vertus, il était plus constant devant une très grande adversité et grosses affaires que jamais fut un autre. En l'art de la mer, il était le plus expert et savant qui fût au monde... Mais cette bataille interrompit sa très magnanime entreprise...*»

Ironie du sort, c'est à l'un des mutins de San Julian, le Basque Juan Sebastian del Cano, que va revenir l'honneur de ramener à Séville, le 8 septembre 1522, après bien des tribulations dans l'océan Indien et le long de l'Afrique, l'ultime navire rescapé du premier tour du monde : la petite *Victoria*. À son bord dix-huit hommes... et le restant d'une fantastique cargaison de girofle. Les commanditaires de l'expédition, qui avaient depuis longtemps mis une croix sur leurs investissements, se retrouvent même bénéficiaires !

Les dix-huit rescapés, en chemise, le cierge à la main, courent rendre grâce à la Vierge de la faveur exceptionnelle qui leur a été accordée.

Épilogue : del Cano est anobli – Charles Quint jette un voile pudique sur ses incartades passées. Pigafetta part raconter ses aventures dans les cours d'Europe. La gloire de Magellan demeure sans descendance : sa femme et ses deux enfants sont morts en son absence.

Pendant ce temps Manuel, roi de Portugal, assiste atterré à la chute des cours du négoce à Lisbonne, provoquée par la nouvelle du succès de la «route du ponant». Sur la façade de la propriété des Magalhaes, à Sabrosa, province de Tras-os-Montes, il fait marteler les armes de cette famille traîtresse...

L'histoire des découvertes est décidément paradoxale. De l'erreur jaillit le succès. D'un exploit maritime sans égal comme celui de Magellan découlent des conséquences finalement modestes.

Certes la révélation d'un océan, le plus grand du monde, nommé (fort injustement) «Pacifique» par son découvreur, est une étape décisive dans l'histoire des connaissances. Mais le détroit atteint au prix de tant de difficultés ne tardera pas à être délaissé, au profit de la route du cap Horn.

Quant à la fameuse route des épices par l'ouest, si formidable qu'en soit la découverte, elle demeure incapable de concurrencer l'itinéraire indo-portugais par le Cap. D'emblée elle apparaît trop longue, trop périlleuse. Pas assez rentable.

Les Espagnols s'évertuent à lancer de nouvelles expéditions dans le sillage de Magellan. Garcia de Loaysa, nommé par anticipation *gobernador de las islas de Maluco*, quitte La Corogne avec une imposante flotte de sept navires, en juillet 1525. Mais le détroit, puis le Pacifique, livrent cette fois le catalogue des avanies possibles. Seuls quelques rescapés parviennent aux Moluques en novembre 1526, pour dresser face aux Portugais une forteresse qui survit deux ans.

Compte tenu de ces revers, le prudent historiographe de l'empereur, Maximilien Transylvanus, exprime des réserves sérieuses face à l'entreprise des découvertes, et on devine qu'il n'est pas le seul :

«*L'épicerie,* écrit-il avec mépris, *est parvenue à nous asservir d'une part à cause de notre grande cupidité, d'autre part à cause de notre incurable propension à partir rencontrer un monde nouveau et inconnu au péril de nos vies.*»

D'autres tentatives espagnoles en direction des îles convoitées de l'Asie sont organisées au départ de la façade pacifique de la Nouvelle Espagne (Mexique). Elles échouent.

Il faudra attendre le milieu du XVIe siècle, et l'attrait nouveau du commerce avec la Chine, pour que le Mexique colonial multiplie avec succès les transpacifiques et constitue des escales durables aux Philippines.

Charles Quint et l'Espagne ont sans doute été déçus par les espoirs qu'avait fait naître le tour de force de Magellan – « exploit inutile », a-t-on même avancé. Une compensation formidable vient cependant à la rescousse : la *conquista* mexicaine est suivie, à dix ans de distance, par l'ouverture du Pérou, dont le produit aura largement de quoi satisfaire les appétits de l'empereur et de ses hommes de main.

11.

Verrazano, gentilhomme voyageur

Trente années après sa découverte, le Nouveau Monde profite grandement aux Espagnols, à un degré moindre aux Portugais. Bois de teinture, or, perles, argent, affluent des Antilles, de la Castille d'Or, des Nouvelle Espagne, Nouvelle Grenade et autres «nouveautés». Le continent surgi des immensités océanes grandit à pas de géant sur les cartes historiées, ne cesse de révéler de nouvelles richesses, de nouvelles immensités.

Devant ces trésors sous monopole, rien de surprenant à ce que les deux autres puissances maritimes européennes, l'Angleterre, la France, ne ressentent quelque dépit.

Ce qui leur interdit d'aller tenter leur chance? Un simple parchemin, un traité signé en 1494, avec l'aval d'un pape douteux, à la solde des Ibériques. Encore faut-il qu'un François Ier détourne un instant son attention du front guerrier et de l'espace méditerranéen pour prendre enfin le problème en considération. Cela semble chose faite au moment où Pigafetta et Elcano rentrent du premier tour du monde, qui a révélé à la fois l'existence de l'océan Pacifique et l'impossibilité de rentabiliser la route des épices par la voie Magellan. Pourquoi ne pas chercher dans la direction du nord-ouest, négligée par les Ibériques? Un passage vers l'Asie ne s'y révélerait-il pas à la fois plus rapide et plus commode?

Au moment où le roi de France voit s'éveiller la vocation océane de son pays, il reste beaucoup à découvrir dans l'Amérique boréale. Les Espagnols, avec Vasquez de Ayllon, n'ont guère poussé plus loin au nord que la Floride.

Les autres terres connues se situent beaucoup plus haut, entre le 45e et le 50e parallèle: majestueux rivages de «terre froide», riches en morues, que fréquentent les pêcheurs bretons, basques, portugais.

Entre les deux (de la Floride à Terre-Neuve): mystère. Flou artistique sur les cartes. Îles incertaines. Baleines, poissons souffleurs. La côte de cette *terra incognita* couvre rien moins que la façade atlantique des futurs États-Unis.

François I er, malgré une réserve de façade, ne s'est pas totalement désintéressé de l'horizon américain. Il couvre, voire organise, certaines opérations de course dans les zones « exclusives » des Portugais et des Espagnols. En 1523, les navires de Cortés qui portent en Espagne une part du butin mexicain sont pillés. Les flottes marchandes dieppoises, notamment celles de Jean Ango, ami personnel du roi, vont chercher sur place le précieux bois *brasil*, et songent à emprunter les itinéraires africains de l'Asie portugaise.

C'est avec enthousiasme que le monarque soutient, voire invente, le voyage de découverte proposé par Giovanni Verrazano, gentilhomme florentin, qui s'inscrit dans la suite logique de son action. L'origine du candidat ne doit pas déplaire à un François I er entiché de culture et d'arts italiens. Et puis, les « grands » de la première époque des découvertes américaines ne sont-ils pas tous italiens ?

L'homme est un lettré, bon mathématicien. Il présente d'excellents états de service dans l'art nautique. Il est soutenu financièrement par le milieu auquel il appartient : l'aristocratie de la finance italo-lyonnaise.

Très intégré en France, ce « Verassane », alias « Varacenne », alias « Jean Verazzane », a trente-sept ans lorsqu'il apparaît sur la scène en 1522. Pourquoi Lyon, particulièrement, et ses banquiers italiens, sont-ils intéressés par un voyage de découverte vers l'ouest ? Parce que la recherche d'une route vers le Cathay touche de près une industrie qui leur est chère : celle de la soie.

Les principaux protecteurs de Verrazano, les banquiers Rucellaï, alias Rousselay, autrefois bannis par les Médicis, sont en faveur auprès de François I er. Ils ont des intérêts à Rouen également. Quelle meilleure base de départ que ces ports normands, qui envoient régulièrement des expéditions dans l'Atlantique, à la fois vers le Brésil et les Grands Bancs ?

Les Rucellaï rassemblent, apparemment sans grande difficulté, huit marchands lyonnais en une société qui commandite Verrazano *«pour le fait du voage sur mer que lesdits marchans ont l'intention faire faire au lieu nommé les Indes en Kathaye»*.

François Ier, bien qu'entre-temps de nouvelles préoccupations belliqueuses l'aient requis, honore la promesse faite à Verrazano en prêtant l'un de ses propres navires : la *Dauphine*.

Un navire complémentaire, la *Normande*, est affrêté par les banquiers florentins auprès d'un de leurs clients : le Dieppois Jean Ango. Cet homme, bâtissant alors une immense fortune basée sur le commerce maritime, et intéressé au premier chef par toute tentative sérieuse d'ouvrir des itinéraires et des marchés, s'associe au projet tout naturellement.

Quelle crédibilité de capitaine pour ce Giovanni Verrazano qui frise la quarantaine, parle latin et porte beau ? Un tableau de la fin du siècle, réalisé d'après un portrait contemporain du navigateur, le présente comme un homme de belle prestance, au nez fort, au visage «aristocratique» – impression de détermination, non dénuée d'une certaine hauteur. Verrazano a bourlingué en Méditerranée, en compagnie de son frère, son inséparable : Girolamo. Tous deux ont séjourné longuement en Syrie et en Égypte autour de 1517, au moment où la puissance ottomane avançait un nouveau pion.

D'autres séquences du passé de Giovanni sont plus énigmatiques. Il a peut-être participé à un voyage dans la direction nord-ouest, jusqu'à Terre-Neuve, sur la *Pensée* – l'un des navires de Jean Ango.

Il a pu connaître Magellan à Séville, à l'époque où ce dernier préparait sa fameuse circumnavigation.

Une chose est sûre : les deux frères Verrazano appartiennent au «milieu» des capitaines chevronnés. Ils sont au fait des toutes dernières découvertes. Dès 1523, ils ont dû être informés du succès de l'expédition Magellan, de l'issue fatale de son capitaine, et des inconvénients de la voie du sud-ouest.

L'aventure de la *Dauphine* – cent tonneaux, cinquante marins (en majorité normands), des vivres pour huit mois – débute de manière énigmatique. Cette nef (ou caravelle, on ne sait) commence par mettre le cap sur une direction qui n'a rien à voir avec le projet original : les côtes d'Espagne.

Verrazano s'efforce-t-il de brouiller les pistes aux yeux des

Portugais, dont le roi, Jean III, a émis une protestation auprès de François I er ?

Faut-il penser qu'en ces temps belliqueux Verrazano s'est vu contraint d'effectuer pour le roi de France une opération de course, avant de pouvoir cingler vers les terres inconnues ?

La relation qu'écrira à son retour le navigateur florentin évoque brièvement ce mystérieux «détour» espagnol. Chemin faisant, la *Normande*, pour des raisons qui restent vagues, a fait défaut. Une chose est sûre : les deux navires étaient au départ armés en guerre.

C'est en solo que la *Dauphine* continue le voyage. Mener une expédition comportant de telles inconnues, sans navire de secours, est un pari.

Le vrai départ se situe le 17 janvier 1524, de l'archipel de Madère. Peut-être de Porto Santo, l'île où Colomb rêva d'explorer l'inconnu de la mer Océane. Ce démarrage est judicieux. Utilisant la frange nord de l'alizé, Verrazano avance très vite :

«*En XXV jours, nous couvrîmes huit cents lieues*[1]. *Le XXIII février, vers la 16e heure, nous avons traversé une tourmente comme jamais homme de mer n'en a enduré. Nous en sommes sortis grâce au secours divin et à la qualité du navire, prédestiné par son nom glorieux et un sort favorable à supporter la violence des ondes. Nous avons poursuivi notre navigation en droiture vers l'ouest, en appuyant un peu vers le nord. Dans les XXV jours suivants, nous avons couru plus de 400 lieues. Alors se présenta une terre nouvelle que nul, antique ou moderne, n'avait jamais vue.*»

Verrazano (on aura remarqué au passage qu'il manie la flagornerie en parfait courtisan) vient de toucher le continent nord-américain au niveau de l'actuel cap Fear – cap «de la peur» – en Caroline du Nord.

Une terre de toute évidence habitée : l'équipage aperçoit «*de très grands feux allumés sur le rivage*». Toutefois, ne trouvant ni port, ni mouillage à sa convenance, Verrazano, qui se révélera d'une prudence presque excessive, met cap au sud-ouest, pour longer la côte en direction de la Floride. Il atteint le niveau de l'actuelle Charleston, mais la crainte s'empare de lui : ne risque-

---

1. Petite lieue marine française : un peu moins de six kilomètres.

t-il pas, en descendant trop bas, de se «*fourvoyer avec les Espagnols*»? Demi-tour. Sage précaution, du reste. L'expédition de Vasquez de Ayllon, entre 1521 et 1525, l'amène justement dans ces parages.

Retour à la case départ, à proximité du cap Fear. De là, Verrazano se décide à envoyer une barque à terre.

Les «sauvages» sont enthousiastes. Faut-il en déduire qu'ils n'ont jamais vu d'Européens? Obligeamment, ils «*indiquent par des signes là où la barque (peut) aborder le plus facilement, tout en offrant des victuailles*».

Ce début idyllique n'est pas sans évoquer les premiers moments de Colomb aux Bahamas. Tout semble enchanteur. Les «bons sauvages» sont conformes au mythe qui se construit chaque jour sur l'autre rive de l'Atlantique.

Verrazano est un conteur sobre. Il ne parle jamais qu'allusivement de son équipage, rassemblé de manière un peu hautaine sous l'appellation *turba marittima* (la «populace maritime»). Il trouve pourtant des ressources lyriques et s'abandonne au goût du détail dès qu'il s'agit de décrire au roi les indigènes de cette terre inconnue:

«*Ils vont entièrement nus, sauf qu'ils couvrent les parties honteuses de peaux de petits animaux du genre des martres et d'une étroite ceinture végétale tissée de plusieurs queues d'autres bêtes, qui pendent, autour de leur corps, jusqu'aux genoux; le reste est nu, la tête aussi. Quelques-uns portent des guirlandes de plumes d'oiseaux... Leurs cheveux sont noirs et épais, mais pas très longs et ils les nouent ensemble derrière la tête, en forme d'une petite tresse. Au physique ils sont bien proportionnés, de taille moyenne et un peu plus grands que nous. Ils sont larges de poitrine, leurs bras sont robustes, leurs jambes et les autres parties de leur corps bien proportionnées...*»

Toutefois, à cause de la «*brièveté du temps passé à terre*», Verrazano n'en dira guère plus, cette fois. Un peu plus loin, comme il entame son cabotage vers le nord, c'est la nature végétale qui l'éblouit: «*très belles campagnes... plaines couvertes d'immenses forêts, tantôt clairsemées, tantôt denses, dont les arbres offrent des nuances si variées, si belles et si délectables qu'il est impossible de les décrire...*»:

«*Nous avons baptisé cette terre "Forêt de Lauriers", et un peu plus bas, en raison de la présence de beaux cèdres, nous lui imposâmes le nom de "Champ des Cèdres". À grande distance, ces forêts exhalent des odeurs très suaves: nous les sentions à cent lieues, surtout lorsque les habitants brûlaient des cèdres et que les vents soufflaient de la terre...»*

Le parcours enchanteur continue nord-nord-est, jusqu'à un rivage houleux. Un marin est envoyé à terre, à la nage, afin d'attirer les sauvages avec de la pacotille. L'affaire prend subitement un tour inquiétant:

«Voulant s'en retourner, il fut roulé par une vague qui le rejeta à demi mort sur la rive. Ce que voyant, les habitants accoururent aussitôt: ils le prirent par la tête, les bras et les jambes, et le transportèrent à quelque distance en arrière. Se voyant ainsi emporté, le jeune homme, saisi de terreur, poussa de grands cris; et eux criaient aussi en leur langue, avec des démonstrations destinées à le rassurer. Alors, l'ayant déposé à terre au soleil, au pied d'un monticule, ils multipliaient les gestes d'étonnement, considérant la blancheur de sa chair et examinant en détail tout son corps. Ils le dépouillèrent de sa chemise et de ses chausses, le laissèrent nu, puis ils allumèrent tout près de lui un grand feu et l'en approchèrent.»

Les matelots sont *«saisis d'épouvante»*. Visiblement les sauvages s'apprêtent à *«le rôtir pour le manger»*. Injuste méprise. Voilà qu'ils s'emploient au contraire à le réchauffer, le ravitailler. Enfin *«le tenant étroitement embrassé»*, ils le raccompagnent jusqu'au rivage... et *«continu(ent) à le regarder jusqu'à ce qu'il (soit) remonté dans la barque»*.

Quelques jours plus tard, le 25 mars, Verrazano longe une mince langue de terre – celle qui borde l'actuel Pamlico Sound, lagune séparant l'Océan et la côte de Caroline du Nord. Pour des raisons assez mystérieuses il n'aperçoit à aucun moment la terre ferme par-delà la lagune.

Et d'en tirer une ahurissante conclusion: voici la fameuse «mer Orientale». Celle que l'expédition Magellan vient de traverser, plus loin au sud: le Pacifique!

Pourquoi ne prend-il pas le temps d'observer l'Océan plus en détail? Pourquoi n'attend-il pas quelques jours? Par temps clair, on aperçoit parfaitement le continent depuis la frange d'îlots fermant la lagune...

Verrazano vient de commettre innocemment la grande bévue géographique de sa carrière : prendre pour un isthme continental un chapelet d'îles mal fixées.

À l'autre extrémité de cet « océan » (à quelle distance, il n'en sait rien), c'est l'Asie, estime-t-il.

Ravi de sa « découverte », Verrazano baptise :

« Nous naviguâmes la longueur de cet isthme avec l'espoir tenace de trouver quelque détroit ou un vrai promontoire où s'achèverait cette terre vers le nord, afin de pouvoir atteindre les rivages bénis du Cathay. Cet isthme fut qualifié Verazanio par son inventeur ; toute la terre découverte fut appelée Francesca en l'honneur de notre François. »

L'erreur du Florentin aura la vie dure : nombreuses sont les cartes qui, au lendemain de cette expédition, et jusqu'à la fin du XVIe siècle, présentent l'Amérique du Nord avec une étrange taille de guêpe, l'« isthme » que lui attribue le capitaine de la *Dauphine* !

Inconscient de cette bourde, Verrazano s'enthousiasme sur la « Francesque » dont il vient de faire cadeau au roi. La beauté du pays, la douceur, l'élégance naturelle de ses autochtones le rendent lyrique. Il rameute ses souvenirs de lettré, baptise du nom virgilien d'« Arcadie » la terre bénie des dieux aujourd'hui nommée Maryland.

La croisière s'orne pourtant d'épisodes moins charmants. L'euphorie bucolique du Florentin et de ses Normands ne les empêche pas de se comporter, à l'occasion, comme des soudards :

« En Arcadie, nous trouvâmes un homme venu sur le rivage pour voir qui nous étions ; il se tenait debout, méfiant, et prêt à fuir. Il nous observait mais ne voulait pas s'approcher. Il était beau et nu ; avec les cheveux noués, le teint olivâtre. Nous étions environ vingt à terre, et comme nous l'y invitions, il s'approcha à deux coudées de nous et nous montra un bâton de bois enflammé, comme pour nous offrir du feu. Alors nous enflammâmes de la poudre à l'aide d'un silex et la peur le fit trembler tout entier, quand nous fîmes partir une escopette. »

Existe-t-il plus grossière façon d'accueillir l'offre d'un paisible calumet ?

En « Arcadie » toujours, ils font pire, à l'occasion d'une rencontre avec un groupe de femmes et d'enfants. Dénué apparemment de tout remords, Verrazano raconte tranquillement l'épisode au roi :

« Lorsque nous fûmes près d'elles, elles se mirent à crier. La vieille nous fit comprendre par un signe que les hommes s'étaient enfuis dans les bois. Nous lui donnâmes à manger un peu de nos provisions ; elle l'accepta très volontiers ; la jeune refusa tout et le jeta à terre avec colère. Nous enlevâmes le petit garçon à la vieille pour l'emmener en France, et nous voulions prendre la jeune femme, qui était très belle et de haute taille, mais il fut impossible de l'entraîner jusqu'à la mer, tellement elle hurlait. Comme nous devions traverser un bois et que le bateau était loin, nous décidâmes de la laisser et d'emmener seulement l'enfant. »

Qu'est devenu le petit Indien rapté ? Mystère. Qui s'étonnera encore de l'hostilité des Amérindiens au... deuxième contact ?

Laissant le 10 avril son « Arcadie »[1], Verrazano reprend la direction du nord, en suivant – c'est son habitude – la côte d'assez loin. Prudence louable. Elle présente l'inconvénient de l'empêcher de voir grand-chose. Forêts, promontoires, embouchures, la description devient vague.

Enfin, la *Dauphine* atteint une baie suffisamment sûre aux yeux du capitaine :

« Au bout de cent lieues, nous trouvâmes un site très agréable situé entre deux petites collines qui le dominaient. Au milieu, une très grande rivière courait jusqu'à la mer. Son embouchure était profonde ; à marée montante nous y avons trouvé huit pieds, et n'importe quel navire à pleine charge remonterait jusqu'au fond de l'estuaire. Ayant mouillé près de la côte en lieu bien abrité, nous ne voulions pas nous aventurer dans cette embouchure sans l'avoir reconnue. Remontant la rivière avec le petit bateau, nous pénétrâmes dans le pays, que nous trouvâmes fort peuplé. Les gens sont... vêtus de plumes d'oiseaux aux couleurs variées. Ils venaient à nous gaiement, en poussant de grands cris d'admiration et en nous montrant l'endroit le plus sûr pour aborder. »

Cette terre, baptisée « Angoulême » pour plaire au roi de France, n'est autre que le site de... New York ! On reconnaîtra dans les deux « collines » Brooklyn et Staten Island. Nous sommes

---

1. Le toponyme « voyagera » : il s'appliquera, près de cent ans plus tard, à la première colonie française du Canada, l'« Alcadie ».

entre le 9 et le 15 avril 1524, la *Dauphine* de François Iᵉʳ vient de mouiller juste à la pointe de Manhattan.

Dans la navigation à voile, ce sont les éléments qui commandent. Une tentative de reconnaissance en barque se trouve abrégée par «*un coup de vent contraire*». L'équipage «*quitte cette terre à regret, en raison de ses avantages et de sa beauté*»... Verrazano, au passage, a bien saisi l'intérêt de «son» Angoulême comme site portuaire.

La croisière continue, ponctuée de rencontres amicales. Un vrai triomphe : «*Petites barques pleines de gens... ils s'arrêtaient pour regarder le bâtiment, nos personnes et nos habillements ; puis, tous ensemble, ils poussaient un grand cri en signe d'allégresse...*»

«*Cette race est la plus belle et la plus policée de celles que nous avons rencontrées au cours de cette campagne... Les femmes vont nues avec une simple peau de cerf brodée... Ils sont très généreux et donnent tout ce qu'ils ont.*»

Ces Indiens à l'aimable caractère manifestent un raffinement supérieur à leurs voisins. Verrazano note qu'ils portent «*des pendants d'oreilles à la manière des Orientaux, notamment des lamelles de cuivre ciselé*».

Ce sont des Wampanoag. Leurs bonnes dispositions vont se révéler durables : ils accueilleront généreusement, un siècle plus tard, les pères pèlerins de l'Amérique, venus chercher au Nouveau Monde la paix de l'âme et la liberté religieuse. Le cuivre, provenant sans doute de la région des Grands Lacs, indique des échanges suivis avec l'intérieur du continent.

À nouveau Verrazano identifie un excellent port, et fait même exception à son habitude de relâcher au large. L'escale, dans la baie de Narragansett, s'effectue à l'emplacement du futur Newport, capitale de la plaisance : «*Nous l'appelâmes "Refuge", en raison de sa beauté...*»

«*Nous séjournâmes ici XV jours, et nous ravitaillâmes abondamment de ce dont nous avions besoin. Chaque jour, des gens venaient pour visiter notre navire, en amenant leurs femmes. Mais ils en sont fort jaloux, car, tandis qu'ils montaient à bord et y demeuraient longtemps, ils les faisaient attendre dans les barques ; et quelque pressantes que fussent nos prières et nos promesses de cadeaux, il ne fut pas possible qu'ils consentent à les laisser monter à bord...*»

«*Plusieurs fois, nous fîmes des reconnaissances de cinq à six lieues à l'intérieur. Nous y trouvâmes le pays le plus agréable qu'on puisse conter, apte à toutes sortes de cultures : froment, vin, huile... Nous entrâmes ensuite dans les forêts, toutes pénétrables, même aux armées les plus nombreuses ; les arbres sont les chênes, les cyprès et d'autres inconnus en Europe. Nous y trouvâmes des pommes de Lucullus, ou cerises, des prunes, des noisettes et quantité d'autres fruits différents des nôtres...*»

Frémissons au passage : ce jardin des Hespérides présente *aussi* l'avantage d'un abord facile pour les soldats en armes...

Tout a une fin, même les séjours idylliques des voyages de découverte. Verrazano observe d'autres traits «*affectueux et charitables*» de ces délicieux Wampanoag – notamment la coutume de se livrer à de longues lamentations sur les défunts. À regret, il donne l'ordre du départ :

«*Après nous être approvisionnés en toutes sortes de choses nécessaires, le 6 mai, nous avons quitté ce port en longeant la côte, sans jamais perdre la terre de vue...*»

Autres rivages, autres mœurs. Les hommes de la *Dauphine*, longeant la côte du futur Maine, se trouvent confrontés à des humains parfaitement «*cruels et vicieux*» :

«*Si parfois nous voulions troquer quelque chose avec ces gens, ils venaient au rivage sur quelques cailloux, où la mer brisait avec le plus de violence, et, tandis que nous nous tenions debout dans la barque, ils nous envoyaient au moyen d'une corde ce qu'ils acceptaient de nous donner, tout en criant sans cesse que nous ne nous approchions pas de la terre ; nous leur donnions immédiatement des objets en échange, mais ils n'acceptaient que des couteaux, des hameçons et des lames de métal. Aucune prévenance n'avait de prise sur eux ; quand ils n'avaient plus rien à échanger, ces hommes, pendant que nous nous éloignions, se livraient à tous les gestes de mépris et d'impudeur que peuvent faire de brutales créatures, comme de montrer leurs culs en riant...*»

Dissuadé par des pluies de flèches de faire la moindre incursion dans l'intérieur, Verrazano qualifie ce rivage inhospitalier de «*Terre des Mauvaises Gens*».

Ces Indiens (Abenaki) ont sans doute d'autres raisons qu'une méchanceté viscérale de se comporter ainsi. Parions qu'ils ont eu maille à partir avec d'autres Européens avant ceux-là.

De cap en île, le cabotage de Verrazano a fini par le rapprocher du secteur fréquenté par les pêcheurs. Ceux-ci, accoutumés à une vie très dure, soumis à un commandement brutal, n'ont peut-être pas laissé un souvenir charmeur – ni à l'occasion du troc, ni dans le commerce avec les Indiennes...

À ce stade, la partie «découverte» du voyage de Verrazano touche à sa fin. Le capitaine florentin contemple encore le dédale d'îles du Maine, effleure la péninsule de Nouvelle Écosse, pour se trouver finalement en secteur connu :

«*Nous nous approchâmes de la terre découverte naguère par les Bretons, qui gît par cinquante degrés. Mais ayant épuisé toutes les ressources du bord et nos victuailles, ayant découvert plus de sept cents lieues de terres nouvelles, nous nous ravitaillâmes en eau et en bois, et délibérâmes de retourner en France.*»

On hésite sur la fin du parcours. Verrazano a-t-il fini par une boucle autour de Terre-Neuve, fréquentée depuis le début du siècle à la suite de Jean Cabot ? Si tel est le cas, cette partie du voyage n'a plus rien de pionnier.

Sur le chemin du retour, Verrazano énumère les acquis de son expédition.

Il a lieu d'être satisfait sur un point : la jonction est parfaitement accomplie entre les territoires espagnols de Floride et les rivages du nord fréquentés par Portugais et Français. C'est avec des informations capitales sur la côte est du continent atlantique nord qu'il rentre. Dans le lot s'est glissée une superbe erreur d'appréciation, il ne s'en doute pas le moins du monde.

Un point noir pourtant : côté passage vers la Chine il est bredouille. L'Amérique continue de barrer la route de la soie et des épices. Détail aggravant : aucun métal précieux à signaler dans la zone parcourue.

Verrazano, au moment où il voit s'enfoncer derrière lui les dernières falaises de Terre-Neuve, sait qu'il a accompli un formidable voyage de découverte. Mais récoltera-t-il autre chose que l'indifférence royale et la déception de ses commanditaires ?

Le 8 juillet 1524, la *Dauphine* est de retour à Dieppe. Le navigateur s'attelle le jour même à la rédaction du rapport destiné au roi. Outre la vivacité des descriptions, l'habituel inventaire des richesses virtuelles de ces terres vierges, Verrazano dégage un certain nombre de conclusions d'ordre géographique. Il confirme l'existence dans l'hémisphère nord d'un Nouveau Monde immense :

« *Mon intention était, en cette navigation, d'atteindre le Cathay et l'extrémité orientale de l'Asie ; je n'avais pas pensé rencontrer un tel obstacle du côté de la terre nouvelle que j'ai découverte. Et si j'avais certaines raisons de penser la trouver, je pensais qu'elle offrirait un détroit permettant l'accès de l'océan Oriental...* »

« *Qu'une terre inconnue des Anciens, qu'un monde autre que celui qu'ils ont connu, ait été trouvé, cela est évident. Cette terre est plus grande que l'Europe, l'Afrique et presque que l'Asie, si nous évaluons correctement son étendue.* »

Suivent des démonstrations chiffrées un peu acrobatiques, au terme desquelles il précise : « *Toute cette terre ou Nouveau Monde que nous venons de décrire constitue un ensemble. Mais elle n'est pas jointe à l'Asie ni à l'Afrique : nous le savons avec certitude.* »

Ce passage, qui aurait dû faire sensation parmi les cosmographes et dans le public instruit de l'époque, va étonnamment rester lettre morte. Il répond pourtant à une question jusque-là restée sans réponse définitive : le « quatrième monde » américain est-il ou non rattaché par quelque bout à l'Asie ?

Le célèbre « Globe doré » de 1528, tout en dessinant assez exactement le contour de l'Amérique du Sud, présente encore l'Amérique du Nord comme façade orientale d'une énorme Asie.

La lettre de Verrazano commence par dormir de longues années dans les archives royales. Quand enfin paraît sa première édition publique, dans une fameuse collection de voyages (« *Navigationi et Viaggi* »), rassemblée par Ramusio en 1556, cette dernière partie est omise.

L'affirmation capitale de la parfaite « nouveauté » de cette *terra firma* du nord, son indépendance totale du continent asiatique, ne sont-elles pas la contrepartie pour l'hémisphère boréal des déclarations de Vespucci ? Et on sait quelle postérité il en a tiré... Pour des raisons incompréhensibles, les déductions de Verrazano ne seront pas divulguées.

Tard dans le XVIe siècle, un Frobisher, parti chercher le Cathay par le nord, croira en touchant l'île de Baffin (Arctique canadien) qu'il vient d'atteindre un promontoire de l'Asie. La connaissance géographique joue décidément au yoyo de manière bizarre.

En 1909, parmi de vieux grimoires on tombera sur la version

intégrale de la relation de Verrazano, et l'affirmation sans nuance que la partie nord du Nouveau Monde n'a rien à voir avec l'Asie. Cette évidence, proclamée dès 1525, n'intéressera plus guère que... les curieux de l'histoire des découvertes.

Quelle que soit la satisfaction intime de la mission accomplie, le capitaine de la *Dauphine* ne tirera qu'un succès d'estime pour son périple nord-américain.

Le roi guerroie à nouveau, les meilleurs navires sont réquisitionnés pour les combats. Quant aux banquiers italiens et aux riches soyeux lyonnais, il leur faut conclure que la route de la Chine par l'ouest n'est pas pour demain.

Dès l'année suivante, l'itinéraire de Verrazano est repris par Estevao Gomes, ancien pilote mutin de l'expédition Magellan, qui trace la carte de la côte est, à partir du sud de la Nouvelle Angleterre. John Rut, en 1527, confirme qu'aucun passage ne se laisse deviner. Cartier par la suite, le cherchant plus au nord, explorera l'estuaire du Saint-Laurent au-delà de Montréal.

Les voyages postérieurs de Giovanni en compagnie de son frère, Girolamo Verrazano, semblent plus marqués par des objectifs de commerce que de découverte. En 1527, tous deux se rendent au Cap et au Brésil, par les routes bien établies. La cargaison de bois précieux, par laquelle se solde l'aventure, semble suffisamment appréciée pour qu'un troisième voyage transatlantique soit lancé, en 1528. Destination : le Brésil, à nouveau. Le financement est privé : Jean Ango, les banquiers normands et lyonnais. L'amiral Philippe Chabot, notable planche pourrie, donne l'aval officiel moyennant une perspective de profit personnel.

Cette mission sera la dernière de Giovanni. Une fin expéditive l'attend dans une île des Antilles (Jamaïque? Guadeloupe?) habitée par les fameux Caribes – dont la réputation de férocité n'est plus à démontrer depuis Colomb.

Sous les yeux de Girolamo, impuissant, Giovanni va être dépecé dans la plus prosaïque et efficace tradition de la boucherie cannibale.

C'est au poète Paul Jove, ami de la famille Verrazano, que l'on doit la description « poétique », en vers italiens, de la fin tragique du navigateur. Comme Giovanni « *débarquait avec six de ses hommes dans une île déserte toute couverte de frondaison* », ils furent « *assaillis à l'improviste... par une bande féroce* ». L'issue ne se laisse pas attendre :

« *Massacrés, ils furent étendus à terre et dépecés jusqu'au dernier os, puis dévorés. Le frère de Verrazano vit la terre se rougir du sang fraternel sans pouvoir, se trouvant à bord, être d'aucun secours au malheureux... Ce fut ainsi que périt misérablement celui qui cherchait des terres nouvelles.* »

Fin tragique et banale, qui s'inscrit dans la longue liste des sacrifiés et des dévorés du Nouveau Monde...

La France va rester durablement aveugle au fait qu'un navigateur florentin, en l'an 1524, lui a fait ce cadeau démesuré : la « Francesca », la partie de la côte américaine destinée à l'avenir le plus brillant.

La politique française, incorrigiblement myope pour tout ce qui concerne l'horizon américain, n'enlève rien à la contribution de ce marin exceptionnel.

Laissons-lui en guise de consolation l'hommage involontaire d'un espion portugais, un certain da Silveira à la solde de Jean III. Cet homme, qui infiltrait les milieux de la marine, avait tenté en vain de convaincre Verrazano de mettre son talent au service du Portugal. Il dut admettre que ce navigateur aristocrate semblait difficile à circonvenir : « *Sa gloire n'(était) autre que de faire des découvertes.* »

12.

Pérou : fatal métal

Lourd pastiche de la conquête du Mexique par Cortés, l'épopée péruvienne de Pizarre et Almagro applique les mêmes méthodes. Tout y apparaît outré : cynisme du discours espagnol face aux Incas, règlements de comptes sordides entre conquérants, masse fantastique de richesses détournée vers l'Espagne. L'épisode en son entier est antipathique, tandis qu'il ouvre les plus beaux espaces jamais déployés au Nouveau Monde : ceux de la cordillère andine et des hauts plateaux.

Sommet, de toutes sortes de manières, le Pérou est aussi une frontière de la *Conquista*. Poursuivant sur sa lancée jusqu'au Chili, l'expansion ibérique au Nouveau Monde va toucher ses limites. Les contours de l'Amérique centrale et du Sud apparaîtront sur les cartes. L'Europe vers 1550 en visualise, sans trop de distorsion, les côtes.

L'inconnu et l'aventure appartiendront dès lors aux espaces de l'intérieur – mystérieuses étendues de jungles et de forêts, où perdure aujourd'hui encore une sorte de frontière.

Au début des années 1520, un certain François Pizarre, colon de Panama, capitale nouvellement créée dans la Castille d'Or, embrasse du regard la « mer du Sud » : le Pacifique. À sa droite l'isthme, encore mal pacifié, qui a plutôt déçu : peu de métal précieux, pas de « grande » civilisation. Devant lui, l'inconnu de cette mer au-delà de laquelle (mais à combien au-delà ?) surgissent les îles à girofle et le fabuleux Cipango. À sa gauche une côte basse qui s'étire indéfiniment vers le sud et disparaît dans l'inconnu.

Dans cette direction-là se tourne le désir du soldat de souche paysanne, peu passionné par les expéditions maritimes. Désir fortement nourri par certains récits amérindiens qu'il a recueillis. D'après eux un immense empire montagneux s'étend au-delà de l'équateur, aussi riche et évolué que le Mexique, dirigé comme lui par un roi d'essence divine. Il y a de l'or, beaucoup d'or, et aussi de l'argent. Pizarre n'est pas le seul que hante cette histoire.

Dès 1523, une expédition maritime dirigée par Pascual de Andagoya atteint les côtes de l'Équateur actuel, alors sous domination inca. La rumeur se précise, des détails s'y ajoutent. Le royaume du sud porte le nom de «Piru», il recèle effectivement plus d'or qu'aucune des terres déjà découvertes. On y trouve aussi des drôles de moutons au long cou, utilisés comme bêtes de somme...

Cette information excite tout particulièrement un groupe d'ex-soldats reconvertis en colons, un peu désœuvrés. Estimant n'avoir pas retiré grand-chose de leurs engagements passés, ils aspirent à de nouvelles *entradas*, se groupent en association, obtiennent l'aval du gouverneur Pedrarias pour tenter leur chance vers «El Piru».

En position de leader, on retrouve Francisco Pizarro, alias François Pizarre. L'homme est déjà un vétéran de la Conquête. Il a cinquante ans. Il est originaire de Trujillo (Estrémadure), fils bâtard d'un écuyer. La petite histoire prétend qu'il gardait les porcs. Passé aux Indes, il a participé comme officier subalterne à diverses expéditions dans la Caraïbe et sur la terre ferme, avant d'accompagner Balboa sur le chemin de la mer du Sud. C'est à cette occasion qu'il a entendu parler pour la première fois des riches royaumes du Sud – informations qui conjuguaient sans doute l'Eldorado colombien et le vaste Empire inca.

Son principal associé est Diego de Almagro, roturier, petit homme râblé un peu plus âgé que lui, également vieux briscard de la *Conquista*. Il rêve lui aussi d'en découdre et de se tailler son morceau d'empire. Le troisième homme, Ferdinand de Luque, est différent : chanoine, maître d'école, contrôleur des deniers publics. C'est la cheville financière du projet. Ces trois obscurs vont changer le cours de l'histoire américaine. Leurs débuts sont cependant poussifs.

Une première expédition vers le sud, en 1524, se solde par de lourdes pertes humaines. Almagro laisse un œil dans l'aventure.

En 1526, nouvelle tentative. Deux bateaux franchissent l'équateur. La proximité du but ne fait cette fois plus de doute : on croise une embarcation indienne remplie d'objets précieux. À Tumbes, limite septentrionale des territoires récemment conquis par le fils du Soleil, deux garçons sont emmenés, avec l'autorisation du cacique, pour être formés comme interprètes. On reviendra, avec les moyens nécessaires.

Pizarre a une certitude : l'entreprise est du même calibre que celle de Cortés. Panama seule, petite antenne coloniale, n'est pas en mesure d'y pourvoir. Il faut exposer l'affaire à l'empereur. Retraversant l'Océan qui l'a amené vingt ans plus tôt au Nouveau Monde, Pizarre prend la direction de l'Espagne, rencontre Charles Quint. L'empereur, au regard éternellement las, lui prête une oreille favorable. D'autant que la période est euphorique. Vainqueur sur le front européen, le petit-fils de Ferdinand et Isabelle a également mesuré l'intérêt des entreprises coloniales. Cortés vient de démontrer quels fruits pouvait porter la Nouvelle Espagne. D'autres propositions du même ordre ne peuvent que séduire.

Pizarre obtient facilement des «Capitulations». Le souverain l'y autorise à conquérir la terre nouvelle, qui sera baptisée «Nouvelle Castille», et lui octroie les titres de gouverneur et capitaine général. Luque sera évêque de Tumbes et «protecteur des Indiens». Quant à Almagro, en principe coorganisateur de toute l'affaire, on lui concède chichement le commandement militaire de Tumbes. Les graines d'une querelle sont semées.

Rapidement, nombre de volontaires se pressent autour de Pizarre : Orellana, Carvajal, le père de Valverde... Certains d'entre eux connaîtront des destins exceptionnels.

Pizarre retrouve à l'occasion de ce retour momentané son Trujillo natal qu'il n'a pas vu depuis un quart de siècle. Il y procède à un recrutement intensif, notamment dans sa propre famille – bâtards, légitimes, demi-frères, tous confondus. Les principaux acteurs de la conquête du Pérou seront des Pizarre : Ferdinand, trente ans ; Juan, vingt ; Gonzalo, seize...

En janvier 1530, une troupe de cent vingt-cinq hommes quitte Séville. Escale classique à La Gomera. Débarquement au port de Santa Maria, point de départ des pistes qui traversent l'isthme en direction de Panama.

Almagro, qui a attendu patiemment, digère mal son éviction. Il ne consent à maintenir sa participation que sur la promesse d'un octroi de territoires, de prérogatives, plus équitables. Pizarre promet, afin de ne pas perdre un compagnon précieux.

Début janvier 1531, trois navires quittent Panama et voguent vers le sud. À bord, les troupes venues d'Espagne, grossies d'un effectif local ; vingt-sept chevaux ; quelques canons. Une force dérisoire pour la mission qui a été fixée. Comme au Mexique dix ans plus tôt, c'est une poignée d'hommes qui va abattre le deuxième (et dernier) empire amérindien.

Première étape prévue, Tumbes, où quelques hommes ont été laissés lors de la tentative précédente. Les hasards de la navigation imposent cependant une escale à la latitude équatoriale dans l'île de Puna. Accueil amérindien chaleureux. Et instructif : les gens de Puna se révèlent de farouches opposants à la population voisine de Tumbes, vassale scrupuleuse de l'Empire.

Les hommes venus de la mer constituent pour eux un renfort inespéré. Funeste calcul, comme le précise Las Casas, grand accusateur de Pizarre :

«*On ne conçoit rien de plus barbare que la manière dont le brigand répondit à tant de générosité ; il ne laissa dans l'île que l'or qu'il ne put trouver, fit passer une multitude d'habitants au fil de l'épée, réduisit les autres à l'esclavage, les vendit, et fit ainsi disparaître toute la population...*»

Pizarre, suivant studieusement l'exemple de Cortés, dont il a la valeur militaire, sait que les divisions indiennes sont sa carte maîtresse. On joue sur elles, avant de se retourner contre des alliés dont on n'a plus besoin.

À ce moment précis, l'immense Empire inca, devenu difficilement maîtrisable par les moyens techniques réduits qui sont les siens, s'étale sur quatre mille kilomètres du nord au sud. De récentes campagnes de conquête ont laissé, en lisière, de nombreuses populations mal assimilées, prêtes à saisir toute occasion de retrouver leur indépendance. Deux fils de Huayna Capac, dit «Cuzco l'Ancien», se sont réparti l'héritage. Atahualpa, bâtard, héritier du royaume du nord, capitale Quito, refuse de rendre allégeance à Huascar, son demi-frère, héritier légitime, régnant à Cuzco. La guerre civile fait rage.

Le *Tahuantinsuyu*, l'Empire des quatre-quartiers, est le nom que se donne ce royaume. C'est une organisation complexe de collectivités paysannes soumises à un tribut en main-d'œuvre, qui cultivent les terres royales, participent aux grands travaux de l'État, tissent pour l'Inca. Au sommet de la pyramide, ce dernier redistribue denrées et services, assure l'équipement. Dans la décapitation d'un système aussi complexe résidera la clé de la conquête.

Prodiges et présages, tout comme au Mexique, ont précédé de manière troublante la venue des Espagnols. Le chroniqueur Garcilaso de la Vega, fils d'une princesse inca et d'un conquistador, racontera l'intuition d'une menace qui hante alors les Péruviens, tandis que les premiers « hommes barbus » sont attestés sur les rivages :

« *On célébrait la grande fête annuelle du Soleil lorsqu'un aigle royal poursuivi par une troupe de vautours apparut au-dessus du temple de Cuzco. Les vautours semblaient se relayer pour attaquer le noble oiseau, lui portant des coups si violents et répétés qu'il finit par tomber du ciel aux pieds de l'Inca comme s'il voulait implorer son secours. On le nourrit, on tenta de soigner ses plaies, mais il était si mal en point qu'il mourut au bout de quelques jours. Les devins s'empressèrent d'interpréter l'événement et n'y virent qu'un sinistre augure.* »

Tremblements de terre, raz de marée, comètes, aggravent le pronostic.

« *Une peur étrange et mystérieuse avait gagné tout le Pérou lorsque, par une nuit exceptionnellement claire, la lune apparut auréolée de trois grands cercles : le premier était couleur de sang, le second d'un noir tirant sur le vert, et le troisième semblait fait de fumée.* »

Il est certes facile d'invoquer rétrospectivement des indices et de déclarer prévisible ce qui ne l'était pas. L'instabilité et l'inquiétude ont, pour diverses raisons, gagné l'Empire dès avant l'arrivée de Pizarre.

L'empereur Huayna Capac, peu de temps avant sa mort, a été averti que des êtres étranges, des « venus-de-loin », commençaient à atteindre les côtes. Leur description a accablé le malheureux souverain, car elle coïncide avec de redoutables prédictions à propos du retour de l'ancêtre Viracocha. Créateur et civilisateur de l'humanité, Viracocha est un homme-dieu de haute taille, barbu, tenant en laisse un animal fabuleux et griffu. Il doit revenir à la fin d'un cycle millénaire pour instaurer un ordre nouveau.

Est-ce l'échéance attendue? Les dieux fondateurs sont-ils de retour? Si oui, de graves bouleversements se préparent.

En 1533, quand réapparaissent ces *viracochas* entr'aperçus, l'Empire est en pleine guerre civile. Atahualpa vient de capturer son demi-frère Huascar. Les «légitimistes», fidèles à ce dernier qu'ils estiment le seul authentique descendant de l'Inca, estiment que l'arrivée des «dieux» est providentielle. Ils vont débarrasser le royaume de l'«usurpateur» Atahualpa.

On peut évidemment s'étonner là encore qu'une bande de soldats plutôt frustes aient pu le moins du monde passer pour des êtres d'essence divine. Un autre chroniqueur inca, Titu Cusi Yupanqui, donnera, quarante années après la conquête, quelques clés pour comprendre l'incroyable méprise, qui attribue à ces étrangers le nom et les pouvoirs du «*créateur de toutes choses*», Viracocha :

«*Ils* (les Incas) *appelèrent ainsi les êtres qu'ils avaient vus d'une part parce qu'ils différaient beaucoup de nous, de visage et de costume, d'autre part parce qu'ils les voyaient chevaucher de très grands animaux aux pieds d'argent : cela à cause de l'éclat des fers. Et ils les appelaient ainsi, également, parce qu'ils les voyaient parler à loisir au moyen de draps blancs, comme une personne parle avec une autre : et cela à cause de la lecture des livres et des lettres.*»

Frappés par la diversité physique des Espagnols («*certains avaient une barbe noire, d'autres une barbe rousse*»), les Incas notent avec étonnement qu'ils «*mangent dans des plats d'argent*» et surtout qu'ils «*possèdent des* Yllapas, *nom que nous donnons à la foudre*»...

La confusion ne durera pas éternellement. Assez cependant pour handicaper gravement la résistance inca.

Après quelques mois de flottement, la conquête du Pérou va être menée tambour battant.

Parvenant à Tumbes, la base prévue pour l'expédition, Pizarre ne trouve que des ruines : rasée la forteresse promise à Almagro, anéanti l'évêché de Luque. Les trois Espagnols laissés sur place sont morts... Il faut repartir de zéro. Mais voici que des renforts arrivent avec Belalcazar et Hernando de Soto (le futur conquérant de la Floride).

La longue marche vers le sud et les montagnes commence. Le père de Valverde, aumônier de l'expédition, fait planter des croix dans les villages. Septembre 1532. La première cité espagnole au Pérou est fondée : San Miguel de Piura. Une garnison de soixante hommes s'installe.

Pizarre continue, aborde les premiers contreforts de la cordillère, en direction de Cajamarca où il sait qu'il rencontrera Atahualpa, le frère vainqueur de Huascar.

Francisco de Jerez, l'un des compagnons de Pizarre, raconte :

« Le gouverneur (Pizarre) *apprit que du côté de Chincha et Cuzco, il se trouvait des villes nombreuses, grandes, fort riches ; et qu'à douze ou quinze journées de San Miguel il y avait une vallée peuplée nommée Cajamarca où résidait Atabalipa* (Atahualpa), *le plus grand souverain du pays. Ce prince était venu en conquérant d'une contrée éloignée, sa patrie ; et, étant arrivé à la province de Cajamarca, il s'y était fixé parce qu'il l'avait trouvée fort riche et agréable ; de là il avait étendu ses conquêtes... Pizarre résolut de rechercher Atabalipa pour le soumettre au roi, et de subjuguer les pays voisins ; car ce chef, une fois vaincu, on pacifierait facilement toute la contrée. Il partit de San Miguel le 24 septembre 1532. »*

La marche est difficile. Le passage des cols à quatre mille mètres, l'intense froid nocturne, le mal des montagnes, mettent les Espagnols à rude épreuve.

Au fil des routes pavées, l'aspect des villages confirme l'existence d'une organisation sociale et administrative complexe, ainsi que la présence des richesses espérées :

« La résidence du cacique a quatre portées d'arbalète de longueur. On y voit une salle où le sol est parqueté d'argent ; le plafond et les murailles sont couverts d'or et d'argent entremêlés...

« Il y avait dans Cajas une grande maison fortifiée, entourée de torchis et garnie de portes ; beaucoup de femmes y étaient occupées à filer et à tisser des étoffes pour l'armée d'Atabalipa... À l'entrée du village des gens étaient pendus par les pieds. On sut par le chef qu'Atabalipa les avait fait mettre à mort parce que l'un d'eux était entré dans les habitations des femmes pour coucher avec l'une d'elles... » (Jerez).

Il peut sembler étonnant qu'un chef de guerre vainqueur, commandant une armée de plusieurs dizaines de milliers d'hommes, doublé d'un administrateur aussi sévère, laisse parvenir jusqu'à lui sans la moindre semonce une troupe d'intrus – qui ne s'est pas gênée pour jalonner son parcours de violences et d'arbitraire. Comme Moctezuma au Mexique, Atahualpa semble frappé d'impuissance.

Bientôt on ne traverse plus que des villages vides, l'atmosphère se fait pesante. Un cacique mis à la torture confirme qu'Atahualpa est hostile, retranché aux environs de Cajamarca avec cinquante mille hommes.

Quelques jours plus tard, Pizarre apprend que le gros des troupes d'Atahualpa est parti plus au sud, en direction de Cuzco, pour conquérir définitivement la capitale.

Le 15 novembre, sans avoir été inquiétés, nantis même de quelques présents de bienvenue adressés par Atahualpa, les troupes de Pizarre et de Soto font leur entrée dans Cajamarca déserte. Cette ville, située à 2750 mètres d'altitude, dont les issues sont susceptibles d'être fermées en quelques minutes par une poignée de guerriers, constitue un piège idéal. Pizarre ne se laisse pas troubler, examine les lieux, choisit d'investir la place centrale :

« Quand on eut observé la ville, on reconnut qu'il n'y avait pas de position plus avantageuse que la place... Elle est plus grande qu'aucune d'Espagne, tout entourée de constructions ; deux portes y donnent entrée et correspondent avec les rues de la ville. Les maisons ont plus de deux cents pas de large ; elles sont très bien faites et environnées de murs de torchis de trois toises ; les toits sont couverts de paille et de bois qui s'appuient sur les murs... »

Le campement d'Atahualpa, à quelques kilomètres de là, se trouve dans la région des sources d'eaux chaudes. De Soto est envoyé en ambassade, suivi par Ferdinand Pizarre. Au passage les Espagnols observent le raffinement des thermes incas, équipés de tuyauterie et de bassins où se mélangent eaux chaudes et froides.

La première entrevue avec l'Inca est relatée par plusieurs membres du détachement envoyé au contact :

« Atahualpa était assis, deux femmes tenaient devant lui un voile très fin et le couvraient ainsi car c'est la coutume de ces

seigneurs que de n'être vus que rarement par leurs vassaux » (Pedro Pizarre).

« *Le tyran était à la porte de sa demeure, assis sur un petit siège : un grand nombre d'Indiens et de femmes étaient devant lui, debout, et l'entouraient presque. Il avait sur la tête une houppe de laine que l'on aurait prise pour de la soie cramoisie, haute de deux mains et liée avec des cordons qui descendaient jusqu'aux yeux, ce qui le faisait paraître beaucoup plus grave qu'il ne l'était en effet. Il tenait les yeux fixés en terre sans détourner la vue...* » (Francisco de Jerez).

Juan Ruiz de Arce ajoute quelques détails :

« *S'il crachait, une femme tendait la main et il crachait dedans. Tout cheveu qui tombait de sa tête sur ses vêtements était ramassé par les femmes et avalé... afin de ne pouvoir être utilisé pour de la sorcellerie.* »

Atahualpa consent à entamer le dialogue avec Ferdinand Pizarre, qui lui est présenté comme le frère du chef des étrangers. Après quelques formules de politesse, il décline ses griefs : les Espagnols ont maltraité des caciques. Ferdinand Pizarre, sur un ton fanfaron, rétorque que les Espagnols se conduisent toujours bien « *à l'égard des Indiens qui désirent être leurs amis* ». En revanche : « *Ceux qui veulent la guerre on la leur fait jusqu'à ce qu'ils soient exterminés...* »

Suit une proposition d'alliance. Atahualpa a des ennemis, les Espagnols peuvent l'aider à s'en défaire. Le souverain les prend au mot, leur propose de partir séance tenante accompagner un détachement dans une expédition punitive contre un chef rebelle.

Ferdinand s'esclaffe, fanfaronne à nouveau :

« *Pour un seul cacique il n'est pas nécessaire que ton armée se mette en campagne ; dix cavaliers chrétiens suffisent.* »

Un ange passe.

Déclinant une invitation à dîner, les conquistadors acceptent la *chicha* (bière de maïs). On se quitte sur la promesse d'Atahualpa de venir visiter le « gouverneur », au camp des Espagnols, le lendemain.

Long suspense, cette nuit du 15 au 16 novembre 1532. Au loin dans les collines, les tentes et les feux d'Atahualpa rougeoient. Trente mille hommes sont rassemblés, estiment les émissaires espagnols revenus à la tombée du jour. Sur la place de Cajamarca, la minuscule troupe de cent soixante-sept soldats polit ses armes, retend ses arbalètes, vérifie sa poudre.

Nerveux, Pizarre va de l'un à l'autre. Si Cajamarca est vraiment un piège tendu par Atahualpa, quelles chances leur reste-t-il de s'en tirer ? Pourquoi l'Inca a-t-il toléré la venue de cette poignée d'hommes, à la fois isolés et offensifs, jusqu'au cœur de l'Empire, si ce n'est pour mieux les cerner ? Pizarre ne sait que penser.

En réalité, Atahualpa a radicalement sous-estimé la nocivité de ces étrangers. Il n'a pas saisi (le pouvait-il ?) qu'un monde en pleine expansion allait déferler à leur suite sur la terre indienne. La curiosité a dû jouer également, le désir de voir de près ces êtres bizarres, leurs appareils lanceurs de foudre, les bêtes fabuleuses qu'ils chevauchent. Dès la première entrevue, de Soto se livre à une démonstration équestre.

Au matin du 16 novembre, Pizarre passe ses troupes en revue, fait et refait ses plans de bataille, multiplie les cas de figure, tente de tromper l'inquiétude. Atahualpa ne reste pas inactif non plus. Si l'on en croit les témoignages indiens recueillis par le père Zarate, des dispositions tout aussi stratégiques sont prises dans le camp des Incas :

« *Atabalipa employa une grande partie du jour à mettre aussi ses troupes en ordre et ranger toute son armée en bataille ; il marqua les endroits par où chaque commandant devait attaquer les ennemis et commanda à un de ses officiers de se rendre par un détour secret au lieu par où les chrétiens étaient entrés sur la montagne et d'occuper tous ces passages, avec ordre de tuer tous les Espagnols qui chercheraient à se sauver... »*

Côté espagnol, l'attente dure toute la journée. Comment rassurer les troupes, dans la perspective d'un combat si inégal ?

Pizarre passe et repasse parmi les rangs :

« *Pizarre et le commandant en chef visitaient les postes des Espagnols, examinant s'ils étaient prêts à marcher quand l'instant serait venu, disant à tous de se faire une forteresse de leur cœur, puisqu'ils n'en avaient pas d'autres, et qu'ils n'avaient de secours à attendre que de Dieu, qui protège dans les grands dangers ceux qui marchent pour son service.*

« *Bien qu'il y ait cinq cents Indiens pour un chrétien, ajoutaient-*

ils, montrez ce courage dont les gens de cœur font preuve dans de telles occasions et espérez que Dieu combattra pour vous. »

Le soleil commence à décliner doucement, glissant derrière les hauteurs, quand apparaît enfin le cortège d'Atahualpa, entouré de plusieurs milliers d'hommes (trois mille ? cinq mille ? les chiffres sont incertains). Incroyable : ils sont sans armes.

Le père de Valverde s'avance, prononce le *requerimiento*, le texte officiel censé s'adresser aux païens. Il énumère les bases de la foi chrétienne, exige la conversion sur-le-champ. À défaut, les Espagnols s'autoriseront, sur ordre du pape et du roi d'Espagne, son bras armé, à combattre les impies.

Atahualpa répond, très calme, en déclinant ses propres convictions. Il est le souverain de ce pays, n'a de comptes à rendre à personne, ne connaît pour Dieu que le Soleil et pour Mère la Terre. Puis, questionnant le père de Valverde : sur quoi fonde-t-il des croyances si bizarres ? Le religieux désigne le livre qu'il tient à la main – les Évangiles.

Francisco de Jerez raconte :

« Atahualpa demanda qu'on lui donnât le livre pour le voir et on le lui remit fermé. Comme il ne pouvait pas l'ouvrir, le religieux étendit le bras pour lui montrer comment il fallait s'y prendre. Atahualpa lui donna avec dédain un coup sur le bras, ne voulant pas le permettre ; et en s'efforçant de l'ouvrir il y réussit. Il ne s'étonna pas de voir les caractères ni le papier, comme les autres Indiens, et il le jeta à cinq ou six pas de lui. »

D'autres témoignages donnent une version légèrement différente : Atahualpa porte le livre à son oreille, n'*entend* rien, au sens propre, et le jette avec dépit.

Valverde, décomposé, se penche, ramasse le volume dans la poussière, l'essuie, s'éloigne. Silence lourd. Pizarre prend son épée, son bouclier, marche vers la litière d'Atahualpa. C'est le signal :

« Aussitôt l'on entendit les décharges de l'artillerie et le son des trompettes : toute la cavalerie et les fantassins sortirent. Dès que les Indiens virent galoper les chevaux, presque tous quittèrent la place, et s'enfuirent avec tant de précipitation, qu'ils enfoncèrent une partie de l'enceinte de la ville, et un grand nombre tombèrent les uns sur les autres. Les cavaliers passèrent sur eux en les tuant et en les blessant, et ils poursuivirent les fuyards. L'infanterie

chargea avec tant de furie ceux qui restèrent dans la place qu'en peu de temps la plupart furent passés au fil de l'épée... »

Pizarre a besoin d'Atahualpa vivant, afin de tenir le pays. Il le défend contre l'agressivité des Espagnols, se fait blesser en se portant devant lui pour le protéger.

Au soir du 16 novembre, dans Cajamarca, des milliers de soldats indiens, de paysans, de femmes, d'enfants venus en curieux, gisent à terre. Le sang coule le long des rues en pente. L'empereur est prisonnier.

Côté espagnol, aucun ne manque à l'appel, personne n'en revient d'avoir remporté victoire si facile. En moins d'une heure, l'Empire du Soleil s'est livré. Comment ne pas croire à l'intervention divine ?

Garcilaso de la Vega, bien des années plus tard, se lamente sur la chute éclair du « dernier empereur du Tahuantinsuyu » et sur la mise à sac de sa maison :

« Le butin fut considérable... Ils trouvèrent dans les bains royaux cinq mille femmes dont ils ne manquèrent pas de profiter, bien qu'elles fussent tristes et fatiguées ; ils s'emparèrent aussi de grandes et belles tentes et de toutes sortes de provisions : des vêtements, du linge de maison, de la vaisselle et des vases précieux, dont l'un, d'or pur, pesait plus de cent kilos ; la vaisselle d'Atahualpa, entièrement d'or et d'argent, valait à elle seule cent mille ducats. »

Atahualpa propose de racheter sa liberté par une rançon. D'un geste circulaire, il désigne la pièce qu'il occupe (sept mètres sur six), offre de la remplir jusqu'à hauteur de « la main levée » : objets d'or pour un tiers, d'argent pour le reste. Pizarre accepte le marché, promet à Atahualpa de le libérer, et même de l'aider à vaincre définitivement son frère Huascar. Atahualpa pourra régner à Cuzco, la capitale de tout l'Empire, avec l'aval des Espagnols.

L'Inca cherche à gagner du temps. Quelques mois devraient suffire pour anéantir la bande de soldats déguenillés aventurée si imprudemment au cœur de ses montagnes. Pizarre, pour sa part, sait que les renforts amenés par Almagro ne sauraient tarder.

Commence la collecte de la rançon, la plus incroyable quantité de matières précieuses jamais rassemblée par si peu d'hommes en si peu de temps. Le jour n'est pas loin où le nom du Pérou, synonyme de folles richesses, atteindra le moindre recoin d'Europe.

Début décembre 1532, la rançon arrive, à dos d'Indiens ou de lamas : vases étincelants, masques, bijoux, assiettes, venus des plus lointains sanctuaires, des cachettes les plus secrètes des Andes. Le niveau croît, dans la pièce réservée au trésor. Il atteint la hauteur de la cheville, du genou...

Pizarre trouve le rythme trop lent. Il dépêche son frère Ferdinand au grand temple de Pachacamac (sud de Lima). Mais les ornements précieux ont été dissimulés. Ferdinand n'obtient qu'un tribut des caciques locaux, tout en glanant une information importante. Chalcuchima, l'un des généraux d'Atahualpa, menant une caravane d'or et d'argent vers Cajamarca, fait étape dans les parages. Il part à sa rencontre. Une fois encore, c'est un pari osé. Chalcuchima occupe une immense région récemment conquise, il se trouve à la tête de trente mille hommes.

Cependant la ruse des Espagnols continue d'être payante. Ferdinand a l'idée géniale d'utiliser comme intermédiaire l'un des frères d'Atahualpa. En moins de deux jours celui-ci parvient à convaincre le puissant chef de guerre de venir à Cajamarca, avec sa part de la rançon, pour faire allégeance aux Espagnols. C'est Atahualpa lui-même qui le lui demande. Chalcuchima n'a pourtant qu'un mot à dire pour anéantir les trublions. Son consentement est un véritable suicide, politique, militaire. Mais Chalcuchima ne peut pas transgresser un ordre venant d'Atahualpa, par la bouche d'un des siens. Il ne peut prendre l'initiative d'une rébellion. On lève le camp pour Cajamarca.

La marche dure deux mois. Le 25 mai 1533, Ferdinand Pizarre et Chalcuchima font leur entrée dans Cajamarca. On assiste à cette scène ahurissante d'un chef de guerre venu volontairement se jeter dans la gueule du loup. Miguel de Estete, incrédule, décrit la scène :

« On vit alors une chose inouïe depuis la découverte des Indes, et c'est un fait à faire remarquer aux Espagnols. Au moment où Chalcuchima passa la porte de la ville où son souverain était prisonnier, il prit à un porteur indien de sa suite une charge moyenne, et la mit sur ses épaules. Un grand nombre de principaux chefs qui l'accompagnaient suivirent son exemple ; et, chargés de cette façon, ils entrèrent où était leur maître. Aussitôt qu'il

le vit Chaleuchima leva les mains vers le soleil, et il rendit grâce à cet astre de ce qu'il lui avait permis de le revoir. Puis, s'approchant de son souverain avec beaucoup de tendresse et en pleurant, il lui baisa la figure, les mains et les pieds : les autres chefs firent de même. Atahualpa montra tant de fierté, que bien qu'il n'y eût dans ses États personne qu'il aimât davantage, il ne le regarda même pas, et il ne fit pas plus de cas de lui que du dernier des Indiens qui étaient présents. Cette coutume de porter un fardeau pour se présenter devant Atahualpa était en usage auprès de tous les souverains qui ont régné dans ce pays. »

Entre-temps, à la mi-février 1533, six hommes ont été envoyés en éclaireurs dans la lointaine capitale de tout l'Empire : Cuzco. « El Cuzco », diront les Espagnols. Située à mille deux cents kilomètres au sud-est de Cajamarca, à 2 600 mètres d'altitude, la puissante cité vient de tomber sous l'offensive d'un autre général d'Atahualpa, Quiquiz. Huascar a été fait prisonnier.

Le détachement espagnol est chargé d'une mission elle aussi très risquée. Dans cette lointaine région, en pleine guerre civile, il s'agit d'évaluer les forces en présence et d'inspecter la capitale. On sait de la bouche d'Atahualpa qu'elle renferme des richesses inouïes. Une part importante de la rançon est censée en provenir. La petite troupe, constituée de volontaires, est placée sous les ordres d'un sous-officier, Gomez. Il semble que Pizarre veuille éviter d'y risquer la vie d'un de ses frères.

Parvenue à son but par des routes d'altitude bien tracées, la modeste chevauchée espagnole est la première à jeter un regard étranger sur cette puissante cité de deux cent mille habitants, aux murs cyclopéens parfaitement ajustés. En son centre se dresse la résidence de Huayna Capac, l'ancien empereur. On visite la maison des « Filles du Soleil », le temple du Soleil – la Curicancha, Maison de l'Or. À l'intérieur, stupeur : les murs et les charpentes sont effectivement tapissés d'or. Trois sculptures trônent sur un autel, à l'effigie du soleil, de la lune, de Viracocha, elles sont en or massif ; tout comme le lourd couvercle en forme de soleil, qui recouvre la baignoire royale, où l'épouse légitime de l'Inca prend le bain rituel du mariage... Plus bas, le Huatanay, Jardin du Soleil, figure, en or massif toujours, herbes, fleurs, épis de maïs, oiseaux...

Pour les Amérindiens des grandes civilisations, Incas, Mayas,

Mexicas, l'or a une valeur rituelle. Aucune valeur «marchande» au sens où nous l'entendons. L'or, trop sacré pour servir de simple monnaie d'échange, est l'«excrément du soleil», la matière des dieux, leur substance, leur chaleur. On comprend qu'une telle conception entretienne la méprise. Ces étrangers qui exigent l'or ne peuvent être que des dieux.

C'est avec deux cent cinquante kilos du précieux métal, et la description de trésors extravagants, que Gomez et ses hommes rentrent sur Cajamarca, où la rançon continue de grossir, ruisselant de toutes les provinces.

Almagro vient d'arriver, avec un renfort de cent cinquante fantassins et vingt-quatre cavaliers. Face au soulagement de Pizarre, on devine la rancœur d'une troupe fraîchement débarquée, découvrant avec convoitise le fabuleux butin en train de lui passer sous le nez.

Atahualpa, toujours prisonnier, sent ses chances de vaincre les Espagnols s'émietter. Huascar est mort, sans doute sur ordre de son frère. Tout le pays quechua-aymara du sud est prêt à subir docilement la domination espagnole pour ne pas tomber sous la tutelle de l'usurpateur.

Dans Cajamarca, un feu rougeoie nuit et jour, celui qu'entretiennent Indiens et Espagnols affectés à la fonte de l'incroyable rançon. On imagine la fièvre des hommes en sueur, maniant l'or liquide.

Des officiers sont chargés de veiller à ce que rien ne soit détourné.

En juillet, l'entassement des lingots produit des chiffres ahurissants : six tonnes d'or à vingt-deux carats, douze tonnes d'argent ! On hésite sur une équivalence en monnaie contemporaine. Pierre Chaunu voit dans ce butin *«l'équivalent prestigieux d'un demi-siècle de la production européenne»*.

Toutes affaires cessantes, Ferdinand Pizarre part pour l'Espagne avec la part royale, le traditionnel «quint du roi».

Le 16 juillet 1533, solennellement, le partage est effectué. Trois cents kilos d'or et cinq cents kilos d'argent pour François Pizarre. Quarante kilos d'or, quatre-vingt kilos d'argent pour chaque cavalier, la moitié pour les fantassins. Avec des mesures de faveur pour les Pizarre, et pour d'autres officiers qui se sont distingués :

de Soto, Belalcazar. De quoi s'assurer une retraite dorée. Peu d'entre eux la prendront.

Les querelles commencent à déchirer le camp espagnol. Chacun est loin d'avoir ce qu'il estime sa juste part. Quant à la troupe d'Almagro, on ne lui octroie que des lots de compensation.

Atahualpa a livré la rançon, il se trouve toujours enchaîné. L'absence de parole, le cynisme espagnols sont maintenant étalés au grand jour.

Atahualpa se décide-t-il enfin à ordonner la révolte? En a-t-il les moyens, depuis une prison où tout est filtré? Sont-ce ses chefs de guerre qui décident de s'unir? Un cacique se présente devant Pizarre, lui apprend qu'un soulèvement indien se prépare:

« Je te fais savoir que depuis qu'Atahualpa est en captivité, il a fait rassembler à Quito et dans toutes les autres provinces de ses États un grand nombre de gens de guerre, afin de venir t'attaquer toi et tes gens, et vous tuer tous. Cette armée vient sous les ordres d'un chef habile... elle est très proche d'ici et doit arriver de nuit. Elle attaquera le retranchement en mettant le feu de tous côtés ; le premier que l'on s'efforcera de tuer, ce sera toi... » (Jerez).

Pizarre hésite sur les mesures à prendre. Faut-il exécuter Atahualpa? Mais c'est se priver d'un atout considérable: un Inca potiche à la tête de l'Empire. Le clan d'Almagro insiste sur la nécessité de cette exécution, afin de pouvoir investir Cuzco et obtenir enfin une part de butin. Pizarre dépêche des volontaires pour connaître la situation réelle des forces amérindiennes.

On n'attendra pas leur retour. Pizarre finit par décider l'exécution d'Atahualpa, sous la pression de ses officiers:

« Atahualpa étant mort, toute son armée serait débandée, et ses gens n'auraient pas le courage de nous attaquer et d'exécuter ses ordres... » (Jerez).

Après une parodie de justice, on offre à Atahualpa de se convertir. Cela lui permettra, ô clémence, d'être garrotté plutôt que brûlé. La distinction est importante pour un Inca. Il doit garder l'intégrité de son corps pour accomplir le parcours du défunt vers le Soleil. Atahualpa se soumet à cette ultime humiliation. Baptisé par Vincent de Valverde, il meurt étranglé, sur la grand-place de Cajamarca, le 29 août 1533. Jerez raconte:

« On alla donc le chercher pour le supplice. Quand il fut arrivé sur la place, il dit qu'il voulait être chrétien. On le fit savoir au

gouverneur, qui ordonna de le baptiser. Le révérend père Vincent de Valverde, qui travaillait à sa conversion, le baptisa. Pizarre dit de ne pas le brûler, mais de le garrotter à un poteau sur la place, ce qui fut fait. Il y resta jusqu'au lendemain matin ; alors les religieux, le gouverneur et les autres Espagnols le conduisirent à l'église pour y être enseveli avec beaucoup de solennité et tous les plus grands honneurs. Ainsi finit cet homme qui avait été si cruel. Il mourut avec beaucoup de courage, sans témoigner de faiblesse, et en disant qu'il recommandait ses enfants au gouverneur. »

Privé d'un chef légitime, explosé en clans ennemis incapables d'organiser une révolte générale, l'Empire inca va sombrer définitivement.

Almagro et ses hommes, dès la mort d'Atahualpa, foncent vers Cuzco, qu'ils pillent de fond en comble en novembre. Belalcazar part vers le nord investir Quito.

Cependant, certains des compagnons de Cajamarca choisissent de rentrer en Espagne, le partage effectué. L'Espagne découvre, fin 1533, avec l'arrivée des premières « flottes de l'or », le bilan fabuleux de l'aventure péruvienne. Francisco de Jerez, qui fait partie des sages retraités ayant demandé congé, fortune faite, raconte l'arrivée à Séville des premiers navires et de leur précieuse cargaison. Celle que rapporte Ferdinand Pizarre dépasse tous les rêves d'or des banquiers de la vieille Europe :

« Le bâtiment était chargé de cinquante-trois mille pesos d'or et de cinq mille quatre cent quatre-vingts marcs d'argent appartenant au roi. Il portait pour des passagers et des particuliers trois cent dix mille pesos et treize mille cinq cents marcs d'argent. Ces métaux étaient en barres, en plaques et en lingots d'or et d'argent renfermés dans de grandes caisses. Il y avait encore à bord du navire, et pour Sa Majesté, trente-huit vases d'or et quarante-huit d'argent... une idole d'or de la grandeur d'un enfant de quatre ans... Ces trésors furent déchargés sur le môle et transportés à la chambre de commerce ; les vases et les autres objets furent expédiés dans vingt-sept caisses ; il fallait une paire de bœufs pour traîner une charrette chargée de deux caisses. »

Pendant ce temps, au Pérou, la conquête a continué. En octobre 1533, le premier affrontement de troupes incas et de troupes espagnoles s'est déroulé. Hécatombe indienne, nouveau butin. À aucun moment les généraux Rumanivi et Quiquiz ne sont parvenus à mettre réellement en question l'avancée espagnole. En novembre, Cuzco est investie par Almagro, et mise à sac. Le butin, à peu près égal à celui de Cajamarca, présente moins d'or mais quatre fois plus d'argent ! L'avidité d'Almagro et de ses hommes peut cette fois être satisfaite.

Sans le moindre égard pour les tabous religieux, on occupe le temple du Soleil :

« *Comme nous entrions... un de leurs prêtres s'écria : "Comment osez-vous entrer ici ! Ceux qui entrent ici doivent avoir jeûné pendant une année et doivent entrer pieds nus et portant une charge !"* *Mais nous ne fîmes aucune attention à ce qu'il disait et nous entrâmes...* » (Diego de Trujillo).

De rares chroniqueurs expriment leurs scrupules :

« *Leur seul souci était de s'emparer de l'or et de l'argent pour devenir riches... sans penser qu'ils mettaient à mal, qu'ils abîmaient et détruisaient. Mais ce qu'ils détruisaient était plus parfait que quoi que ce soit qu'ils aient possédé...* » (Cristobal de Mena).

Au nord, la colonne de Belalcazar est bientôt grossie d'un renfort considérable de troupes fraîches : cinq cents hommes sous les ordres de Pedro de Alvarado, l'ex-lieutenant de Cortés, devenu *adelantado*. Toutes les batailles se soldent par des défaites amérindiennes.

Un nouvel Inca fantoche est désigné par Pizarre : Manco, jeune frère d'Atahualpa. Il joue le jeu des Espagnols pendant trois ans, fournit l'or, subit toutes les humiliations. On l'enchaîne, on urine sur lui, on viole ses femmes sous ses yeux. En 1536, choisissant le prétexte idéal pour tromper la vigilance espagnole, il prétend partir chercher une statue en or massif dans une vallée éloignée, rassemble cinquante mille hommes, encercle Cuzco, défendue par une faible garnison espagnole.

Le siège dure une année, jusqu'en avril 1537. Les Espagnols, à bout de ressources, tentent alors une audacieuse sortie et parviennent à reprendre la citadelle de Sacsahuaman. L'étau inca se desserre. Manco croit pouvoir rétablir son avantage en s'alliant avec Almagro, retour du Chili où il a échoué, en révolte ouverte contre Pizarre. Manco l'aide à prendre Cuzco aux pizarristes, en juillet 1537. Ce recours se révèle illusoire : Almagro, vainqueur, se retourne immédiatement contre son allié qui se replie au cœur des montagnes.

À Vitcos, capitale du fameux refuge de Vilcabamba, une communauté de résistance amérindienne s'installe pour près de quarante ans. Manco puis ses fils y rétablissent un État néo-inca. Le site sacré de Macchu-Picchu sert de refuge aux prêtres et aux vierges du Soleil. Favorisé indirectement par les dissensions qui affaiblissent le clan espagnol, l'État rebelle de Vilcabamba se perpétuera jusqu'en 1572.

Pourquoi les Amérindiens, si constamment supérieurs en nombre, n'ont-ils pu reprendre leur souveraineté? La question, aussi troublante qu'au Mexique, appelle des réponses similaires: supériorité des armes à feu européennes, confusions à propos de l'identité de ces «dieux de retour», handicap lié à la pratique trop «rituelle» de la guerre. Au fil du temps, les Incas ont, certes, inventé des techniques de combat astucieuses: *bolas*, ces lassos lestés de pierres où s'empêtrent les chevaux, arquebuses volées et retournées contre leurs propriétaires, confection de fosses bien camouflées au fond garni de piques. Les troupes indiennes n'en souffrent pas moins d'une mauvaise organisation, elles obéissent à des rites trop prévisibles – attaques lors de la pleine lune –, elles sont accompagnées d'une cohorte de femmes et d'enfants qui limitent la liberté de mouvement.

Côté espagnol, tout est cependant loin d'aller pour le mieux. Les premières années du Pérou colonial sont marquées par les guerres fratricides les plus acharnées de toute la Conquête. Enchaînement de vengeances dont l'historien Gomara donne la tonalité shakespearienne:

«*Plus de cent cinquante capitaines et magistrats sont morts, les uns tués par les Indiens, les autres en s'entre-tuant, la plupart pendus...*»

La tribu Pizarre finit sous les coups des almagristes, et vice versa.

Il faut attendre 1555 pour que l'*audiencia* de Lima et le nouveau vice-roi parviennent à chapeauter les factions espagnoles et à établir l'ordre colonial. Les Amérindiens ont cru parfois jouer à leur avantage de l'un ou l'autre des partis rivaux. Ils sont désormais réduits à la domination, à une lente et irrémédiable acculturation.

Le Pérou ouvre à son tour deux découvertes majeures : celle de l'intérieur du continent sud, grâce à la première et fantastique descente de l'Amazone par la petite troupe d'Orellana en 1541 ; celle du Chili, à l'initiative d'Almagro, suivi de Valdivia.

Étrange pays que ce Chili, coincé entre Océan et cordillère, qui s'étire, au sud du Pérou, sur trois mille cinq cents kilomètres de long en n'occupant que cent à trois cents kilomètres de large. De cet immense territoire longiligne, qui lui est dévolu dans le partage conclu avec Pizarre, Almagro attend un équivalent du Pérou, afin d'obtenir ce qu'il estime son dû.

Acceptant de « débarrasser le terrain » (*descargar la tierra*), il fonce vers le sud depuis Cuzco, en juin 1535.

L'ampleur de la troupe qu'il dirige est sans commune mesure avec la poignée de conquistadors de la conquête du Pérou. Un millier d'Espagnols, des centaines d'auxiliaires amérindiens. Le nombre sera-t-il une gêne, en l'occurrence ? Rapidement l'expédition, qui emprunte la route des hauteurs, s'épuise. Le froid, la faim, le *soroche*, font leur œuvre.

Au Chili les autochtones n'obéissent pas aux mêmes structures qu'au Pérou. Loin d'être unis en un royaume hiérarchisé, facile à décapiter, ce sont des groupes mobiles, combatifs. Ils ont déjà repoussé les multiples tentatives de pénétration inca.

Coupée de ses arrières par l'ampleur du pays, affaiblie, l'expédition Almagro va faire demi-tour, après s'être cassé les dents sur le plus déterminé des peuples amérindiens : les Araucans, nomades et guerriers, dont le nom même signifie « rebelle ». La résistance araucane durera des siècles. Pablo Neruda célébrera les chefs araucans au visage d'arbre, alliés à la force terrienne des éléments, du froid, du vent, de l'immensité...

Bredouille, Almagro fait demi-tour, repart sur Cuzco, qu'il reprend aux Pizarre, afin de compenser. L'échec chilien, qui rabat sur le Pérou les convoitises des almagristes, provoquera indirectement vingt années de luttes fratricides.

Vide de prétendants, rendu à lui-même, le Chili attire bientôt l'un des proches de Pizarre, Pedro de Valdivia, riche *encomendero* de quarante ans. Muni de l'investiture pizarrienne, il y pénètre en octobre 1540, flanqué de cent cinquante cavaliers, d'un millier d'Amérindiens, et d'un troupeau de « survie » qui compte de nombreux cochons, ainsi que des juments... Valdivia, soldat réputé, est «très hidalgo», selon les termes d'un de ses chroniqueurs – autrement dit, non suspect de bâtardise. Il est de surcroît l'époux d'une «dame» (jeune fille de la noblesse) qu'il a laissée depuis de longues années en Espagne, selon la coutume de ceux qui passent aux Indes. La liberté qu'il a prise – emmener sa maîtresse – est en revanche fort mal vue dans le milieu de la *Conquista*. Le libre commerce avec les femmes n'est toléré que si elles sont indiennes, et font partie du «butin».

Valdivia, bel homme, énergique, porté sur le jeu et les plaisirs, va avaler au Chili les pires couleuvres. Pourtant son rêve d'or et de munificence ne le quittera jamais. L'historien Lopez de Gomara donne le ton de cet acharnement maniaque :

«Les Indiens guerroyaient sans cesse contre les Espagnols et ne leur laissaient pas d'Indiens de service ; faute de ces derniers, les nôtres fouissaient eux-mêmes la terre, ensemençaient et faisaient tous les travaux nécessaires à leur subsistance... En dépit de toutes ces épreuves et de toute cette misère, ils découvrirent un vaste pays le long de la côte et entendirent parler d'un seigneur qui possédait une île non loin de là, avec un très grand temple et deux mille prêtres... ils surent aussi qu'il y avait plus loin des Amazones dont la reine s'appelait Guanomilla ("ciel d'or"), d'où beaucoup d'entre eux déduisaient que ce pays était très riche... »

C'est ainsi, aveuglés par un mélange de cupidité et d'idéalisme, l'imagination pleine de légendes classiques et chevaleresques, que les soldats de Valdivia descendent le long de la côte désertique du Chili. Sûrs d'être guidés par la volonté divine. Ils vont d'ailleurs recevoir la preuve d'une protection supérieure, à l'occasion d'un combat en train de mal tourner. Marino de Lobera, l'un des compagnons de cette épopée, raconte :

«Alors que les Indiens allaient remporter la victoire et clamaient leur triomphe, voyez-vous que, tout à coup, ces barbares tournent brusquement casaque et se mettent à détaler dans un sauve-qui-peut général, disparaissant pour échapper à celui qui leur était brusquement apparu. »

Questionnés sur l'opportune apparition qui les a mis en déroute, les prisonniers indiens décrivent «*un chrétien sur un cheval blanc, l'épée brandie...* ». Miracle, miracle, murmure-t-on dans les rangs : la description correspond au saint patron des conquistadors, saint Jacques en personne, celui qu'on invoque (« Santiago ! ») au début de chaque offensive...

Valdivia, éperdu de reconnaissance, fonde, en février 1541, à l'emplacement de la bataille, une ville destinée à honorer le saint guerrier, Santiago. Un port est créé dans la superbe baie voisine de Valparaiso. On s'y affaire à la construction d'un navire, afin de chercher des renforts au nord – les attaques indiennes se multipliant.

À aucun moment l'ardeur de Valdivia ne mollit. Il remonte sur le Pérou en 1548, afin de prêter main-forte aux forces loyalistes, contre Gonzalo Pizarre cette fois. Habile calcul : c'est de source royale qu'il va obtenir la confirmation de son titre de gouverneur du Chili. À situation officielle, conséquence « normalisante » : Valdivia se voit contraint de trouver un mari à sa maîtresse et de faire venir du fin fond de l'Estrémadure son épouse oubliée.

La colonie s'étoffe, grossie des immigrants qui n'ont pu se faire une situation ailleurs. Aguirre, parti en mission à l'est des Andes, impose la domination espagnole dans le nord du Chili. Tandis que Valdivia pousse au sud, fonde Concepcion, envoie des navires en reconnaissance vers le détroit. Mais la résistance araucane ne désarme pas. Au franchissement du rio Bio-Bio, c'est l'insurrection.

À Tucapel, malgré la vaillance de quarante « soldats d'élite » et de trois mille « Indiens amis », Valdivia se laisse manœuvrer par Lautaro, un habile stratège, que l'imagerie présente comme une sorte de Vercingétorix indien. Le 27 décembre 1553, le conquistador et son chapelain sont pris et découpés vivants... Il semble que l'hidalgo, soucieux de ne pas laisser en arrière le religieux chevauchant une mule, ait ralenti l'allure, et se soit fait prendre.

Quatre ans plus tard, avec l'arrivée d'Hurtado de Mendoza (la grande famille qui a fourni et fournira de nombreux gouverneurs et vice-rois dans l'Amérique espagnole), le Chili colonial s'installe réellement. Mendoza réussit à repousser à la fois la menace indienne et les prétentions des deux « héritiers » de Valdivia : Villagra et Aguirre, promis comme on le sait à d'autres aventures...

L'épopée de Valdivia, célébrée dans le long poème épique « L'Araucane » comme une série de hauts faits guerriers, tant du côté espagnol qu'autochtone, marque, en ce milieu du XVIe siècle, la fin de la grande expansion ibérique sur le continent américain.

Maîtresse d'un espace immense, qui court, si l'on exclut l'enclave portugaise du Brésil, de la Terre de Feu jusqu'au Texas, l'Espagne a du mal à faire face. Il lui faudra réellement plusieurs siècles pour investir les zones qu'elle englobe. Au même moment, dans le nord du Nouveau Monde, d'autres pays, la France, l'Angleterre, ont fini par comprendre l'enjeu réel de ce double continent dont l'ampleur ne cesse de se manifester à chaque nouvelle découverte.

13.

Fabuleux intérieur

Un demi-siècle après Colomb, l'Amérique dessine en vraie grandeur sa silhouette sur les cartes, de Terre-Neuve à la Patagonie, du Mexique à la Terre de Feu. Au nord, le mystère s'attarde encore. Où va la côte au-delà de la Californie? Rejoint-elle l'Asie? Y a-t-il un passage au nord-ouest? Ces incertitudes mises à part, le Nouveau Monde commence à présenter un contour presque superposable aux cartes d'aujourd'hui. On reconnaît la forme de poire du continent sud, la poussière d'îles des Caraïbes. Californie et Floride pointent vers le sud.

Mais l'intérieur? On connaît la forme du vase, on ignore tout ou presque de ce qu'il renferme. Montagnes, déserts, plaines infinies, désolations, plantes et animaux prodigieux n'ont pas fini de se dérouler devant les pas des pionniers. L'Amérique, le plus grand réservoir d'espoir et d'inconnu de tous les temps, va absorber ce que lui envoie l'Europe, son trop-plein de malheur comme ses rêves de fortune et de liberté. Cet «Autre Monde», où Colomb a entr'aperçu le Paradis réel, où puritains, fouriéristes, miséreux, chercheront l'issue, demeurera le continent de l'idéal.

Qu'il soit déjà possédé, nommé, est une évidence que l'Europe refuse de prendre en compte. On plante des croix, on défriche, on bâtit, on est chez soi. On a Dieu pour soi. Tandis que rétrécit la peau de chagrin amérindienne...

L'image symbolique d'America, belle sauvagesse assise sur un tatou, offrant des perles et de l'or, montre bien que l'Europe voit dans le quatrième monde un espace «vierge». Donc à prendre. Les nations envoient leurs explorateurs, puis leurs administrateurs et leurs colons.

En marge de l'histoire et de ses archives vérifiables, se dérou-

lent de folles épopées individuelles, menées par d'innombrables
«découvreurs anonymes». Ceux-là finissent rarement, vu les risques, en patriarches radoteurs. Une proportion non négligeable
d'entre eux part également se dissoudre dans les peuples amérindiens, y faire souche, y perdre définitivement l'envie de revoir des
compatriotes. Certains prendront, à l'occasion, les armes contre
les envoyés de leur pays d'origine. Mais pour quelques histoires
conservées – Hans Staden, épargné par les Tupis cannibales du
Brésil, Gonzalo Guerrero, adopté par les Mayas du Yucatan et
refusant de rejoindre les troupes de Cortés – combien de péripéties dont nul n'aura connaissance ?

Autour de 1550, les explorations menées vers l'intérieur du
continent américain laissent entrevoir l'ampleur de ces espaces
que le reste du monde ignore depuis toujours. On atteint les hauts
plateaux colombiens, on descend l'Amazone, on remonte le Rio de
la Plata et le Parana. L'ensemble de ces premières investigations
produit des informations précises, en même temps qu'un florilège
de légendes vivaces. Le colonel Fawcett, en plein XXe siècle, n'ira-
t-il pas se perdre dans la forêt amazonienne, à la recherche d'un
hypothétique «royaume» où l'on adore des mégalithes ?
Entre 1535 et 1545 naît le premier des courants de folie qui
traversent l'histoire américaine. Il porte le nom d'Eldorado.
À son origine, un mirage (du moins une grosse exagération). En
fin de parcours, d'amères déceptions, voire du tragique. Même si
on trouve de l'or, on n'a jamais *assez* d'or.
L'affaire commence après la conquête du Pérou et son butin
extravagant, qui a porté au rouge les cupidités européennes, tout
en provoquant des troubles sérieux dans les économies de la
vieille Europe, non préparées à cette massive injection de métal.
Ce n'est qu'un début, estiment certains. Des témoignages amérindiens, tant au Panama qu'au Pérou, ainsi que dans l'actuelle
Colombie, proclament l'existence, dans les hauts plateaux au sud
de l'isthme, d'un autre royaume providentiel. Il est dirigé par un
cacique «tout couvert d'or», juché sur un trône d'or massif. À
l'occasion de certaines cérémonies, le souverain jette dans un lac
sacré de précieuses offrandes, puis il plonge à son tour, le corps
couvert de paillettes. De quoi électriser toute l'Amérique espagnole, particulièrement les soldats arrivés trop tard pour parta-

ger le butin péruvien, ou lésés dans les répartitions. Chaque *entrada* suscite ainsi son lot d'insatisfaits, qui grossissent les rangs de la suivante...

Sebastian de Belalcazar, l'un des lieutenants de Pizarre dans la conquête du Pérou, est de ceux-là. Extrémègne comme son supérieur, d'origine humble malgré le tapageur pseudonyme qu'il s'attribue – son nom réel est Garcia, le « Dupont » espagnol –, Belalcazar s'est formé sur le tas, a conquis ses galons dans le coup de poker de Cajamarca.

La modeste mission qu'on lui confie par la suite – établir une simple garnison sur la côte nord du Pérou – est loin de correspondre à ses ambitions. Il file, sans en avoir reçu l'ordre, vers Quito, et dirige une action d'éclat contre l'un des derniers grands généraux incas, qui tient la capitale du nord. C'est en vainqueur qu'il entre dans Quito, début 1534. Il y a belle lurette que palais et temples ont été vidés de leur or. Déception, malgré le succès militaire. Les butins de Cajamarca et de Cuzco lui avaient laissé entrevoir bien autre chose.

C'est donc avec un intérêt passionné que Belalcazar voit se présenter à lui, quelques mois plus tard, un Indien venu du nord, porteur d'un récit alléchant. L'avenir, une fois n'est pas coutume, le prouvera conforme à la réalité. L'homme prétend venir du pays des Chibchas, riche en or et en émeraudes. Castellanos, dans un poème historique, évoque cette entrevue qui enflamme l'imagination de Belalcazar :

> « *L'Indien parla d'un certain roi qui, dévêtu,*
> *Se rendait sur un lac, à bord d'un radeau,*
> *Pour faire des offrandes (il l'avait vu lui-même),*
> *Son corps royal enduit d'une huile parfumée*
> *Sur laquelle s'étendait un habit de poudre d'or*
> *De la plante du pied au plus haut de son front,*
> *Resplendissant comme un rayon du soleil...* »

Séance tenante, Belalcazar décide de partir vers cet El Dorado – cet « homme doré » – dont le nom finira par désigner tous les rêves de fortune caressés à la surface de la planète...

La distance, estime l'Indien, correspond à douze jours de marche. Une bagatelle. Le temps de déléguer ses responsabilités à la tête de Quito, Belalcazar se met en route, en 1536, flanqué de plusieurs centaines d'Espagnols, de milliers d'Indiens, de chiens féroces, et des inévitables cochons, rôtis ambulants nécessaires au maintien moral et physique des troupes.

Arpentant la haute vallée du Cauca, où même les Incas avaient évité de s'aventurer, Belalcazar terrorise les villages. Il fonde des villes (Popayan, Cali), s'enfonce dans la jungle où les flèches empoisonnées mettent à mal sa troupe, pourtant nombreuse. Les mois s'ajoutent aux mois. Atteignant finalement la vallée du Magdalena, qui se déverse de l'autre côté de l'isthme, dans la mer des Caraïbes, il trouve les hautes terres promises, près de trois ans après son départ de Quito.

Sur ce plateau du Cundinamarca, vanté par son informateur indien, une méchante déception l'attend : d'autres Espagnols sont déjà installés, sous la direction d'un certain Quesada. Certes, ces soldats déguenillés, qui ont dû troquer la toile contre la peau de jaguar, n'ont pas fière allure face aux pourpoints de soie de Belalcazar, mais il ne peut nier l'antériorité.

Faisant contre mauvaise fortune bon cœur, Belalcazar chapitre ses hommes, afin que le camouflet ne se solde pas par un massacre général. Il passe une série d'accords avec Gonzalo de Quesada, général de la troupe concurrente. L'échange de ses précieux cochons, de quelques armes et de chevaux encore assez frais, permet d'obtenir une part du butin, en vaisselle d'or.

Quesada et ses hommes racontent aux nouveaux venus le périple qui les a conduits à cet étonnant rendez-vous, en empruntant par un itinéraire convergent le Rio Magdalena, depuis son embouchure située sur la côte vénézuélienne.

Aimanté lui aussi par des rumeurs indiennes à propos d'un certain cacique doré, Quesada a obtenu l'appui du gouverneur de la petite colonie de Santa Marta – non loin de Maracaïbo. La colonie périclitait, elle avait un urgent besoin d'or, valeur d'échange avec l'Espagne et les colonies plus prospères. Une expédition vers le pays de l'Homme Doré était une aubaine.

Quesada, lettré et juriste, n'a pas une grande expérience militaire. Il obtient pourtant le concours de six cents fantassins et quatre-vingt-cinq cavaliers, qu'il va diriger avec compétence. Dès le début, pourtant, c'est une galère.

Quesada a fait construire cinq brigantins. Ces embarcations

doivent remonter le Magdalena aussi haut que possible, en parallèle avec la première colonne partie par voie de terre. Dès les
premiers jours, un cyclone les met hors d'usage. Leur remplacement va imposer plusieurs mois d'attente incertaine à une troupe
qui se bat chaque jour contre une jungle dense et épineuse, obs-
truée de lianes, truffée d'alligators. À quoi s'ajoute l'hostilité des
Indiens – résultat le plus tangible d'une expédition ratée qui a
précédé celle-ci.

Au bout de trois mois arrivent enfin les fameux brigantins,
l'unité de soutien indispensable. La progression terrestre reprend. Cette interminable marche forcée inspire au chroniqueur
poète Castellanos d'autres vers évocateurs, où les fièvres, les
plaies de la marche, les tiques, les serpents, les jaguars, les
maladies de toutes sortes, composent un authentique cauchemar.
Espagnols et porteurs indiens tombent comme des mouches. Les
cavaliers portent les harnachements, afin de conserver les chevaux en vie. On mange de la chauve-souris, du fourmilier. Pas de
villages, pas de razzias possibles. Tout le monde n'a plus qu'une
idée : faire demi-tour.

Le sang-froid de Quesada en impose pourtant, ainsi que son
raisonnement. La seule chance de survie, explique-t-il, est la fuite
en avant, vers les pays plus prospères annoncés par les Indiens.
Et puisqu'il y a des velléités d'indiscipline, le règlement va être
draconien. Un cavalier, qui a tué son cheval afin de le manger, est
exécuté pour l'exemple. Le bachelier Quesada se révèle décidément inflexible dans le rôle du chef d'expédition.

Enfin apparaissent les indices d'une civilisation. On croise une
pirogue remplie de tissus fins et de blocs de sel. Au loin, des
champs, des villages de huttes. Le fleuve devient trop étroit pour
les brigantins. Quesada les renvoie vers l'aval chercher des renforts. Ils ne reparaîtront jamais.

Cent soixante hommes et leurs soixante-deux chevaux rescapés
continuent ainsi de progresser à travers les villages, en direction
d'un pays fertile et riche, au-delà des montagnes. Ce qui les
attend, en guise d'accueil triomphal et de festin, est une troupe
serrée d'autochtones, bien décidés à en découdre.

Une fois de plus, les chevaux, les armes à feu, la stratégie des
Espagnols, leur permettent de remporter une bataille inégale.
Sans autre résistance, la petite troupe atteint le plateau du Cun-

dinamarca, pays des Indiens chibchas... qui n'est autre que le fameux royaume du souverain tout en or. L'expédition est en route depuis un an.

Espéraient-ils trouver l'équivalent du Mexique ou du Pérou? Dans ce cas, il leur faut déchanter. Ces hautes terres, situées à plus de deux mille mètres, et d'un accès difficile, ne présentent que deux richesses. La première est le sel. Pas très excitant. La deuxième est l'émeraude. De ces émeraudes qu'extraient aujourd'hui encore les *guaqueros*.

Les Chibchas vivent du troc qu'ils font de leur sel, de leurs pierres vertes, avec les populations voisines. Ils tirent également profit de leur savoir-faire de tisserands : le coton acheté à l'extérieur est revendu filé et tissé.

L'or, dans tout ça? Ils en ont, les Espagnols en observent des plaques décoratives qui tintent aux portes des paillotes. Mais pas trace de rivières aurifères, pas de mines. L'or est importé. Même les paillettes qui étincellent sur la peau du cacique, le *zipa*, lors des grandes cérémonies au lac de Guatavita, viennent d'ailleurs. Le lac des bains sacrés sera localisé plus tard. On y pêchera effectivement quelques offrandes d'or immergées.

Au moment d'atteindre le haut plateau de Bogota (c'est le nom du cacique), le capitaine donne des consignes de modération. S'il faut en croire les termes du discours, transcrit par l'un des religieux participant à l'expédition, Quesada montre une élégance morale peu commune en son temps :

«*Nous sommes à présent dans un pays organisé et bien peuplé. Que nul ne se laisse aller à la violence. Nous devons faire confiance à Dieu et avoir la main légère. Ainsi gagnerons-nous la sympathie d'autrui. Après tout, nous aurons affaire à des hommes comme nous-mêmes, moins civilisés peut-être, mais tout homme aspire à être traité avec civilité... Nous ne leur enlèverons point de force ce qu'ils ne souhaiteraient pas nous donner... N'oublions pas que le sol que nous foulons leur appartient de droit naturel et divin, que ce sera par une faveur de leur part qu'ils nous permettront d'être ici et qu'ils ne nous doivent rien...*»

Trop beau prêche pour être vrai? Dans les faits, l'État de Chibchas sera anéanti. Las Casas, qui classe Quesada dans la catégorie des tyrans, précise que le *zipa* Bogota sera torturé à mort, dans l'espoir d'obtenir une rançon.

Après d'infructueuses visites de villages désertés, la ville de Tunja produit à son tour des matières précieuses : or, argent, émeraudes. Ce n'est pas le Pérou, au sens propre. Le quint royal représente tout de même quarante mille pesos d'or. Mille cinq cents émeraudes sont partagées. En 1538, après la disparition énigmatique du *zipa*, la nouvelle colonie espagnole est baptisée Nouvelle Grenade, afin d'honorer la ville où Quesada fut élevé. Ce sera la Colombie.

Fin 1538, Quesada s'apprête à lancer une nouvelle expédition vers la rive ouest du Magdalena, en direction d'un temple du Soleil prometteur de nouveaux butins. Et voilà qu'un messager indien annonce l'arrivée par le sud d'une importante troupe espagnole, bien habillée et bien armée. Celle de Belalcazar.

Coup de théâtre. Mais ce n'est pas le dernier. Au moment même où Quesada, parvenu à un accord avec son rival, s'apprête à redescendre vers la côte pour apprendre au monde sa découverte et en tirer les fruits, un troisième larron se profile à l'horizon : Nicolas Federmann, venu cette fois des plaines de l'est et du fin fond de la vallée de l'Orénoque. Il est l'envoyé de la maison Welser d'Augsbourg. Ces riches banquiers allemands, créanciers de Charles Quint, ont obtenu en dédommagement un morceau de Nouveau Monde. Ils entendent bien tirer, eux aussi, une part substantielle des richesses américaines.

Étonnante rencontre, au cœur du haut plateau colombien, que celle des trois expéditions venues de trois directions, condamnées à trouver un terrain d'entente au milieu de nulle part...

En cette année 1539, où le Pérou des almagristes et des pizarristes se déchire de l'autre côté des montagnes, trois rivaux aux dents longues, contre toute attente, trouvent le moyen de négocier. On s'octroie des compensations, on festoie. Les fontes pleines d'or et d'émeraudes, on redescend le Magdalena de conserve. Finalement on embarque à Cartagena. L'empereur consacrera, c'est sûr, la réussite de chacun.

L'épilogue sera conforme à toute l'histoire de la *Conquista* : aucun de ces hommes n'aura droit à la vieillesse « dorée » à laquelle il pourrait prétendre.

Quesada, calomnié, finira en Nouvelle Grenade avec un titre honorifique de « maréchal de Bogota ». Belalcazar, nommé à la tête d'une des provinces colombiennes, mourra juste à temps pour ne pas subir un procès infamant, monté par son second. Quant à Federmann, coupable aux yeux de ses riches commanditaires d'être arrivé bon dernier au royaume des Chibchas, il ne reverra plus le Nouveau Monde et connaîtra une fin de vie obscure en Europe.

Par un processus étonnant, l'illusion même de l'Eldorado va survivre à sa découverte effective. La réalité s'étant révélée inférieure au mythe, le mythe voyage vers le cœur du continent, en direction de l'Amazonie, au gré des on-dit et des désirs pris pour des réalités...

En 1536, Diaz de Pineda, un des lieutenants de Belalcazar, menant une expédition depuis Quito, fait des découvertes prometteuses dans la direction du sud-est. Il rencontre, après quelques jours de marche, des bois de canneliers. Intéressante trouvaille, à l'heure où l'Espagne s'agace du peu d'«épices» de qualité produit par le Nouveau Monde – tandis que le commerce portugais prospère en Extrême-Orient. Pineda baptise «Canela» la séduisante contrée, et revient avec une information encore plus précieuse : l'existence, à l'est, d'un *vaste pays*», «*sans forêts ni montagnes*», où les habitants «*portent tous des bijoux d'or*», et possèdent de «*grandes richesses*»... Il est remarquable de voir avec quelle constance les Espagnols se laissent abuser par des Indiens, trop contents de les expédier un peu plus loin.

Trois ans plus tard, c'est l'un des Pizarre, le plus jeune, fraîchement nommé à la tête de Quito, qui reprend l'idée. Gonzalo Pizarre, habituellement décrit comme le moins antipathique de la «tribu», est beau, aimé de ses hommes, et d'une heureuse nature. Si la vallée des canneliers l'intéresse un peu, la légende du Roi doré s'y associe, par on ne sait quel croisement de suppositions et de rumeurs prises pour argent comptant. Comme les autres, il fait un raisonnement simple : un roi qui a les moyens de se couvrir de poudre d'or, gaspillée à chaque «lavage», ne peut être qu'immensément riche.

En février 1541, soit près de trois ans après la découverte du véritable Eldorado, voici Gonzalo Pizarre en route vers un avatar du rêve doré, à l'est des Andes équatoriennes cette fois. Deux cents à trois cents soldats l'accompagnent, plusieurs milliers d'Indiens, des lamas bâtés, des porcs de survie, et des chiens féroces – dressés pour attaquer les « sauvages ».

C'est au second, et cousin de Gonzalo, Francisco de Orellana, qu'il va appartenir d'inscrire cette expédition dans l'histoire des découvertes.

Orellana, trente et un ans, pizarriste pur et dur, éborgné dans les guerres civiles du Pérou, conduit l'arrière-garde. Fin 1541, après des semaines de pluie battante qui gâte les vivres et pourrit les équipements, le pays de la cannelle est atteint, mais déjà les limites de la résistance des troupes se font sentir. Impossible d'aller plus loin dans ces montagnes couvertes d'épaisses forêts. Les chevaux sont morts, les dogues mangés, la plupart des Indiens auxiliaires ont disparu dans les combats qui ont ponctué le parcours.

Gonzalo Pizarre et Orellana se consultent. Soit on fait tout de suite demi-tour, soit on tente une dernière chance : envoyer les éclaireurs vers la seule issue qui s'offre, la rivière descendant vers l'est. Le pari en vaut la peine, estiment-ils d'un commun accord.

Un brigantin est bricolé. Les fers des chevaux servent à confectionner des clous. Garcilaso de la Vega décrit l'ingénieux chantier naval, improvisé en pleine jungle :

« *Pour le goudron du brigantin, ils utilisèrent la résine des arbres* [1] *; pour l'étoupe, ils sacrifièrent des couvertures et de vieilles chemises ; ils auraient volontiers sacrifié tous leurs vêtements, tant ils croyaient que le brigantin allait remédier à leurs infortunes...* »

Cette mission délicate, visant à obtenir du ravitaillement et de l'information, est confiée à l'homme en qui Gonzalo a le plus confiance : Orellana. Le 26 décembre 1541, à la tête d'un détachement de cinquante à soixante-dix soldats, on part au fil de la tumultueuse rivière Coca. En aval, si les Indiens n'ont pas menti, on trouvera, au confluent d'un fleuve plus important, de gros villages, bien pourvus de nourriture.

Pour Gonzalo Pizarre, resté en amont avec une centaine d'hommes, de longues semaines d'attente commencent, en pleine jungle. La famine est là. On tue les derniers chevaux, les derniers chiens. On mastique le cuir des selles et des étriers. On se résigne

---

1. Caoutchouc.

à consommer des serpents, des poissons-torpilles. Au bout d'un mois, Orellana se fait toujours attendre. A-t-il été tué ? Trahi ? Un nouveau détachement envoyé sur le Coca retrouve l'un des hommes d'Orellana, nu, sur la rive. L'homme raconte ce qui s'est passé : devant l'impossibilité de remonter le courant, Orellana a décidé de continuer au fil de la rivière, peut-être jusqu'au royaume de l'or, peut-être jusqu'à l'Atlantique... Gonzalo doit s'y résoudre : il a été abandonné par son cousin. Ce dernier, pour comble de malheur, a emporté les outils. Pas moyen de construire même un radeau.

Contrainte de faire demi-tour, la troupe de Gonzalo ne retrouvera Quito qu'en juin 1542. Parmi la bande hagarde des quatre-vingts survivants déguenillés, squelettiques, les habitants de la cité coloniale distingueront, dans un harnois rouillé, Gonzalo Pizarre, le gouverneur en personne...

Orellana est-il vraiment ce lâche que l'histoire désigne depuis près d'un demi-millénaire à l'opprobre ? On pouvait le penser, jusqu'à ce que réapparaisse, au début de ce siècle, le récit oublié d'un des compagnons de l'aventure, le frère Gaspar de Carvajal.

Dans cette version des événements, Orellana aurait obéi à un cas de force majeure. Réalisant la première partie de sa mission, il aurait atteint le confluent, fait provision, auprès des Indiens, de poulets, tortues, poissons et autres vivres. Au moment de revenir, une mutinerie aurait éclaté. Estimant le brigantin incapable de remonter le courant, les hommes auraient mis leur chef en demeure de continuer sans se retourner, au fil du nouveau fleuve rencontré, le Napo. Carvajal cite le texte rédigé par les hommes d'Orellana :

« Nous cavaliers, hidalgos et prêtres... adjurons Votre Honneur, et nous le prions et le sommons de ne pas nous emmener avec lui pour remonter la rivière... »

Orellana n'aurait agi que sous la pression de ses hommes. À moins – c'est la thèse de ses détracteurs – qu'il n'ait fait écrire ce texte pour se disculper d'avance.

Le 2 février 1542, les cinquante Espagnols partent au fil du Napo. Dix jours plus tard, ils débouchent dans un fleuve puissant, qui n'est autre que le haut Amazone – le Marañon, fleuve des enchevêtrements et des méandres... Devant eux : cinq mille cinq cents kilomètres à parcourir. Une fois de plus, c'est par ignorance de l'énormité de l'aventure que des hommes osent s'y risquer.

Jusqu'à la fin février, la croisière est agréable. L'hospitalité indienne autorise de longues haltes sur les rives. L'une d'elles est mise à profit pour la confection d'un deuxième brigantin.

Juste après, les ennuis commencent. La région en aval se montre dangereusement peuplée. Carvajal évoque même une «*agglomération s'étendant sur cinq lieues, sans le moindre espace entre les maisons*» (?)...

Plus aucune escale n'est possible. Il faut descendre très vite.

Bientôt, les embarcations atteignent le territoire des Omaguas, population accueillante qui se distingue par un art de la poterie polychrome. L'un des villageois, pressé de faire les honneurs de sa maison, ajoute incidemment qu'il y a «*autant d'or et d'argent dans le pays que de porcelaine dans cette maison...*».

Une information qui va droit au cœur des Espagnols. Mais l'incursion qu'ils organisent dans l'intérieur tourne court : la forêt aux arbres géants, peuplée de singes hurleurs, d'Indiens qui surgissent quand on ne les attend pas, les dissuade d'aller plus avant.

Le 3 juin, continuant de suivre le courant, ils croisent un affluent aux «*eaux noires comme de l'encre*» et notent : «*Cette rivière coulait avec tant d'abondance et de puissance que, sur plus de vingt lieues, elle formait une traînée noire dans le grand fleuve sans se mélanger avec lui.*»

Ce sera le «rio Negro», déclare Orellana. Son confluent est aujourd'hui le site de Manaos, la capitale amazonienne.

Orellana, intrigué, entend alors les Indiens évoquer une tribu de femmes guerrières dominant toute la région. Astreints à leur verser tribut, les peuples du fleuve les craignent et les respectent.

Une fois encore, la réalité américaine vient à la rencontre des légendes du Vieux Monde. Tout comme Colomb a trouvé le site du Paradis à l'embouchure de l'Orénoque, tout comme Magellan a eu le privilège de voir des «géants» patagons, voilà qu'Orellana découvre des Amazones au cœur de la plus sauvage des forêts de la terre. Ces femmes belliqueuses semblent étrangement conformes à celles qu'Hérodote décrivait et qui semaient la terreur dans les contrées au-delà du Pont-Euxin. Plus récemment, l'un des romans de chevalerie qu'affectionnent les conquistadors,

Sergas de Esplandian, n'a-t-il pas mis en scène ces puissantes femelles sans hommes?

Conformément au mythe, les Amazones amérindiennes n'ont pas d'époux, disent les informateurs d'Orellana. Elles se contentent de convoquer des mâles reproducteurs à certaines périodes, et ne gardent le fruit de ces unions utilitaires que si c'est une fille.

Fin juin, les Amazones apparaissent en chair et en os, venues soutenir leurs vassaux dans une bataille contre les étrangers. Au combat, elles manifestent une énergie farouche. Carvajal raconte :

«Nous les avons vues de nos propres yeux, ces femmes ; elles combattaient au premier rang, devant les Indiens mâles, comme de véritables capitaines, et elles déployaient une telle bravoure que les hommes n'auraient pas osé reculer ; d'ailleurs elles tuèrent devant nous à coup de massues les rares qui tournaient le dos... »

Cette brève et meurtrière bataille rangée, la seule de toute l'aventure d'Orellana, permet à Carvajal de brosser un portrait saisissant des belles guerrières, *« très blanches, très grandes... »*

« Elles ont des cheveux longs et nattés qu'elles enroulent autour de la tête ; fort robustes, elles vont pour ainsi dire nues, ne couvrant que leurs parties intimes ; avec un arc et des flèches, n'importe laquelle se bat aussi bien que dix Indiens réunis ; en vérité, l'une d'elles décocha une flèche qui s'enfonça de trente centimètres dans un brigantin... »

Sans demander leur reste, les Espagnols se replient sur les bateaux et appareillent séance tenante, en embarquant un prisonnier. C'est de lui qu'Orellana va tenir un complément d'information sur les fascinantes créatures.

Conformément aux récits des Anciens, elles *«ramènent chez elles leurs voisins vaincus»* et, *«une fois enceintes de leurs œuvres, elles les renvoient dans leur pays, sans leur faire de mal»*. Si le produit est du sexe féminin, on l'élève *«avec beaucoup de solennité»* et on l'*«instruit dans l'art de la guerre»*...

Les Amazones semblent constituer une annexe de l'Eldorado, car elles possèdent elles aussi *«de nombreuses idoles en or et en argent»*, ainsi que des *«vases d'or et d'argent pour le culte du Soleil»*.

Les générations postérieures chercheront en vain la tribu des femmes guerrières et leurs précieux objets rituels. La légende aura cependant le dernier mot puisqu'elle donnera son nom à ce fleuve-mer, le plus long et le plus puissant du monde : « rivière des Amazones »...

Continuant de suivre son cours, dont les rives s'écartent à perte de vue, les Espagnols souffrent. Chaleur des basses terres, nouvelle famine. Les raids alimentaires dans les villages sont de plus en plus périlleux. Le premier mort de l'expédition succombe à une flèche empoisonnée.

Cependant l'issue est proche, les marées deviennent perceptibles. Les brigantins font l'expérience du *pororoca* ou « grand mugissement » : le mascaret gigantesque qui se fait sentir jusqu'à huit cents kilomètres à l'intérieur.

Il est temps d'arriver, car on en est à distribuer grain à grain le blé négocié ou volé aux Indiens. On mange du tapir.

Enfin, par l'un des nombreux hasards favorables de cette épopée, les deux coquilles de noix franchissent les bouches de l'Amazone en période de faibles marées et pénètrent dans l'Atlantique par le chenal du sud. On remonte vers le Venezuela. L'Océan réserve l'ultime épreuve : une forte tempête, dans le golfe de Paria.

Le 11 septembre 1542, après un an et demi d'une expédition incroyable, qui inclut huit mois de descente de l'Amazone sur cinq mille kilomètres, Orellana, Carvajal et les autres, sans boussole, à bout de ressources, évitant un dernier danger – celui d'une rencontre avec les Portugais – atteignent l'île espagnole de Cubagua...

Orellana sera nommé *adelantado* et gouverneur de l'immense région parcourue, baptisée « Nouvelle Andalousie », imprécisément située en bordure des possessions portugaises du Brésil. Pourtant, lui aussi, il connaîtra une fin amère. Non qu'il pâtisse de sa « trahison » – Charles Quint ne semble pas détester le camouflet infligé aux encombrants Pizarre. Mais l'absence de moyens financiers interdira la réalisation de son rêve : une véritable colonie espagnole le long de l'Amazone.

Fin 1546 il trouvera la mort dans une expédition avortée. Les vastes territoires parcourus au fil du fleuve resteront pour de longs siècles le domaine de la forêt verte et des Indiens. Quant aux farouches Amazones, elles peupleront les rêveries des voyageurs et les cartes enluminées, jusqu'à ce que des vérifications «scientifiques» – celles du Français La Condamine, et celles non moins sérieuses du Prussien Humboldt, parcourant l'Amérique équinoxiale – les rendent à leur patrie d'origine, celle de la fiction.

À la frontière nord de l'avancée espagnole, en ces temps où le fabuleux s'emmêle volontiers au réel, va naître un autre royaume mirage à durée variable : celui des «sept cités de Cibola». Là encore, une once de réalité contre une tonne d'extrapolations. De telles illusions seraient amusantes s'il ne devait en coûter de nombreuses pertes humaines, à la fois parmi les autochtones et parmi les Européens.

Pour atteindre les quelques villages de pisé des Indiens zunis, qui vont devenir, avec les grossissements du bouche à oreille, des cités puissantes regorgeant de matières précieuses, la route passe par la Floride.

Explorée en 1512 par Ponce de Leon, qui cherchait lui aussi du fabuleux – la fontaine Bimini, source de jouvence éternelle –, la Floride n'est pas une inconnue. Elle a été d'abord prise pour une île, puis reconnue comme une avancée de terre ferme. Visitée à diverses reprises lors de razzias d'esclaves, elle s'est distinguée par la pugnacité de ses autochtones, qui a interdit tout établissement permanent. Sur la côte reconnue ensuite plus à l'ouest, jusqu'au delta du Mississippi, aucun poste n'a pu être créé. Une expédition coloniale en 1526 s'est soldée par la mort de trois cents cinquante hommes.

Le chroniqueur Lopez de Gomara, laconique, dit de la Floride qu'elle est *très renommée pour le grand nombre d'Espagnols qui y ont trouvé la mort*.

Passant outre cette fâcheuse réputation, Panfilo de Narvaez, vieille connaissance pour le lecteur, discerne un terrain à sa mesure. Déjà ridiculisé par Cortés, qu'il était chargé de prendre à revers tandis que ce dernier investissait Mexico, Narvaez va trouver là l'apothéose de son incompétence. Il quitte l'Espagne, avec le titre de gouverneur de la Floride, en juin 1527, à la tête d'une flotte de cinq vaisseaux, et de six cents hommes.

L'un des participants, Alvar Nuñez Cabeza de Vaca[1], écrira le

---

1. «Tête de vache». Il s'agit d'un surnom donné par la Couronne à l'un de ses grands-pères, qui s'est distingué dans la Reconquête contre les Maures.

récit de cette expédition catastrophique, dont il sera l'un des seuls survivants.

Tout semble s'accumuler pour conduire à l'échec. Inconséquence du « gouverneur », qui se lance vers l'intérieur sans ménager ses arrières, et qui abandonnera ses troupes dans un sauve-qui-peut général. Combativité des Indiens, notamment les Séminoles de Floride, qui ont tout de suite su identifier les prédateurs à éliminer.

Après une épopée maritime le long du golfe du Mexique à la recherche d'un port, deux des cinq brigantins de fortune construits par les hommes de Narvaez sont rescapés. On aborde le 6 novembre 1528, sur la côte du Texas. Il n'y a déjà plus que quatre-vingts survivants, *« entièrement nus comme au jour de (leur) naissance »* par un *« froid des plus rigoureux »*. Affamés, certains se livrent au cannibalisme. Humour noir de Cabeza de Vaca :

« Cinq chrétiens, qui étaient logés près du rivage, en arrivèrent à une telle extrémité qu'ils se mangèrent les uns après les autres : un seul survécut, personne n'étant là pour le dévorer. »

La maladie, l'épuisement, font le reste. Au bout de quelques jours les Espagnols ne sont plus que quinze.

Heureusement sur cette « île du Malheur » – l'actuel Galveston – où ils ont atterri, des Indiens venus à la pêche aux huîtres acceptent de fournir de la nourriture. Cabeza de Vaca, pour survivre, fait successivement fonction de « médecin », de journalier, d'homme à tout faire des « sauvages » :

« Ils m'envoyaient arracher les racines dont ils se nourrissent, sous l'eau et au milieu des roseaux où elles croissent ; j'en avais les doigts si abîmés, que pour les faire saigner, il suffisait de les toucher avec une paille... »

Passant dans une autre tribu, il se fait « colporteur » :

« Ils me nourrissaient, me traitaient fort bien ; ils m'envoyaient de côté et d'autre chercher ce dont ils avaient besoin... Mes principales branches de commerce étaient des morceaux et des cœurs d'escargots de mer, des coquilles avec lesquelles ils coupent une espèce de fruit semblable à des haricots, qu'ils emploient comme médicament... Je rapportais, en échange, des peaux et une espèce de terre rouge dont ils se servent pour se teindre le visage et les cheveux, des pierres pour les pointes de flèches, des roseaux très

durs pour les fabriquer, de la colle et des houppes faites avec des poils de cerfs qu'ils teignent en écarlate...»

Étonnant recyclage pour ce descendant d'un héros de la Reconquête, «*seul au milieu de ces Indiens, et tout nu comme eux*»...

Cabeza de Vaca évalue-t-il la distance qui lui reste à parcourir vers l'ouest s'il veut rejoindre la «Nouvelle Espagne»?

Au bout de six années de tribulations, à la merci des Indiens du Texas, il prend le pari. En compagnie de trois autres survivants espagnols, dont un «Nègre» (Maure), Estabanico, il s'échappe.

La longue marche commence, à travers les espaces désertiques des confins du Texas et du Nouveau-Mexique. Plat unique à tous les repas : la figue de barbarie. Squelettiques, brûlés alternativement par le froid et le soleil, ils vont connaître un calvaire d'une année.

Par un hasard heureux, les Indiens attribuent à ces Blancs venus de nulle part des dons de guérisseurs. Bientôt, dans tous les villages où ils passent, on se précipite pour les consulter, on les nourrit du meilleur, on organise des réjouissances. Cabeza de Vaca, à son propre étonnement, ressuscite un mort – sans doute un cas de catalepsie. Sa technique, qui combine signe cabalistiques et prières chrétiennes, fait merveille. Il obtient vraiment des guérisons miraculeuses, qu'il attribue, en pieux Espagnol, à l'intervention de la Providence divine.

Au fil de la route, une cohorte de malades et de gueux se forme. Partout, leur réputation de chamans précède les Espagnols. Ce qui ne les empêche pas, dans ces zones déshéritées, de prendre un aspect bien pitoyable :

«*Tant que nous restâmes dans ce pays, nous étions nus, et, comme nous n'y étions pas accoutumés, nous changions de peau comme les serpents, deux fois par an. Le froid et l'air nous faisaient venir sur la poitrine des dartres vives très grandes, qui nous causaient les plus cruelles douleurs.*»

Entre les fardeaux «*qui coupent les chairs*», les broussailles qui «*font sortir le sang de tous les côtés du corps*», Cabeza de Vaca et ses compagnons ne trouvent qu'une consolation : l'évocation de la «*passion du Christ*», en imaginant «*combien devait être plus cruelle la douleur des épines qu'il avait endurée*»...

Au cours de cette incroyable aventure pédestre, qui mène Cabeza de Vaca jusqu'aux sierras mexicaines, il livre une série d'observations passionnantes sur les sociétés indiennes.

Il décrit l'usage du tabac, «*fumée dont ils s'enivrent, qu'ils achètent au prix de toutes leurs richesses*».

Révolté, il note la présence insistante, au fil des villages, de personnages «diaboliques», au sexe incertain, les fameux berdaches :

«*Je vis un homme qui était marié avec un autre, je vis aussi d'autres hommes mariés de même à d'autres hommes efféminés ; ils étaient vêtus comme des femmes, et faisaient l'ouvrage des femmes ; ils tiraient de l'arc et portaient de très grands fardeaux ; nous avons vu beaucoup de ces espèces d'hommes efféminés, ils sont plus membrus que les autres, plus grands, et portent des charges très pesantes.*»

Parvenu dans l'aire sud de la chasse au bison, il note la présence de ces «vaches» massives aux petites cornes et à l'imposante toison, dont la viande est exquise. Enfin, les signes d'une «civilisation» se présentent :

«*Nous trouvâmes des maisons fixes, où il y avait beaucoup de maïs en réserve... Plusieurs de ces maisons étaient construites en terre... Les naturels nous donnèrent des étoffes de coton... des coquillages, des coraux venus de la mer du Sud, un grand nombre de turquoises... et cinq émeraudes : ils me dirent qu'ils les avaient eues dans des montagnes fort élevées qui sont vers le nord... où il y avait des maisons fort grandes.*»

Le bouche à oreille transformera ces quelques pueblos de terre battue en rien moins qu'un empire à l'égal de celui des Aztèques ou des Incas.

Un beau jour, Cabeza et ses trois compagnons observent «*au cou d'un Indien une boucle de ceinturon d'épée dans laquelle était introduit un clou en fer*». Cet objet, indique son propriétaire, a été apporté par des hommes «*portant la barbe, avec des chevaux, des lances et des épées. Ils ont tué deux naturels à coup de lance*».

Un peu plus loin, la présence espagnole ne fait plus de doutes : villages détruits, habitants «*décharnés, malades, fugitifs*». Les Indiens racontent que les étrangers ont «*pénétré dans le pays, brûlé les villages, emmené la moitié des hommes, toutes les femmes et les enfants...*».

Cabeza de Vaca, qui a vécu sept ans loin des «siens», découvre les brutalités espagnoles avec un regard nouveau, celui d'un homme qui connaît intimement les Indiens, qui en est devenu solidaire. Par la suite il s'en fera, à ses dépens, le défenseur.

Pour l'instant, il se contente de noter avec quelle générosité ils lui « *apportent des couvertures sauvées des mains des chrétiens* ». Puis, en un aparté adressé au roi dans le récit, il formule ce propos de « conquistador éclairé » :

« *Pour convertir tous ces gens et les amener à se soumettre à Votre Majesté Impériale, il faut les traiter avec douceur ; c'est un moyen très sûr et c'est le seul.* »

Conseil qui restera lettre morte... D'autant qu'une remarque de Cabeza de Vaca semble de nature à faire le malheur des autochtones dans les plus brefs délais :

« *Dans toute la contrée où finissent les montagnes, nous remarquâmes des traces nombreuses d'or, d'antimoine, de fer, de cuivre et d'autres métaux...* »

Épilogue : Cabeza de Vaca et ses compagnons, que personne ne pensait plus jamais revoir, sont accueillis avec émotion par un capitaine espagnol, Melchior Diaz.

Les effusions terminées, le capitaine réalise qu'il tient là des « truchements » de tout premier choix. Il leur demande leur collaboration afin de rétablir la confiance parmi les populations indiennes, enfuies devant la menace espagnole. En échange, Diaz promet de réprimer toute exaction.

Les quatre rescapés rejoignent Mexico, reçus et fêtés par les autorités coloniales, par le « marquis de la Vallée » : Cortés, en personne.

Lequel d'entre ces compagnons de galère brode-t-il alors sur le thème des « cités riches en or et en pierres précieuses » ?... Pas Cabeza de Vaca, apparemment, qui s'apprête à rejoindre l'Espagne, dans le double but d'obtenir une nouvelle mission et de faire passer son message pro-indien.

Une nouvelle expédition s'organise, dans la direction d'où viennent les rescapés. L'esclave Estebanico est engagé comme guide par un religieux niçois, le frère Marcos. Il a pour mission de le conduire aux villes de l'intérieur. On s'attend à y découvrir un empire.

Précédé du Maure, qui continue avec un certain succès la carrière de guérisseur apprise auprès de Cabeza de Vaca, le religieux remonte la vallée de la Sonora jusqu'en Arizona. Estebanico a bientôt vent de l'existence de « sept cités merveilleuses » du nom de Cibola. S'agit-il d'une légende, d'un simple embellissement des cités pueblos maçonnées ? Estebanico va de l'avant, après avoir adressé un message au bon père, lui confirmant l'existence de Cibola, et disparaît à jamais en territoire zuni.

Effarouché, le religieux fait demi-tour, raconte à Mexico son histoire des sept cités, qui prend cette fois des proportions dantesques. Le vice-roi Mendoza, justement encombré d'un arrivage de colons, dont il ne sait que faire, encourage une nouvelle tentative dans ce secteur. Trois cents hommes, sous la direction de Francisco Vasquez de Coronado, gouverneur des provinces du nord, dites Nouvelle-Galice, partent pour « Cibola », accompagnés de deux navires progressant parallèlement le long de la côte. Le père Marcos est à nouveau du voyage.

Contrairement à l'Eldorado, qui repose sur une base réelle, les prestigieuses cités se réduisent tristement, selon les termes de Castaneda, chroniqueur de cette aventure, à « *un petit village de mauvaise apparence, tout recroquevillé sur lui-même. Bien des localités de l'Espagne ont meilleure mine, même de loin* ».

Il s'en faut de peu que, dans leur déception, les hommes fassent passer au père Marcos un mauvais quart d'heure...

Si l'or et les pierres précieuses sont absents à l'inventaire, l'expédition Coronado, protégée contre la famine par le bétail qui l'accompagne, effectue cependant une découverte spectaculaire : le cours inférieur du Colorado et surtout le Grand Canyon, dont l'ampleur laisse médusé un petit détachement espagnol parvenu jusque-là, sous la direction de Cardeñas.

Au même moment, Pedro de Alvarado, toujours offensif, part en direction d'un mirage secondaire, un peu plus à l'est. Celui-ci porte le nom de Quivira. Les chasseurs de bisons rencontrés dans les plaines prétendent avoir déjà rencontré des Blancs barbus. De qui s'agit-il ? Cabeza de Vaca, passé par là dans son itinéraire ? Troupes éparses de Hernando de Soto qui, de la Floride, a atteint le Mississippi ? Comment savoir...

L'or en tout cas est absent, et les Espagnols vont rentrer avec une description enthousiaste, mais peu lucrative, de grandes prairies fertiles. Pour s'alléger ils ont laissé derrière eux bétail et chevaux. Ces derniers vont prospérer, s'ensauvager et fournir aux

Indiens d'excellentes montures. La chasse du bison à cheval n'a pas d'autre origine.

Dernière des grandes expéditions espagnoles au nord, celle de Soto en Floride, partie d'Espagne en avril 1538, finit par une tragédie.

Hernando de Soto, déjà rencontré dans la conquête du Pérou, fait partie de ces hidalgos tragiques, toujours en quête de plus de gloire, de plus d'honneur. C'est avec une troupe formidable qu'il débarque à Tampa : dix navires, mille hommes, dont trois cent cinquante cavaliers. Momentanément mis en échec, les farouches Séminoles laissent pénétrer la troupe dans l'intérieur, jusqu'au territoire des Timucuas et des Creeks, dans l'actuelle Géorgie. De là, traversant l'Alabama, de Soto atteint le site de Mobile, où une bataille contre des milliers d'Indiens en embuscade tourne au massacre. Passant le Mississippi, il traverse sans encombre les terres des Choctaws et Chitimachas, mais la vanité de l'entreprise apparaît : toujours pas d'or, pas de richesses. En juin 1542 le chef d'expédition meurt des fièvres. Pour préserver sa dépouille des représailles haineuses des Indiens, les hommes immergent de Soto dans un tronc de chêne creusé, qui disparaît au fond du grand fleuve.

Une partie de l'expédition continuera vers l'ouest, sur le parcours suivi naguère par Cabeza de Vaca, puis obliquera au sud, continuant le long du rivage jusqu'à la Nouvelle Espagne.

La Floride et la côte du Golfe, meurtrières, improductives, découragent l'intérêt espagnol. On se contente de quelques postes précaires, destinés surtout à protéger les galions contre les attaques des corsaires (français notamment) et à concrétiser la possession de la région. L'arrière-pays creek, cherokee, chicasaw, pourra longtemps encore continuer sa vie traditionnelle. La conquête en revient à d'autres siècles, d'autres nations.

À l'intérieur des frontières de son récent empire colonial, l'Espagne continue son effort, réduisant les zones de résistance indiennes (Yucatan, refuge de Vilcabamba), contrôlant une à une les surfaces floues sur les cartes.

L'axe principal de pénétration du continent sud dans le sens Atlantique-Pacifique va être le Rio de la Plata, le large estuaire du Parana, où Diaz de Solis a connu une mort tragique et où Magellan a cherché en vain son détroit, avant de se résigner à descendre plus au sud...

Là encore, beaucoup de morts. L'ouverture de l'immense pays des pampas et du Chaco va prendre trente ans.

Ici réapparaît une vieille connaissance, Sébastien Cabot, fils de Jean Cabot le navigateur. Devenu *piloto mayor* à la suite de Vespucci et de Solis, Sébastien Cabot cherche lui aussi du métal. Il écoute avec grand intérêt les rescapé de l'expédition de Solis, qui prétendent qu'on trouve des monceaux d'argent, là où ils sont allés. Des navigateurs portugais, parvenus jusqu'à cette latitude depuis le Brésil, confirment.

Cabot, à la tête d'une expédition de quatre navires et deux cent cinquante hommes, part en avril 1526. Il remonte le Parana, fonde un poste, Sancti Spiritus. Un survivant de la tentative de 1516, Francisco del Puerto, épargné par les Indiens, apparaît. Il décrit effectivement, à l'amont du fleuve, une *sierra de plata*, une montagne d'argent. Les Indiens présentent des objets d'argent venus, disent-ils, de l'ouest, où règne un «roi blanc» immensément riche.

La suite donnera à penser qu'il s'agit en réalité de l'Inca, de l'autre côté des montagnes, et que l'argent provient du Pérou, non encore atteint à ce moment-là.

Cabot, à court de moyens, part pour l'Europe chercher des subsides, laissant à Sancti Spiritus une garnison de cent vingt soldats. Elle va être totalement massacrée. Les chevaux, libérés dans la pampa, s'y reproduiront, avant d'être capturés et redomestiqués par les Indiens.

À la suite de cet échec, Sébastien Cabot connaît la disgrâce, quitte le service de l'Espagne. Son passage dans la future Argentine laisse un nom, promis à un bel avenir – «Rio de la Plata». Il contribue également à un nouveau mythe, aussi durable que celui de l'Eldorado : la cité des Césars. Un des lieutenants de l'expédition, Francisco Cesar, ne s'est-il pas fait dire par les autochtones qu'il existait, au cœur du continent, une cité merveilleuse et riche, aux rues pavées d'or, aux cheminées d'argent ?

C'est encore à un Mendoza, Pedro, que reviendra le privilège de fonder en 1536 le premier établissement durable de la future Argentine : Notre-Dame des Bons Vents, alias Buenos Aires. Pedro de Mendoza ne remplira jamais la suite de sa mission, qui consiste à rejoindre le Pacifique par la terre : il meurt, signe des temps, de la syphilis.

Continuant sur la même lancée, son successeur remonte le Parana puis le Paraguay, se lie avec les Guaranis, et fonde Asuncion, qui sera la base des nouvelles conquêtes vers l'intérieur. Cabeza de Vaca, nommé *adelantado,* réapparaît ici, en 1542. Il tente à la fois de renforcer la colonie, perpétuellement menacée par les Indiens, et d'organiser l'évangélisation en douceur conforme à ses convictions. Mais ses idées humanitaires, et ses méthodes, suscitent une opposition montante des *comuneros*, qui le renvoient enchaîné en direction de l'Espagne.

La jonction avec les possessions péruviennes ne se fait qu'en 1550, par le fleuve Paraguay, sous l'impulsion du nouveau gouverneur d'Asuncion, Domingo de Irala. Des Espagnols de Cuzco, contrariés de voir arriver cette nouvelle concurrence, feront à leurs compatriotes un accueil glacial...

Un outsider, l'Allemand Schmidel, sujet de Charles Quint par le hasard des mariages royaux, accomplit un autre voyage surprenant en direction du Brésil voisin. Vétéran des expéditions de Mendoza et d'Irala, ce placide Bavarois prend pension chez les Charruas. Il en profite pour décrire leurs mœurs cannibales, qui témoignent d'un parfait souci gestionnaire :

« S'ils capturent une femme jeune et belle, ils la gardent quelques années ; mais lorsqu'ils en sont dégoûtés ils la tuent et font pour la dévorer un festin d'apparat, comme nous faisons un repas de noces. »

Parti d'Asuncion en pirogue, Schmidel rejoint le Parana et le remonte jusqu'au territoire portugais. Puis il continue à pied, à travers le vaste pays tupi. Dangereuse équipée où plus d'une fois, malgré ses arquebuses et les auxiliaires indiens qu'il a emmenés, il manque de succomber dans des embuscades. Six mois après son départ, il parvient à rallier un établissement portugais sur la côte, à quelques kilomètres du site actuel de Sao Paulo, puis atteint le port de Sao Vicente. Un navire portugais en partance, chargé de bois brésil, consent à l'embarquer. Schmidel, savoureux personnage, d'une placidité toute germanique, racontera, pour l'amusement des voyageurs en chambre, ses tribulations parmi

les étranges populations du Nouveau Monde : Tupis anthropo-
phages et surprenants Espagnols...

Dans le continent sud, le temps des aventuriers solitaires est
venu, tandis que les grandes explorations s'achèvent. L'Espagne
maîtrise déjà près de deux millions de kilomètres carrés impar-
faitement contrôlés. Bientôt elle va devoir faire face à la concurrence européenne sur ses frontières.

Le restant du Vieux Monde, alléché par les fortunes tirées des
« Indes », qu'elles soient Orientales ou Occidentales, n'a pas l'intention de laisser aux royaumes ibériques le monopole de ces
juteuses découvertes. Déjà, sur le lointain rivage boréal, où ne se
harsardaient que baleiniers et morutiers, le roi François I er fait
planter ses armes. Après les « Nouvelle Espagne », « Nouvelle Grenade » et autres « Nouvelle Andalousie », une « Nouvelle France »
surgit, à l'horizon boréal.

14.

Diamants de Canada

«*Faire le voyage de ce royaume es Terres Neufves pour descouvrir certaines ysles et pays où l'on dit qu'il se doibt trouver grant quantité de mines d'or et autres riches choses...*», ainsi François I er, en sa riche langue, décrit-il l'expédition dont il vient de confier la direction à un certain Jacques Cartier, auquel, ce 18 mars 1534, il octroie six mille livres tournois.

L'heureux bénéficiaire, marin expérimenté de quarante-trois ans, natif de Saint-Malo, est un homme discret. Il a gravi les échelons de la carrière maritime après avoir débuté comme mousse, aux premières années du siècle. S'il a fait un mariage avantageux en 1520, c'est sans doute que sa valeur en mer l'avait déjà promu.

Ses engagements l'ont mené «à l'Afrique», voire au Brésil. A-t-il participé à l'expédition de Verrazano en 1524? Une chose est sûre : comme beaucoup de Malouins, il connaît Terre-Neuve. Morutiers et baleiniers basques, portugais, français, se pressent dans les parages du détroit de Belle-Île et du Cap-Breton depuis une trentaine d'années. Cependant la France tarde à s'intéresser officiellement aux perspectives américaines. De la Floride au détroit de Magellan, le continent demeure une chasse gardée ibérique.

Verrazano, le dernier explorateur que François I er ait envoyé outremer, a longé la côte des futurs États-Unis. De l'actuelle Caroline du Sud il a rejoint l'Acadie, puis s'en est retourné, estimant avoir atteint un secteur déjà connu. Au vu des maigres résultats tangibles, le roi de France a préféré se concentrer sur ses chicanes européennes avec Charles Quint, et sur ses problèmes internes.

D'autres pays, sans grands résultats non plus, sont allés observer le nord-ouest de l'Atlantique : l'Espagne (avec le capitaine portugais Estevao Gomes), le Portugal et même l'Angleterre. En 1527, un dénommé John Rut a longé le littoral depuis le Labrador jusqu'aux Antilles, sur le *Mary of Guildford*, étonnante croisière d'une année, dont on sait peu de choses. Elle ne s'est soldée par aucune véritable « découverte » – Rut n'ayant pas, comme beaucoup d'autres, discerné l'embouchure du Saint-Laurent.

Cependant toute la région de Terre-Neuve est l'objet d'une pêche intensive. Quelques stations permanentes de traitement du poisson, incluant une production de savon et un peu d'agriculture, ont été implantées. Le troc avec les autochtones est devenu routine. Couteaux contre castor. Les bases du futur commerce des fourrures au Canada sont déjà là.

Une distance de dix années sépare l'expédition de Verrazano et le premier voyage de Cartier. Elle donne la mesure du désintérêt royal pour les choses du Nouveau Monde, abandonnées aux initiatives privées des armateurs et marchands. La famille Ango, à Dieppe, a su tirer bénéfice des pêches nordiques et du bois de teinture brésilien. Sans répugner à certaines opérations de piraterie, sur lesquelles François I er ferme les yeux, en plaidant la vertu sur le front diplomatique...

Si le roi est, cette fois, inspirateur et commanditaire principal de l'affaire, c'est que plusieurs éléments ont changé en dix ans. D'abord il dispose d'une garantie : le pape Clément VII couvrira d'éventuelles découvertes françaises. Sa Sainteté vient de reconsidérer la bulle « Inter Coetera », modifiée à Tordesillas, partageant depuis quarante ans le monde entre Espagnols et Portugais. Elle en a tiré des conclusions nouvelles : d'autres Couronnes peuvent légitimement prétendre à des possessions dans les zones non encore explorées.

Alléché par les bilans prodigieux d'expéditions comme celle de Cortés, par le commerce portugais en Asie, le roi de France estime qu'il est urgent d'entrer dans la compétition coloniale.

Le motif invoqué officiellement est l'or. Il y en a un autre, tout aussi important : la recherche du fameux passage du nord-ouest, permettant d'atteindre par le plus court chemin les richesses de l'Orient. On ne l'a pas trouvé au sud. La dernière chance est dans ces froides latitudes...

Un raisonnement parallèle est développé par les Anglais puisque, dans les mêmes années, éclôt à Bristol un rocambolesque projet : tenter la route de l'Asie par le pôle nord. Bien qu'ignorant la banquise, l'intuition n'est pas si folle. La route aérienne de l'Europe au Japon ne passe-t-elle pas aujourd'hui par le pôle ?

Cartier veut entamer les recherches au nord de Terre-Neuve. Là où se retrouvent les bateaux au début de la campagne de pêche. Poussant le plus loin possible à l'ouest, il se promet d'explorer en détail toutes les baies, afin de découvrir l'éventuel passage.

Une fois de plus l'Amérique est comprise comme un obstacle sur la route du « bienheureux Cathay ».

Quel hasard peut bien valoir à Cartier, marin estimé mais peu courtisan, l'insigne honneur d'être l'envoyé du roi aux « terres neuves » ? Ce hasard porte la mitre de l'évêque et comte de Lisieux, Jean le Veneur, oncle du Malouin. Le roi doit une fière chandelle à cet ecclésiastique, qui a contribué à la nouvelle interprétation de la fameuse bulle par de laborieuses négociations dans les coulisses du Vatican. Il accède volontiers à sa demande de confier le voyage projeté à son neveu.

Le soutien du roi pour Jacques Cartier, lors de cette première expédition, est total. Il inclut une mise en demeure royale, face aux mauvaises volontés malouines rencontrées par le capitaine, au moment des préparatifs.

À Saint-Malo, où la pêche au nord-ouest s'effectuait jusque-là en toute indépendance, on voit d'un mauvais œil cet intérêt intempestif. Sur les grands bancs, un *modus vivendi* a été établi entre navires de différentes provenances ; si les princes viennent mettre leur nez dans ces affaires, il y a tout à parier que les pêcheurs vont y perdre. Les salaires proposés sont peut-être jugés insuffisants pour une navigation ayant sa part d'imprévu.

Quoi qu'il en soit, Cartier écume Saint-Malo sans parvenir à recruter. La Cour royale frappe alors un grand coup : aucun navire ne sera autorisé à quitter le port tant que cet équipage ne sera pas constitué.

Le 20 avril 1534, tout est réglé. Deux navires de soixante tonneaux laissent derrière eux, certains à regret sans nul doute, « *Saint-Malo, ville forte et beau château* »... Soixante et un hommes sont à bord. On ne sait ni le nom des navires, ni celui des membres de l'équipage.

La traversée, sans surprise, est particulièrement expéditive. Au bout de vingt jours de bon vent, les deux navires se retrouvent sur la côte est de Terre-Neuve, au lieu-dit cap de Bonne-Viste (aujourd'hui Bonavista). Là, les marins constatent la présence d'«*un grand nombre de glaces le long de cette terre*» et préfèrent relâcher en attendant que la fonte progresse.

Le récit de Cartier commence. On ne sait s'il est de sa plume ou de celle d'un secrétaire. Un modèle du genre, en tout cas : précision, clarté, la poésie d'un monde neuf. D'autant plus prenante qu'elle se veut simplement descriptive, le procès-verbal inspiré d'un pan entier du Nouveau Monde.

Après s'être étonnés de la rencontre de pingouins gros et gras, qui leur fournissent force rôtis et provisions salées, les marins font une rencontre, surprenante vu la latitude, celle d'un ours blanc, «*grand comme une vache, aussi blanc qu'un cygne*». La bête a-t-elle dérivé depuis le nord sur un iceberg ?

«*Le lendemain, en faisant notre route vers la terre, nous trouvâmes ledit ours, environ à mi-chemin, qui allait à terre aussi fort que nous le faisions à la voile ; et nous, l'ayant aperçu, nous lui donnâmes la chasse avec nos barques et le prîmes de force ; sa chair était aussi bonne à manger que celle d'une génisse de deux ans...*»

La précision gastronomique surprend, la chair d'ours blanc ne passant pas pour un régal. Nombre d'explorateurs de l'Arctique déclarent ne s'être résignés à sa consommation que l'estomac béant...

Dépassant la baie « des Châteaux » aux impressionnantes falaises ruiniformes, Cartier s'insinue entre Terre-Neuve et le continent, touche terre à Blanc-Sablon, déjà baptisé par les pêcheurs, où justement «*se fait grande pêche*». On croise des navires. On fraternise. Cartier donne la mesure de son sens de la toponymie en appelant joliment «Toutes Îles» des «*îles en si grand nombre qu'il n'était pas possible de les dénombrer*»...

De là, il repasse le long de la côte de Terre-Neuve qui paraît bien rébarbative, «*pierre et rochers effroyables et mal rabotés*». Il en conclut, désabusé, que «*c'est la terre que Dieu donna à Caïn*»...

Aussi hostile soit-il, le lieu est habité. Cartier, intéressé, décrit :

« *Il est des gens à ladite terre, qui sont d'assez belle corpulence, mais ils sont effarouchés et sauvages. Ils ont les cheveux liés sur la tête, à la façon d'une poignée de foin tressé, et un clou passé dedans, ou autre chose ; et ils y lient quelques plumes d'oiseaux. Ils se vêtent de peaux de bêtes, tant hommes que femmes ; mais les femmes sont plus closes et serrées en leurs dites peaux, et le corps ceint. Ils se peignent de certaines couleurs tannées. Ils ont des barques dans lesquelles ils vont par la mer, qui sont faites d'écorces de bois de bouleau, avec lesquelles ils pêchent force loups marins.* »

Qui sont ces naturels ? Des Beothuk de Terre-Neuve, aujourd'hui éteints ? À moins que ce ne soit des Montagnais, Algonquins du Labrador, grands chasseurs de caribou, rencontrés loin de chez eux, à l'occasion d'une campagne de pêche.

Cartier, pour des raisons incertaines, a interrompu la progression vers l'ouest, qui l'aurait mené droit au Saint-Laurent. Il longe maintenant Terre-Neuve, dont il soupçonne l'insularité. Progressant à travers brumes et tourmentes, il suit, à nouveau vers l'ouest, le chapelet des îles de la Madeleine, touche ce qu'il croit être la terre ferme – future île du Prince-Edouard. Changement de décor. On se trouve en plein pays de cocagne. Les arbres, « *cèdres, ifs, pins, ormes blancs, frênes, saules et autres, inconnus* » sont « *merveilleusement beaux* ». Il fait chaud. Sur de belles prairies croissent « *pois, groseilliers blancs et rouges, fraises, framboises, blé sauvage* »...

Un peu plus à l'ouest, voici pour de bon le continent. On croise des Indiens micmacs en barques. « *Faisant plusieurs signes de joie* », ils approchent des navires, les entourent. Cartier s'inquiète, fait donner du canon.

Le lendemain les relations prennent de la rondeur. Les Micmacs montrent des peaux, obtiennent en échange « *couteaux et autres objets de fer* ». Le troc fait visiblement partie de leurs habitudes. Le 7 juillet, une véritable scène de traite des fourrures, comme le Canada en connaîtra pendant des siècles, est décrite : les « sauvages » présentent de la chair de phoque sur des perches, puis reculent et attendent. Les marins déposent en échange « *couteaux, chapelets et autres marchandises* ». Les Indiens reviennent, avec des peaux cette fois. On fraternise, les femmes frottent les bras des marins en signe de réjouissance, on échange fiévreusement :

« Ils furent tellement rassurés qu'à la fin nous marchandâmes, de la main à la main, tout ce qu'ils avaient, de sorte qu'il ne leur restait pas autre chose que leurs corps nus... »

Malgré la déception, face aux *« choses de peu de valeur »* qui constituent tout le bien des accueillants Micmac, le beau temps de ce juillet 1534 laisse un souvenir durable. *« Nous nommâmes ladite baie »*... C'est la « baie des Chaleurs ». Nom qu'elle porte toujours.

Plus au nord, dans l'actuel port de Gaspé, où le gros temps contraint les navires à s'abriter, apparaît vers le 20 juillet une *« autre nation de sauvages »*, dont la pauvreté apparente trompe Cartier :

« Ces gens-là se peuvent appeler sauvages, car ce sont les plus pauvres gens qui puissent être au monde... Ils sont tout nus sauf une petite peau dont ils couvrent leur nature, et quelques vieilles peaux de bêtes qu'ils jettent sur eux en travers... Ils ont la tête rasée en rond, tout autour d'une touffe réservée sur le haut de la tête, qu'ils laissent longue, comme une queue de cheval, qu'ils lient et serrent sur la tête en petit tas, avec des courroies de cuir... »

Cartier vient d'établir un contact décisif, dont il verra les conséquences. Ces pêcheurs misérables, à la coupe de cheveux punk, sont en réalité les puissants Iroquoiens, qui lui donneront les clés du fleuve.

S'ils n'ont pour l'instant *« d'autre logis que sous leurs barques, qu'ils retournent »*, c'est parce que leurs maisons sont ailleurs. L'été, ils viennent dans la péninsule de Gaspé pêcher le maquereau, avec *« des filets de pêche de fil de chanvre »*, se nourrissent des fruits locaux, *« figues, noix, poires, pommes... »* et de *« gros mil, comme des pois, ainsi qu'au Brésil »* (maïs).

Bien que ces sympathiques Indiens soient dépourvus du sens de la propriété qui nous caractérise, et se révèlent *« larrons à merveille de tout ce qu'ils peuvent dérober »*, les relations sont chaleureuses.

Une fausse note apparaît pourtant, quand Jacques Cartier décide d'ériger une croix garnie de l'écusson royal. Le « capitaine » des sauvages, qui semble avoir parfaitement compris le sens de cette prise de possession, vient protester :

« Vêtu d'une vieille peau d'ours noire... il nous fit une grande harangue, nous montrant ladite croix, et faisant le signe de la croix avec deux doigts ; et puis il nous montrait la terre, tout autour de nous, comme s'il eût voulu dire que toute la terre était à lui... »

Malgré sa fureur, le chef se laisse circonvenir par un peu de quincaillerie et une hache. Il finit même par se retrouver à bord avec deux de ses fils. Les marins, conciliants, *« montrent grands signes d'amour »*, font *« faire grande chère »* aux Indiens. On explique par gestes que la croix n'est qu'une balise. Le chef indien promet de ne pas l'abattre après le départ des navires. De nouveaux cadeaux pleuvent : hachettes, couteaux, tissus... Au moment de se quitter, Cartier garde à bord les deux jeunes « sauvages », jure de les ramener dans un an. Cet enlèvement en douceur a un double but : former des « truchements » pour la prochaine expédition, obtenir des renseignements plus précis sur les régions de l'ouest. Calcul judicieux : les deux hommes, après avoir appris suffisamment de français, décriront l'estuaire du Saint-Laurent, ainsi que leur propre ville, Stadaconé, qui garde l'entrée du grand fleuve – à l'emplacement de la future ville de Québec.

On ne sait sous quelle contrainte, en fonction de quelle promesse, les deux jeunes gens acceptent de suivre ces étrangers. D'autant que Cartier a refusé, contrairement aux coutumes indiennes de réciprocité, de laisser en échange deux marins chez les Indiens...

Cependant on songe déjà à rentrer en France. Le 25 juillet, s'élançant de la Gaspésie vers la terre aperçue au nord-est (l'île d'Anticosti), Cartier discerne à sa gauche *« une baie, en manière de demi-cercle »*. L'estuaire est là, à portée. Il ne le voit pas. Est-ce l'effet d'un de ces mirages qu'on dit fréquents dans le golfe ? Pourquoi les deux Indiens ne disent-ils rien ? Les a-t-on bouclés dans une cabine par peur qu'ils ne s'échappent ?

Les navires traversent l'embouchure sans le moindre changement de cap, contournent Anticosti par l'est, la longent sur son rivage nord, et se trouvent à nouveau face à l'estuaire. Que voit alors Cartier ? Bizarrement il n'en dit rien, en ce samedi 1 er août 1534, à la pointe nord-ouest d'Anticosti où le passage est patent, devant lui, plein ouest.

Fortes marées, vent contraire, les conditions sont défavorables à la poursuite des recherches. Les marins se consultent, preuve tout de même qu'ils discernent plus qu'une simple baie. On vote le retour :

« *Considérant les grands vents d'aval qui commençaient, et que les marées étaient fortes, tellement qu'ils ne faisaient que dériver et qu'il n'était pas possible d'aller plus loin en cette saison, et aussi que les tourmentes commençaient à ce moment-là à Terre-Neuve ; et que nous étions encore bien loin, et ne savions pas les dangers qui étaient entre les deux... nous décidâmes à la majorité de nous en retourner.* »

Les deux navires longent d'ouest en est ce que les Québécois d'aujourd'hui appellent la « Côte Nord » : Mingan, pointe Natashquan. On croise des Indiens montagnais en canot. Ces derniers, très familiers, montent à bord « *aussi franchement que s'ils eussent été français* » et expliquent qu'ils travaillent, l'été, pour un patron de pêche...

Revenu en rivage connu, Cartier regrette-t-il de s'être prématurément découragé ? Qu'importe, il n'a plus le choix. Le 9 août, on retrouve Blanc-Sablon. Le 15 on pique vers le sud-est, depuis la baie « des Châteaux », alias détroit de Belle-Île.

Nouvelle traversée record, puisque le 5 septembre Saint-Malo est en vue. Le voyage a duré cent trente-sept jours en tout. Cartier le prudent n'a à déplorer aucune perte humaine, aucun incident grave. Soucieux d'éviter tout risque d'échouage, il a utilisé constamment les barques pour sonder les fonds à l'approche des côtes. Ménageant un futur qu'il devine proche, il a noué des liens d'amitié avec les populations amérindiennes de toute la région. Il ne rapporte, certes, ni or ni pierreries, mais une information capitale, confirmée bientôt par les deux Indiens : l'existence d'une vaste étendue d'eau qui s'enfonce très profondément à l'ouest. Bras de mer ? Embouchure ? Détroit ? L'information mérite d'être vérifiée dans les plus brefs délais.

Cartier enchaîne, la saison suivante, sur un nouveau voyage. Le programme, plus ambitieux, inclut cette fois un hivernage. C'est indispensable, pour prendre le temps d'explorer le présumé passage. Des commanditaires privés sont de la partie. Le roi, un peu moins généreux que précédemment, prête cependant trois de ses navires, parmi les meilleurs : la *Grande-Hermine* (cent ton-

neaux), la *Petite-Hermine*, l'*Émerillon* – des noms qu'aucun po-
tache canadien ne saurait ignorer...

À bord de la *Grande-Hermine*, navire amiral, se trouvent les
deux jeunes Indiens, Taignoagny et Domagaya. Ils ont eu tout le
temps d'apprendre le français et de fournir à Cartier un lexique
de base franco-iroquoien, ce qui n'implique pas, on le verra, une
loyauté sans faille.

Cette fois-ci la traversée, commencée le 19 mai 1535, s'avère
plus corsée :

*« Le vingt-sixième jour dudit mois de mai, le temps tourna en
colère et tourmente, qui nous dura, en vents contraires et obscurité,
autant qu'en eurent jamais navires qui passèrent ladite mer... »*

Séparés par la tempête, les bateaux se retrouvent au Labrador,
à Blanc-Sablon, lieu du rendez-vous. Après une pause destinée à
faire « *de l'eau, du bois, et autres choses nécessaires* », ils prennent
l'itinéraire connu le long de la « Côte Nord ». Cartier se plaint des
hauts-fonds qui rendent la navigation périlleuse. Comme il a du
temps devant lui, il explore soigneusement les parages de l'île
Anticosti. Le doute n'est plus de mise : devant eux, à l'ouest, se
déploient le riche royaume dont leur ont parlé les Indiens et la
route du cuivre qui va vers l'intérieur des terres.

*« Lesdits sauvages nous ont certifié que c'est le chemin du Cana-
da, lequel fleuve allait toujours rétrécissant jusqu'au Canada ; et
puis, que l'on trouve de l'eau douce dans ce fleuve qui va si loin
que jamais homme n'avait été jusqu'au bout... et qu'il n'y avait
d'autre passage par bateaux... »*

Voilà qui ne fait pas l'affaire de Cartier. C'est un passage qui
l'intéresse, pas un fleuve, aussi loin qu'il aille. En plus, ce « rétré-
cissement » ne lui dit rien qui vaille. Du coup, têtu, il repart en
arrière pour vérifier une dernière fois qu'il n'y a pas de passage
le long de la Côte Nord. Une boucle qui l'amène à Sept-Îles et à la
rivière Moisie, où on observe des morses, « *poissons qui ont la
forme de chevaux* ». Aucun passage. On reprend la direction du
« Canada ».

Le 3 septembre on observe un joli spectacle : une troupe de
« *poissons aussi gros que des marsouins, sans aucune nageoire...
la tête à la façon d'un lévrier, aussi blancs que neige, sans aucune
tache* » – des bélougas, « baleines blanches »...

Le 6 septembre, dans l'estuaire qui se resserre, on atteint une terre «*fort bonne et grasse, pleine de beaux et grands arbres*», notamment des «*coudres sauvages... tout chargés de noisettes, aussi grosses et de meilleure saveur que les nôtres...*». Cette «île aux Coudres» gardera le nom donné par Cartier. Une cinquantaine de kilomètres séparent désormais les trois navires de Stadaconé, la cité des Iroquoiens du Saint-Laurent.

Le 7, on jette l'ancre près d'une autre «grande île», la future île d'Orléans. L'abondance des vignes sauvages la fait qualifier d'«île de Bacchus». Pour les deux frères, Taignoagny et Domagaya, partis depuis juillet de l'année précédente, l'heure des retrouvailles a sonné :

«*Nous trouvâmes plusieurs gens du pays, lesquels commencèrent à fuir, et ne voulurent pas approcher jusqu'à ce que les deux hommes commencent à parler, et leur disent qu'ils étaient Taignoagny et Domagaya. Et lorsqu'ils les eurent reconnus, ils commencèrent à faire grande fête, dansant et faisant plusieurs cérémonies... Et ce jour-là, plusieurs barques du pays vinrent à nos navires, chargées de gens, tant hommes que femmes, pour voir et fêter nos deux hommes ; ils furent tous bien reçus par le capitaine qui les honora de ce qu'il put ... quelques petits présents de peu de valeur dont ils se contentèrent fort.*»

Le lendemain, c'est Donnacona, «*le seigneur de Canada*», père des deux garçons et vieille connaissance de Cartier, qui arrive. Son contentement est spectaculaire :

«*Il commença à faire une prédication et un prêche à sa façon, en démenant son corps et ses membres d'une surprenante manière, qui est une cérémonie de joie et de confiance...*»

Remerciant Cartier de lui avoir ramené ses fils, qu'il pensait sans doute ne jamais revoir, il le prie «*de lui donner ses bras pour les embrasser et serrer, ce qui est leur façon de fêter en ce pays*».

Rendus aux leurs, les deux jeunes Iroquoiens ne tardent pas à manifester de l'hostilité aux Français. On ne peut faire que des hypothèses sur les raisons de ce ressentiment. Auraient-ils subi des châtiments corporels, habitude étrangère à l'éducation amérindienne? Les marins, on le sait, ont la main leste avec les «sauvages». La liberté sexuelle que comporte l'éducation iroquoienne leur aurait-elle valu quelques mécomptes? Aucune chronique, hélas, ne relate l'étonnant hiver passé en Europe par les fils du chef de Stadaconé...

Leur ancien «protecteur» ne tarde pas à constater qu'il ne pourra guère compter sur leur appui. Les deux jeunes Iroquoiens ont parfaitement compris que Cartier veut prendre possession de la terre, sans regarder sur les moyens, et sans respecter le droit.

Cartier en fournit lui-même une nouvelle preuve en décidant d'amarrer ses vaisseaux à proximité de Stadaconé[1] et d'y hiverner, sans demander la moindre permission au chef Donnacona. Celui-ci saisit qu'il y a là ébauche d'installation permanente, et que l'ère du simple troc est finie. La réticence, le non-dit, teintent désormais les rapports superficiellement amicaux des marins et des Iroquoiens.

Donnacona se plaint ouvertement à Cartier de l'aspect offensif de l'équipement français, et se déclare «*marri de ce que le capitaine et ses gens port(ent) tant de bâtons de guerre, car de leur côté ils n'en port(ent) pas*». Une fois encore, c'est l'absence de réciprocité qui choque les Indiens : on prend deux adolescents, on n'en laisse aucun ; on demande des vivres et des peaux, on distribue de la pacotille. Taignoagny et Domagaya savent forcément le peu de valeur que les Français attachent aux clochettes et aux clous qu'ils troquent. Les enchères montent.

Lorsque Cartier annonce son projet de remonter le fleuve jusqu'à la ville iroquoise d'Hochelaga, les habitants de Stadaconé lèvent les bras au ciel. Tributaires de la puissante Hochelaga, ils voient d'un fort mauvais œil une rencontre qui risque de se solder par une alliance, sur leur dos. Donnacona, à titre dissuasif, donne les enfants de sa famille en otage. Cartier remercie, prend les enfants, mais déclare qu'il doit de toute façon obéir à l'ordre de son roi, et remonter le fleuve.

En désespoir de cause, les Iroquoiens tentent une ruse naïve :

«*Ils imaginèrent une finesse, et firent se déguiser trois hommes en diables, feignant être envoyés par Cudouagny, leur dieu, pour nous empêcher d'aller à Hochelaga.*»

Trois pseudo-shamans, «*vêtus de peau de chien, noirs et blancs*», coiffés de «*cornes aussi longues que le bras*», le visage noirci, viennent prédire la mort de l'expédition vers Hochelaga. Ils ne font que déclencher l'hilarité des marins. Cartier décide de

---

1. À l'embouchure de l'actuelle rivière Saint-Charles, non loin du site actuel de Québec.

se passer du truchement de ses anciens pensionnaires, devenus peu fiables, et part explorer l'intérieur des terres.

C'est l'*Émerillon*, le plus petit des trois navires, qui entame la remontée du Saint-Laurent, le 19 septembre. En amont apparaissent des terres fertiles. On énumère des gibiers, des oiseaux, des essences : «*chênes, ormes, noyers, pins, cèdres... et force vignes, lesquelles avaient si grande abondance de raisins que les compagnons en venaient tout chargés à bord...*»

Les accueillants «sauvages» de cette nouvelle région offrent poissons et fruits, prodiguent des conseils de navigation, signalent les tourbillons, les rapides qui attendent l'expédition. Le 28 septembre, on traverse un élargissement du fleuve, l'actuel lac Saint-Pierre. Au-delà, force est de continuer en barques, à cause des hauts-fonds.

Le 2 octobre, après une très pacifique croisière, Hochelaga, la puissante cité iroquoise, est en vue. L'accueil est enthousiaste :

«*Se rendirent au devant de nous plus de mille personnes, tant hommes que femmes et enfants, qui nous firent aussi bon accueil que jamais père fit à son enfant, montrant une joie extrême.*»

Les Iroquois dansent, apportent du poisson, jettent dans les barques des victuailles, du pain de maïs... Autour des feux, les réjouissances vont se poursuivre tard dans la nuit.

Le lendemain, c'est la découverte d'Hochelaga, ville fortifiée au milieu de «terres labourées et belles», où pousse le maïs à profusion. C'est la première fois que le continent nord-américain révèle une société si organisée et si riche.

Les marins notent, non sans arrière-pensées, la solidité des fortifications de cette cité «*clôturée de bois sur trois rangs*», nantie d'une «*porte d'entrée qui ferme à barres*». Ils observent les «*longues maisons*» communautaires, qui servent également de greniers, les matelas d'écorce, la technique de cuisson du pain de maïs entre deux pierres chaudes. Dans des «*grands vases*» est conservé le poisson boucané, réserve de base pour l'hiver. Tout indique une société d'abondance, conviviale, complexe.

En présence du chef d'Hochelaga, quinquagénaire «*tout perclus et malade de ses membres*», Cartier est mis en demeure de jouer les guérisseurs :

«*Leur roi et seigneur montra ses bras et ses jambes au capitaine, lui faisant signe qu'il lui plût de les toucher, comme s'il lui eût demandé guérison et santé. Alors le capitaine commença à lui frotter les bras et les jambes avec les mains... »*

Comme d'habitude, on distribue hachettes, chapelets, couteaux. Fait plus rare, les Français offrent un spectacle de leur cru aux autochtones :

« Le capitaine ordonna de sonner les trompettes et autres instruments de musique, de quoi ledit peuple fut fort réjoui. »

Une haute colline domine Hochelaga. Cartier demande à y être conduit, afin d'observer l'amont du fleuve. Excursion décevante quant au projet d'aller rapidement au cœur du continent. Le Saint-Laurent se révèle barré d'une série de rapides (« sauts »), exigeant des portages successifs. Au-delà, cependant, on peut *« naviguer plus de trois lunes sur le fleuve »*, indiquent les Iroquois, qui ont visiblement connaissance de la région des Grands Lacs.

Au nord, dans la brume, pointent des montagnes (les Laurentides). Un des affluents du Saint-Laurent les borde par l'ouest. Ce fleuve (rivière des Outaouais) est relié, expliquent les Iroquois, à la province du Saguenay, riche en cuivre – peut-être en or, soupçonnent les Français.

Une double conclusion s'impose : le Canada n'offre, il faut s'y résigner, aucune voie d'eau praticable entre l'Atlantique et le Pacifique. En revanche, l'intérieur est prometteur. L'installation d'une base coloniale française à l'embouchure du fleuve semble souhaitable.

Cartier veut donner à cette colline, d'où il observe pour la première fois l'arrière-pays, un nom qui la distingue. Ce sera le « mont Royal » : site, on l'aura compris, de la future Montréal...

Malgré les démonstrations d'amitié des Hochelaguiens, lors de la visite inaugurale, Cartier semble ne jamais se départir de sa vigilance. C'est au pas de charge qu'il fait la visite de la ville et du « Mont ».

Le jour même, refusant l'hospitalité offerte, on rejoint les barques, on *« fait voile vers le galion (l'Émerillon), par crainte de quelque encombre »*. Les habitants d'Hochelaga, étonnés de cette visite éclair qui tranche avec leurs propres coutumes, semblent déçus. Ils accompagnent les barques loin en aval. Cartier promet d'être bientôt de retour...

Redescendant le fleuve, les trente-trois Français retrouvent, le

11 octobre, le « havre de Sainte-Croix » – c'est le nom du campement dressé à proximité près de Stadaconé. On inspecte le fort, construit « *avec de grosses pièces de bois, plantées debout, jointes les unes aux autres, et tout autour garni d'artillerie, et bien en ordre pour se défendre contre tout le pays* ». La confiance ne règne visiblement pas.

Donnacona, qui a sans doute appris avec satisfaction les maigres résultats de la croisière en amont, fête le retour de Cartier, puis le convie à une visite de Stadaconé. Avec fierté, il montre l'intérieur des maisons « *remplies de vivres pour passer l'hiver* », et présente plusieurs trophées, auxquels il semble attacher un prix particulier. Cartier observe, non sans un mouvement de recul « *les peaux de cinq têtes d'hommes, étendues sur du bois comme des peaux de parchemin...* » – première mention par un Européen du fameux « scalp »...

L'amitié semble se ranimer entre les deux communautés, ce qui donne aux Français l'occasion de décrire les mœurs amérindiennes. Certaines les choquent. Le fait, par exemple, de placer, « *dès qu'elles sont en âge d'aller à l'homme* », les filles « *dans un bordel, abandonnées à tout le monde qui en veut, jusqu'à ce qu'elles aient trouvé leur parti* ».

On remarque la présence d'une herbe dont les « sauvages » constituent « *grand amas durant d'été pour l'hiver, et qu'ils estiment fort* ». À l'aide d'un « cornet », ils en font un usage original :

« *À toute heure ils font une poudre de ladite herbe, et la mettent dans un des bouts dudit cornet ; puis ils mettent un charbon de feu dessus, et sucent par l'autre bout, tant qu'ils s'emplissent le corps de fumée, tellement qu'elle leur sort par la bouche et par les narines, comme par un tuyau de cheminée... Nous avons expérimenté ladite fumée. Après avoir mis celle-ci dans notre bouche, il semble y avoir mis de la poudre de poivre, tant elle est chaude.* »

Le tabac, promis au succès que l'on sait, ne conquiert guère ses premiers utilisateurs, au Canada comme au Brésil.

L'hiver avance. Les Français, malouins pour la plupart, non habitués à des températures nordiques, souffrent. Les Indiens, de leur côté, donnent le spectacle insolent d'une parfaite adaptation :

« *Ils sont, tant hommes que femmes et enfants, plus durs au froid que des bêtes ; car par la plus grande froidure que nous ayons vue, laquelle était extrême et âpre, ils venaient par-dessus les glaces et les neiges, tous les jours à nos navires, la plupart d'eux quasi tout nus, ce qui est incroyable pour qui ne le voit...»*

Aux duretés de l'hiver nord-américain s'ajoutent la peur constante d'une offensive indienne, et bientôt la maladie :

«Les uns perdaient leurs forces et les jambes leur devenaient grosses et enflées, et les nerfs retirés et noircis comme du charbon, et certaines jambes étaient toutes parsemées de gouttes de sang... À tous la bouche devenait si infecte et pourrie par les gencives que toute la chair en tombait...»

Le scorbut. La terrible maladie qu'on ne sait pas encore soigner, faute d'en avoir décelé la véritable cause – une carence en vitamine C.

Cartier, épargné on ne sait pourquoi, assiste impuissant à la mort de «plusieurs» (on ne précise pas combien). Il redoute surtout que les Indiens n'en profitent :

«Nous étions dans une crainte extrême que les gens du pays ne s'aperçussent de notre pitié et faiblesse.»

C'est pourtant des autochtones que viendra la guérison providentielle, grâce à l'arbre *annedda*, dans lequel les botanistes d'aujourd'hui distinguent le cèdre blanc ou *thuja occidentalis*, effectivement riche en vitamine C :

«Ils nous montrèrent qu'il fallait piler l'écorce et les feuilles dudit bois, et mettre le tout à bouillir dans l'eau ; puis boire cette eau un jour sur deux, et mettre le marc sur les jambes enflées et malades.»

Effet quasiment miraculeux. En quelques jours les malades sont sur pied.

Long est l'hiver. Les Indiens commencent à se montrer réticents dans le troc de viande et de poisson. Donnacona, revenu d'une campagne de chasse en compagnie d'une troupe importante, prépare-t-il une attaque ? On s'observe, en douce.

Le chef iroquoien livre d'intéressantes précisions sur le royaume du Saguenay, *«où il y a infinité d'or, rubis et autres richesses, et où les hommes sont blancs, comme en France, et vêtus de drap de laine»*...

Cartier, qui va devoir repartir sans le passage espéré, est en quête d'arguments pour convaincre le roi d'une nouvelle expédition. Il prend la décision d'emmener Donnacona, et à nouveau ses fils, dans le but d'impressionner la Cour par un témoignage de première main sur le fameux Saguenay.

On s'est perdu en conjecture sur ce royaume hypothétique. Est-il le fruit d'une «rumeur» à propos du lointain Mexique, remontant par le Mississippi depuis le sud? Est-il une exagération, dont le point de départ serait la bien réelle route du cuivre, reliant le «Canada» au lac Supérieur?

Par un nouveau stratagème, associant cadeaux et embuscade, Cartier se saisit de dix Iroquoiens, dont le chef et ses deux fils. Le 6 mai, après avoir fait planter une grande croix aux armes de France dans le fort, il ordonne le départ. La *Grande-Hermine* et l'*Émerillon* mettent à la voile. Il n'y a plus assez d'hommes pour la *Petite-Hermine*, qui est abandonnée sur place.

Le retour, légèrement différé à la hauteur de l'île aux Coudres, dans l'attente d'un vent favorable, est à nouveau sans histoires. Crochet par la baie des Chaleurs revisitée, escales à l'île du Cap-Breton et à Saint-Pierre.

Le 16 juillet 1536, Cartier est de retour à Saint-Malo, au terme de ce capital deuxième voyage. Le relevé géographique précis de toute la région ne tarde pas à figurer sur les cartes. De nombreux toponymes s'inscrivent définitivement : baie des Chaleurs, Sept-Îles, île aux Coudres... Sans oublier le «pays de Canada», désignant du temps de Cartier les abords immédiats de Stadaconé, la future Québec. Il s'étendra à une moitié du continent nord-américain.

Les perspectives d'une implantation française au bord du Saint-Laurent sont jugées, dans les cercles royaux, intéressantes. À défaut d'un passage direct vers le Pacifique, un itinéraire fluvial permet la pénétration du continent en profondeur. Il y a présomption de métaux précieux au Saguenay ; le commerce des fourrures est prometteur ; les terres fertiles permettront rapidement à une colonie d'être autosuffisante. Pourtant Cartier mettra cinq ans avant de repartir.

La France est de nouveau dans des querelles avec les Habsbourg. Pragmatique, François I er, au grand scandale des nations adverses, va jusqu'à conclure une alliance avec l'ennemi viscéral de l'Europe, le Turc. Les affaires du Nouveau Monde glissent à nouveau au vingtième rang des préoccupations.

C'est donc lentement, dans les coulisses du pouvoir, que chemine l'idée de la colonie « en Canada », et seulement en octobre 1540 qu'une décision effective est prise. François I er confie à nouveau à Cartier la mission de diriger « *tous les navires et autres vaisseaux de mer* » qui doivent retourner au « *pays de Canada et Hochelaga, jusques en la terre de Saguenay* ». Licence lui est donnée de recruter « *tout prisonnier ou prévenu de crime quel qu'il soit* », à l'exception des faux-monnayeurs et auteurs de crimes de « *lèse-majesté divine et humaine* »...

Cartier, qui conserve le commandement naval, est chapeauté par un certain Jean-François de la Rocque de Roberval, gentilhomme d'origine languedocienne, converti à la Réforme, qui gère en Picardie un district fiscal. Il ne semble pas que Cartier prenne mal ce court-circuitage, qui dote Roberval des pleins pouvoirs.

Les préparatifs vont bon train, pendant l'hiver 1540-1541. On recrute, laborieusement, colons et soldats. Faute de volontaires, on cherche du côté des prisons.

Dans cinq navires s'entassent bientôt, à côté des vivres prévus pour trois ans – viande séchée, farine, huile, biscuits, vin, cidre – tout ce qu'il faut pour faire démarrer la colonie : « *Vingt vaches vives, quatre taureaux, cent brebis et moutons, cent chèvres, dix pourceaux... vingt chevaux et juments pour charrier les choses nécessaires à édifier et fortifier* ». Sans compter les « *charrettes... ustensiles nécessaires à dix serruriers et maréchaux... moulins à bras* » et autres.

L'Espagne et le Portugal, inquiets de ces préparatifs qui laissent présager une opération coloniale d'envergure, multiplient les mises en garde. Avec superbe, François I er fait en janvier 1541, à un grand commis espagnol, cette déclaration célèbre : « *Le soleil me donne sa chaleur aussi bien qu'aux autres et j'aimerais voir la clause du testament d'Adam pour apprendre comment il a partagé le monde...* »

Le 23 mai 1541, Cartier quitte à nouveau Saint-Malo, avec la responsabilité de mille cinq cents personnes. Quelques femmes, cette fois, sont de l'aventure, la plupart venues des prisons, d'autres pour suivre un compagnon.

La traversée est longue et pénible. Les navires, dispersés par les tempêtes, doivent faire escale souvent, afin de trouver de l'eau pour les passagers et le bétail. Cartier, parvenu le premier au « pays de Canada », renoue fin août avec les Iroquoiens. Il explique au nouveau chef de Stadaconé, Agona, que son prédécesseur est mort. Les autres Indiens, ayant établi leur vie en France, n'ont pas voulu revenir :

«Agona ne montra aucun signe de déplaisir de tout ce discours : et je crois qu'il le prit ainsi en bonne part parce qu'il demeurait seigneur et chef du pays par la mort de Donnacona.»

Tout démarre donc sous d'heureux auspices. On se couvre de cadeaux. Cartier, qui connaît le secteur, choisit un emplacement jugé plus favorable que le précédent, sur l'actuelle rivière du Cap-Rouge, à quatorze kilomètres en amont de ce qui sera Québec. L'établissement, baptisé Charlesbourg-Royal, en hommage à Charles d'Orléans, fils du roi, se trouve dans un lieu *«propre au labourage et à la culture»*. On entame les travaux, dès l'arrivée des autres bateaux :

«Nous semâmes ici des graines de notre pays, telles que graines de choux, navets, laitues et autres, lesquelles germèrent et sortirent de terre en huit jours.»

Deux navires, début septembre, repartent vers la France donner au roi des nouvelles de l'installation, et lui apprendre que Roberval, attendu, ne s'est toujours pas manifesté.

À nouveau, on procède à une installation minutieuse, dans la perspective de l'hivernage et d'éventuelles hostilités. Cartier fait construire deux forts, reliés par un chemin bordé d'une palissade. Dans les environs, il découvre un minerai rouge, qu'il prend pour du fer, observe à flanc de colline *«une bonne quantité de pierres»* qu'il estime *«être des diamants»*, récolte dans le lit de la rivière du Cap-Rouge *«certaines feuilles d'un or fin aussi épaisses que l'ongle»*... Que demander de plus ?

Il lui tarde cependant de remonter à nouveau le fleuve en direction d'Hochelaga, ainsi qu'il en a mission, pour rejoindre avant l'hiver le si prometteur royaume de Saguenay, dont Donnacona a dit monts et merveilles.

Le 7 septembre, Cartier part vers l'amont avec deux barques, après avoir confié à son beau-frère, le vicomte de Beaupré, la direction de la colonie. Le parcours est sans surprise. On renoue avec un chef indien à «Hochelay» (l'actuel Portneuf). Échange de cadeaux. Deux jeunes gens sont offerts à Cartier *«pour apprendre la langue»*. Le récit ne dit rien, cette fois, d'Hochelaga. L'île de Montréal est atteinte et dépassée sans encombre puisque Cartier observe, une semaine plus tard, les rapides de «Lachine», situés en amont. Il y obtient des renseignements, inexacts d'ailleurs, sur la suite du parcours fluvial, où les Indiens, peut-être désireux de le dissuader, prétendent qu'un autre «saut» reste à franchir.

Cartier s'en retourne, sans Saguenay ni or, peut-être dans une certaine précipitation. Le récit s'interrompt après avoir fait état d'un sentiment de menace amérindienne au cours de la redescente du fleuve jusqu'à la base de Charlesbourg.

On ne sait pas grand-chose de ce nouvel hivernage. Des pêcheurs espagnols, ayant rencontré des Iroquoiens au printemps suivant du côté du détroit de Belle-Île, à l'occasion d'un troc de fourrures, auraient appris que les Français avaient été assiégés, et avaient enduré un rude hiver.

Au printemps 1542, Cartier lève le camp avec tous les survivants. La colonie est un échec, mais le moral du «capitaine» reste au beau fixe : il rapporte au roi un stock fantastique de matières précieuses, «or» et «diamants», trouvées aux abords de Cap-Rouge.

À Saint-Jean de Terre-Neuve, où il fait l'escale traditionnelle, une rencontre le met dans l'embarras : Roberval est là, arrivé avec une saison de retard, à la tête de trois navires transportant «*deux cents personnes, tant hommes que femmes, et diverses personnes de qualité*». Force est à Cartier d'expliquer ce qui s'est passé :

«*Il dit qu'il n'avait pu avec sa petite bande résister aux sauvages qui rôdaient journellement et l'incommodaient fort et que c'était là la cause qui le portait à revenir en France...*»

Cartier montre les richesses qu'il a récoltées :

«*Certains diamants et une quantité de minerai d'or qu'il avait trouvés au pays. Le dimanche suivant*[1] *on fit l'expertise de ce minerai et il fut trouvé bon.*»

Roberval demande à Cartier de retourner avec lui au «Canada», mais ce dernier a une autre idée. «*La nuit suivante, sans prendre congé*», il met le cap sur la Bretagne...

On a donné diverses interprétations de cet acte d'indiscipline, voire de trahison. Cartier a-t-il voulu garder pour lui seul la gloire et le profit des trésors rapportés au roi ? Est-il désormais convaincu de l'impossibilité d'une installation permanente au bord du

---

1. 18 juin 1542.

Saint-Laurent, et soucieux de ne pas se retrouver face à des Indiens devenus franchement hostiles?

Roberval, continuant tout seul après la défection de Cartier, pénètre fin juin dans l'estuaire. Il s'installe au Cap-Rouge, dans le site aménagé par la précédente expédition. Deux des trois navires sont renvoyés en France, afin de donner des nouvelles au roi, et de *«revenir l'année suivante avec des victuailles et autres nourritures»*.

Il semble qu'au cours de l'hiver 1542-1543 les relations avec les «sauvages» aient été meilleures, qu'il y ait eu de fréquents échanges de vivres, contre l'habituelle quincaillerie. Cependant le scorbut fait son apparition et, cette fois, les Indiens ne révèlent pas le remède miracle, pourtant à portée de main. Le froid et la maladie font une cinquantaine de victimes.

Tout comme Cartier, Roberval part au-delà d'Hochelaga à la recherche du Saguenay, en juin 1543. Pour se heurter à un double échec. Il constate à son tour l'impossibilité de pousser au-delà des rapides de Lachine en direction de l'actuel lac Ontario, et perd huit hommes dans le naufrage d'une des barques.

Le bilan est négatif. On s'apprête à ramener les survivants en France. Entre-temps l'or de Cartier, soumis à plus ample analyse, s'est révélé sans valeur – de la banale pyrite de fer. Quant aux diamants, ils ne sont que du quartz...

Une fois encore, le Nouveau Monde aura été plus riche en leurres qu'en réalités. Une expression naît des ambitions déçues de Cartier: «faux comme diamants de Canada»...

On imagine Espagnols et Portugais se gaussant du camouflet infligé à la France. Ce ne sera pas le dernier. Une éphémère «France Antarctique» au Brésil, une «Nouvelle-France» en Floride, seront liquidées dans le sang. Rien n'entamera de longtemps la prééminence ibérique dans la course au Nouveau Monde.

Aux abords du Saint-Laurent, loin de toute expédition officielle, vont fleurir en revanche les pêches et le commerce des fourrures, menés par des entrepreneurs plus modestes. Dans le même temps, pour des raisons incertaines, les Iroquoiens du Saint-Laurent disparaîtront, ou émigreront. Champlain, en 1608, ne trouve aux abords de la future Québec qu'un *no man's land*...

Quant à Jacques Cartier, disparu de la scène historique en 1542, il finit sa vie discrètement, dans son manoir de Limoëlou, à

Rothéneuf. Quelques chicaneries financières et juridiques avec la couronne et Roberval le poursuivent, après le flop de cette troisième expédition. Il meurt, sans héritiers, le 1er septembre 1557, d'une épidémie qui fait rage à Saint-Malo : la peste.

La leçon du «découvert»

*« Chacun appelle barbare ce qui
n'est pas de son usage. »*

Montaigne

16 avril 1550. Charles Quint ordonne d'interrompre les conquêtes au Nouveau Monde. Au moment où affluent, par galions entiers, l'or et l'argent, le plus puissant souverain du monde décide, pour des raisons *morales*, de stopper l'accroissement de ses domaines. Le débat qui s'en suit, confié aux théologiens, verra les fameuses joutes de Las Casas et de Sepulveda.

La voix des religieux, que Montesinos a fait entendre dès 1511, suivi par Las Casas, puis Motolinia, et d'autres, notamment au Mexique, a troublé les monarques et les papes. En 1537, la bulle «Sublimis Deus» a déclaré que «les Indiens sont des hommes», ajoutant que faire croire le contraire est l'œuvre de Satan.

L'expansion sauvage est finie. Pour l'Europe entière, le questionnement moral commence. Il accompagnera la naissance et le déclin des empires coloniaux d'un dérangeant bourdon.

En 1556, la terminologie s'efforce de fixer l'esprit nouveau. *Conquista* est officiellement remplacé par *descubrimiento* et *conquistador* par *poblador* (colon).

Plus tard dans le siècle, un Montaigne s'indigne des abus subis par les Indiens, ces «âmes si neuves» cyniquement exploitées à une seule fin: les «facilités du négoce». Et d'enchaîner sur sa fameuse diatribe:

«Tant de villes rasées, tant de nations exterminées, tant de millions d'hommes passés au fil de l'épée, la plus riche et la plus

belle partie du monde bouleversée, pour faire le trafic des perles et du poivre : méprisables victoires... »

Extermination ? Le terme est à peine exagéré. Rappelons ici quelques chiffres sur lesquels tout le monde semble désormais s'accorder. Au moment où Colomb débarque, l'Amérique a soixante à quatre-vingts millions d'habitants – vingt à vingt-cinq dans la zone mexicaine, dix dans la zone andine. Trois autres aires de fort peuplement sont réparties entre les Antilles (cinq millions), et les côtes atlantique et pacifique des actuels États-Unis.

En 1600, la population mexicaine est tombée à un million, celle du Pérou à un million et demi. Hécatombe. Rien moins que la plus grande catastrophe démographique de l'histoire. Et cela ne fait que commencer. L'Amérique du Nord est à peine effleurée.

Dira-t-on «génocide»? La volonté organisée d'extermination semble absente de l'époque de la «Conquête». Ne serait-ce que par intérêt bien compris. On ne liquide pas systématiquement sa main-d'œuvre. On tue les «meneurs» et les «réfractaires». Le coupable numéro un, né du hasard, est le fameux «choc microbien». Il transforme de banales maladies – grippe, rougeole, variole – en fléaux. Juste derrière, dans la série des facteurs délétères, viennent toutefois les «mauvais traitements», au sens large : travail forcé dans les mines et aux champs, sous-alimentation, démembrement familial, déstructuration.

À l'heure où les «cinq cents ans de l'Amérique» (*sic*) sont objet de commémorations, aux fanfares et aux orgueils nationaux se mêle une dérangeante saveur de honte. Le demi-millénaire doit-il, du coup, se placer uniquement sous le signe du remords? Suggérons plutôt, à cette occasion, quelques démarches positives, et d'abord une réelle écoute de la parole indienne. Elle n'est pas, contrairement à ce que croient certains, adressée exclusivement aux ethnologues et aux ex-baba des années soixante. Cela fait cinq cents ans que l'Amérindien nous dit certaines vérités qui vont bien au-delà de la défense de ses intérêts territoriaux. Lucide quant aux conséquences de l'exploitation planétaire à courte vue engagée par l'Européen, l'Amérindien – qu'il s'appelle Atahualpa ou Seattle [1] – proclame une idée fondamentale, et telle-

---

1. Chef amérindien ayant prononcé un discours célèbre, en 1854, à la veille de la signature d'un traité.

ment simple qu'elle apparaît simpliste : l'homme appartient à la terre, pas l'inverse. En souillant la terre, c'est lui-même que l'homme souille. L'Amérindien le dit dans sa langue poétique, parle de «l'eau étincelante des ruisseaux», ce «sang des ancêtres».

Évitons l'imagerie facile d'un paradis précolombien qui n'a jamais existé. Contentons-nous, pour une fois, d'écouter *vraiment* ce que l'autre dit de nous. Ce pourrait être notre chance.

L'Amérique, le continent tout entier, dans son évolution d'un demi-millénaire, propose également d'inépuisables variantes sur un thème bien actuel : celui de la cohabitation des peuples, de leur métissage, de leur créolisation féconde. À l'heure où se ranime la haine du «venu-de-loin», sachons utiliser au mieux ce fantastique laboratoire que l'histoire nous offre : un double continent où cohabitent, s'affrontent et s'épousent l'Asie, l'Europe et l'Afrique.

Christophe Colomb voyait le monde petit, les continents proches. Il ne s'était trompé que de quelques siècles.

Jalons

1451 Naissance de Christophe Colomb.
1453 Constantinople devient ottomane.
1460 Henri le Navigateur meurt.
1469 Isabelle de Castille et Ferdinand d'Aragon se marient.
1474 Isabelle reine de Castille.
1481 Jean II roi de Portugal.
1487 Barthélemy Diaz double le cap «des Tempêtes» (Bonne-Espérance).
1491 «Capitulations» de Santa Fe scellant l'accord de Colomb et des Rois.
1492 *2 janvier* : Isabelle et Ferdinand entrent dans Grenade.
31 mars : les Juifs sont expulsés d'Espagne.
3 août : Christophe Colomb embarque à Palos.
12 octobre : il arrive aux Bahamas.
1493 *Janvier à mars* : retour en Europe.
Septembre-mars 1494 : deuxième traversée de Colomb.
1494 Traité de Tordesillas (partage du monde entre Espagne et Portugal).
Fondation de Saint-Domingue.
1495 Manuel I er roi de Portugal.
1497 Vasco de Gama ouvre la route des Indes par l'Afrique.
John Cabot longe le Labrador.
1498 Troisième voyage de Colomb (Trinidad, Venezuela).
1499 Explorations de la «terre ferme» : Vincent Pinzon (Guyanes, Brésil). Solis, Ojeda, Vespucci au Venezuela.
1500 Cabral au Brésil.
Joao Fernandes au Groenland.
1501 Vespucci longe le continent sud jusqu'à la Patagonie.
Gaspar Corte Real disparaît vers Terre-Neuve.
1502 Dernier départ de Colomb.

1503   Création de la *Casa de contratacion* à Séville.
Bastidas au Darien.

1504   Isabelle la Catholique meurt.
Publication du *Mundus Novus* de Vespucci.

1506   Colomb meurt.

1507   Le nom *America* apparaît sur une carte établie à Saint-Dié.

1511   Sermon retentissant du dominicain Montesinos.

1512   Lois de Burgos pour la défense des Indiens.

1513   Balboa traverse l'isthme à Panama et atteint le Pacifique (« mer du Sud »).

1515   François Ier roi de France.

1516   Diaz de Solis au Rio de la Plata.
Charles Ier de Habsbourg roi d'Espagne (futur Charles Quint).

1517   Cordoba au Yucatan.

1518   Grijalva atteint le Mexique.

1519   Charles Quint empereur.
Magellan quitte Séville.
Cortés part de Cuba en direction du Mexique.

1520   Magellan passe le détroit.
Fagundes dans le golfe du Saint-Laurent.

1521   Chute de Mexico.

1523   Pedro de Alvarado au Guatemala.

1524   Verrazano longe la côte des futurs États-Unis.

1526   Cortés au Honduras.
Sébastien Cabot au Rio de la Plata.

1532   Pizarre capture Atahualpa.

1533   Prise de Cuzco.

1534   Premier voyage de Jacques Cartier.

1535   Cartier explore l'estuaire du Saint-Laurent.

1536   Quesada, Belalcazar et Federmann se retrouvent par hasard à Bogota (« Eldorado »).

1539   De Soto en Floride.

1540   Valdivia au Chili.
Coronado à « Cibola ».

1541   Pizarre assassiné.
Orellana sur l'Amazone.

1542   Almagro exécuté.

1546   Cortés meurt.

1553   Valdivia tué par les Araucans.

Bibliographie Sommaire

Ouvrages généraux

– Daniel Boorstin, *Les Découvreurs* (Seghers, 1986).

– F. Cardini, *1492. L'Europe au temps de la découverte de l'Amérique* (Solar, 1990).

– Jean Cassou, « La découverte du Nouveau Monde », *in Le Mémorial des Siècles* (Albin Michel, 1966).

– Pierre Chaunu, *L'Expansion européenne du XIIIe au XVe siècle*; *Conquête et exploitation des nouveaux mondes* (coll. Nouvelle Clio, P.U.F., 1969); *Séville et l'Atlantique*, 12 vol. (A. Colin, 1960-1966).

– Jean-Paul Duviols, *L'Amérique espagnole vue et rêvée. Les livres de voyage, de Christophe Colomb à Bougainville* (Promodis, 1985).

– Jean Favier, *Les Grandes Découvertes – d'Alexandre à Magellan* (Fayard, 1991).

– V.M. Godinho, *Les Découvertes, XVe-XVIe siècle : une révolution des mentalités* (Autrement, 1990).

– Charles-André Julien, *Les Voyages de découverte et les premiers établissements – XVe-XVIe siècles* (P.U.F., 1948).

– Jacques Lafaye, *Les Conquistadores* (Seuil, 1964).

– M. Leon-Portilla, *L'Envers de la conquête* (Fédérop, 1977).

– Marianne Mahn-Lot, *La Découverte de l'Amérique* (Flammarion, 1970).

– Samuel Eliot Morison, *The European Discovery of America*, deux tomes (Oxford University Press, 1974).

– M. de la Roncière, M. Mollat du Jourdin, *Les Portulans – Cartes marines du XIIIe au XVIIe siècle* (Nathan, 1984).

– Guy et Jean Testas, *Les Conquistadores* (Hachette, 1988).

– *Voyager à la Renaissance*, colloque de Tours, juillet 1983 (Maisonneuve et Larose, 1987).

– *L'Amérique vue par l'Europe*, catalogue de l'exposition présentée au Grand-Palais (Paris) (Éd. des Musées Nationaux, 1976).

– *L'Homme de la Renaissance*, collectif (Seuil, 1990).

– Revue *L'Histoire*, numéro spécial juillet 1991, « 1492, la découverte de l'Amérique ».

DÉCOUVREURS D'AMÉRIQUES

Christophe Colomb

– *La Découverte de l'Amérique – journal de bord,* deux tomes (La Découverte, 1981).
– Jacques Heers, *Christophe Colomb* (Hachette, 1981).
– Sarah Leibovici, *Christophe Colomb Juif* (Maisonneuve et Larose).
– Salavador de Madariaga, *Christophe Colomb* (Calmann-Lévy).
– Marianne Mahn-Lot, *Portrait historique de Christophe Colomb* (Seuil, 1988, coll. « Points »).
– J. Manzano, *Colon y su secreto* (Madrid, 1982).
– Samuel Eliot Morison, *Admiral of the Ocean Sea,* deux tomes (Boston, 1942).
– P.E. Taviani, *Christophe Colomb – Genèse de la Découverte* (Atlas).
– Consuelo Varela, *Cristobal Colon* (Alianza Universidad – Madrid).

Cortés, conquête du Mexique

– Hernan Cortés, *La Conquête du Mexique* (La Découverte, 1981).
– Bernal Diaz del Castillo, *Histoire véridique de la conquête de la Nouvelle Espagne* (La Découverte, 1987).
– Gérard Chaliand, *Miroirs d'un désastre* (Plon, 1990).
– Serge Gruzinski, *La Colonisation de l'imaginaire,* (Gallimard, 1988) ; *La Guerre des images* (Fayard, 1990) ; *Le Destin brisé de l'Empire aztèque* (Gallimard, coll. Découvertes, 1988).
– J.M.G. Le Clezio, *Le Rêve mexicain* (Gallimard, 1990)
– M. Leon-Portilla, *Le Crépuscule des Aztèques. Récits indigènes de la conquête* (Bruxelles, 1965).
– Bernardino de Sahagun, *Histoire générale des choses de la Nouvelle Espagne* (La Découverte, 1981).
– Tzvetan Todorov, *La Conquête de l'Amérique* (Seuil, 1982).

Cabral, découverte du Brésil

– M. Nunes Dias, *O descobrimento do Brasil* (Livraria Pioneira Editora, Sao Paulo, 1967).
– Pero Vaz de Caminha, trad. Jacqueline Penjon, Anne-Marie Quint : « Pedro Alvares Cabral découvre le Brésil », *in Lisbonne hors les murs 1415-1580. L'invention du monde par les navigateurs portugais* (Autrement, 1990).

Verrazano la « Terre Frigide »

– S. Grzybowski, « Les Cabot et leurs princes : découverte et diplomatie », *in Revue d'histoire économique et sociale* (1969).
– M. Mollat du Jourdin, *Explorateurs du XIIIe au XVIe siècle. Essai sur la découverte de l'altérité* (Lattès, 1984) ; avec Jacques Habert, *G. et G. Verrazano, navigateurs de François Ier* (Imprimerie Nationale, 1982).

Magellan

– Antonio Pigafetta, *Relation du premier voyage autour du monde par Magellan* (Tallandier, 1984).
– Stefan Zweig, *Magellan* (Grasset, 1938).

Pizarre, conquête du Pérou

– Francisco de Jerez, *La Conquête du Pérou, 1534* (A.M. Métailié, 1982).
– Carmen Bernand, *La Solitude des Renaissants* (Presses de la Renaissance, 1985).
– Gérard Chaliand, *Miroire d'un désastre* (Plon, 1990).
– F.A. Engel, *Le Monde précolombien des Andes* (Hachette, 1972).
– Nathan Wachtel, *La Vision des vaincus* (Gallimard, 1971) ; *Le Retour des Ancêtres, les Indiens Urus de Bolivie* (Gallimard, 1990).
– *L'Or du Pérou*, catalogue de l'exposition de 1987 (Maison de l'Amérique latine).

Fabuleux intérieur

– A.N. Cabeza de Vaca, *Relation de voyage 1527-1537* (Actes Sud, 1989) ; *Relation et commentaires...* (Mercure de France, 1980).
– Walker Chapman, *Le Rêve doré des Conquistadors* (Albin Michel, 1970).

Jacques Cartier

– Jacques Cartier, *Voyages au Canada – avec les relations des voyages en Amérique de Gonneville, Verrazano et Roberval* (La Découverte, 1981).
– Fernand Braudel, Michel Mollat du Jourdain, *Le Monde de Jacques Cartier*, collectif (Berger-Levrault, 1984).
– Bruce Trigger, *Les Indiens, la fourrure et les Blancs* (Boréal/Seuil, 1991).

Parmi les parutions prévues fin 1991

– Jacques Attali, 1492 (Fayard).
– Jean-François Bacqué, La Conquête des Amériques (Perrin).
– Bartolomé et Lucile Bennassar, 1492, un monde nouveau ? (Perrin).
– Carmen Bernand et Serge Grusinski, Histoire du Nouveau Monde (Fayard).
– Bernard Vincent, 1492, l'année admirable (Flammarion).
– Christophe Colomb raconté par son fils Fernando (Perrin).

DÉCOUVREURS D'AMÉRIQUES

Traductions, adaptations des relations de voyage et de conquête :

– Christophe Colomb : Michel Lequenne, Soledad Estorach.
– Amerigo Vespucci : Jean Cassou.
– Cabral : Jacqueline Penjon, Anne-Marie Quint.
– Cortès, Diaz del Castillo : Désiré Charnay, D. Jourdanet.
– Verrazano : Michel Mollat du Jourdin, Jacques Habert.
– Magellan : Léonce Peillard.
– F. de Jerez et conquête du Pérou : Henri Ternaux-Compans, Gérard Chaliand.
– Jacques Cartier : C.H. Julien, R. Herval, T. Beauchesne.

Cartes

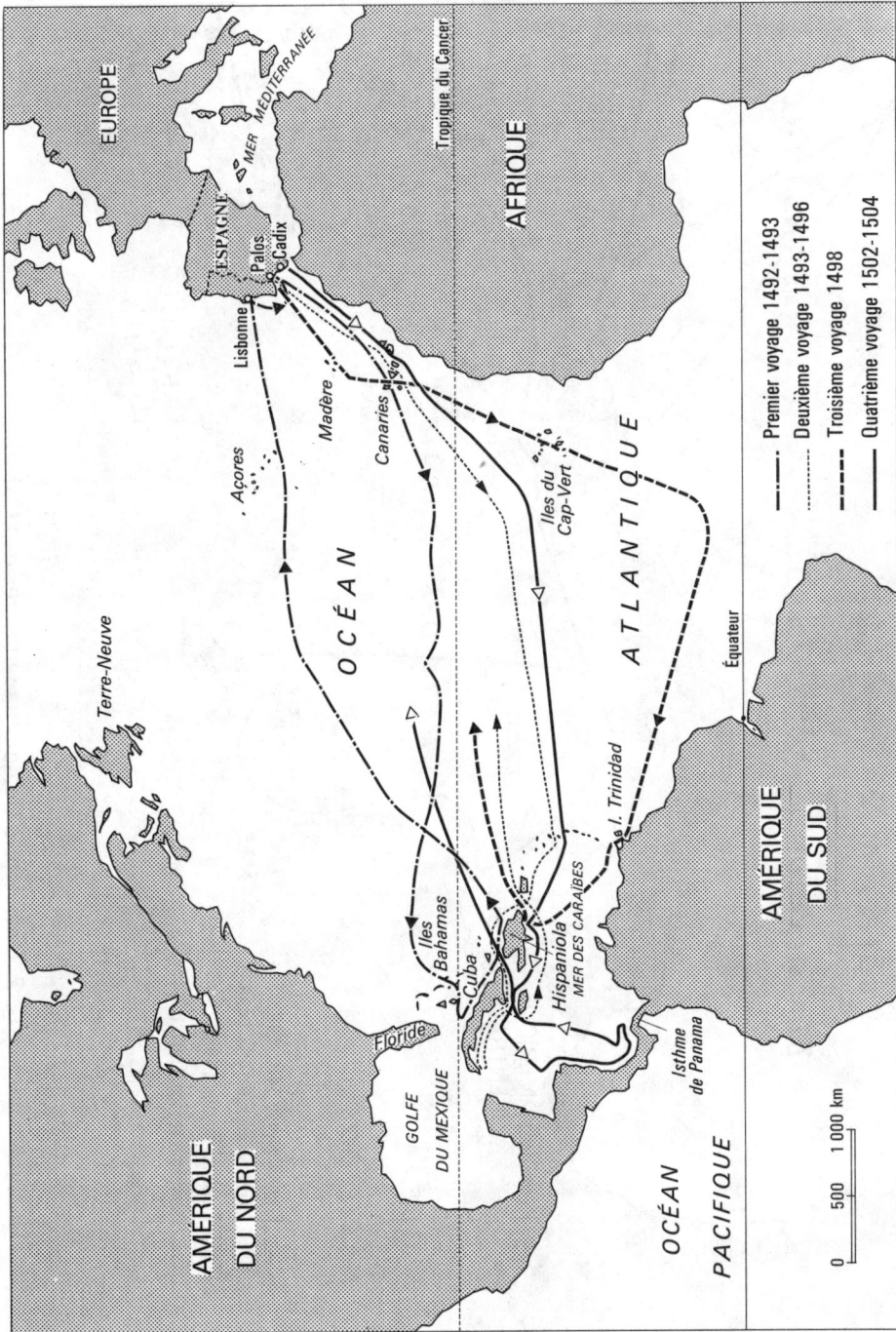

1. Les routes de Christophe Colomb

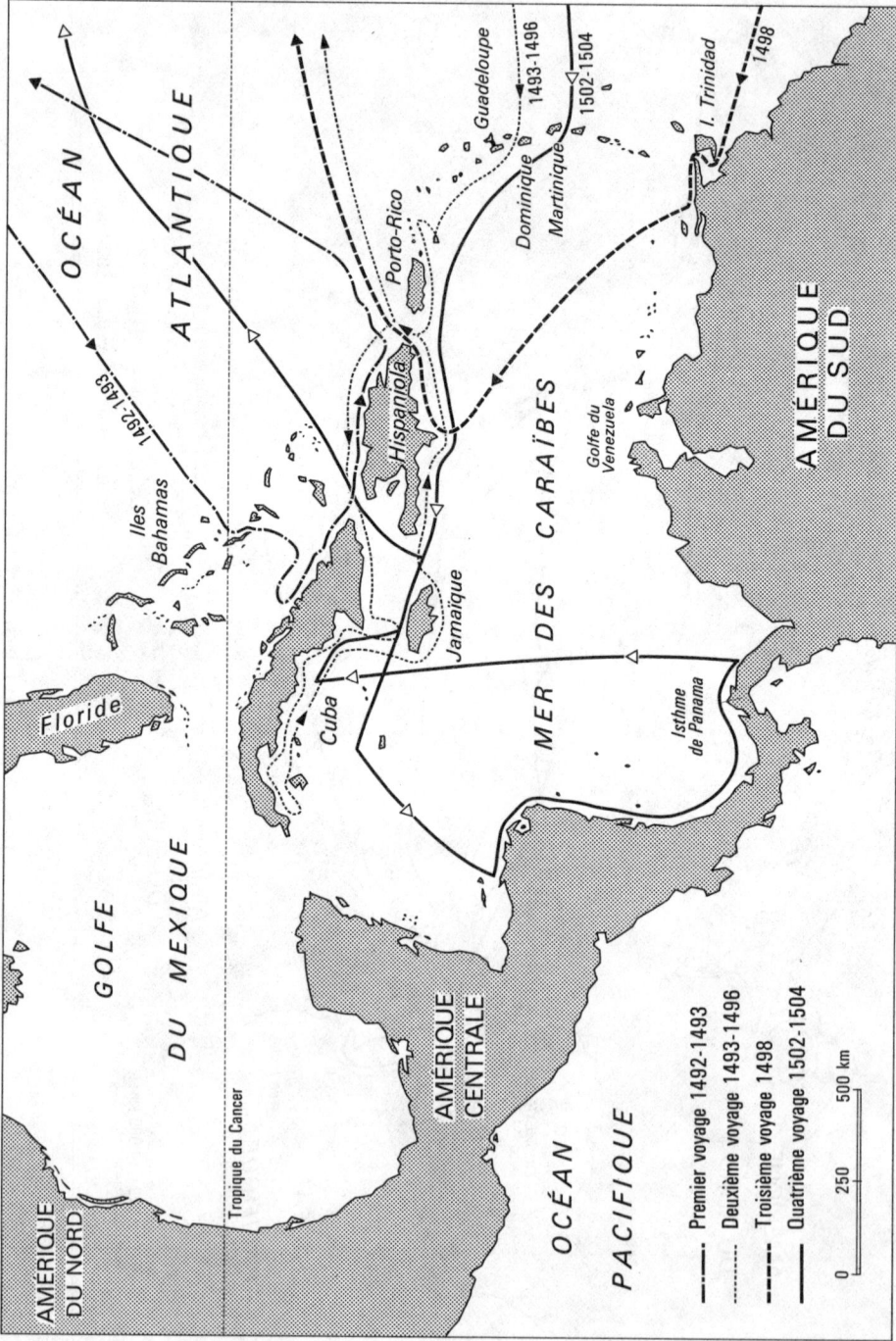

2. Christophe Colomb dans la mer des Caraïbes

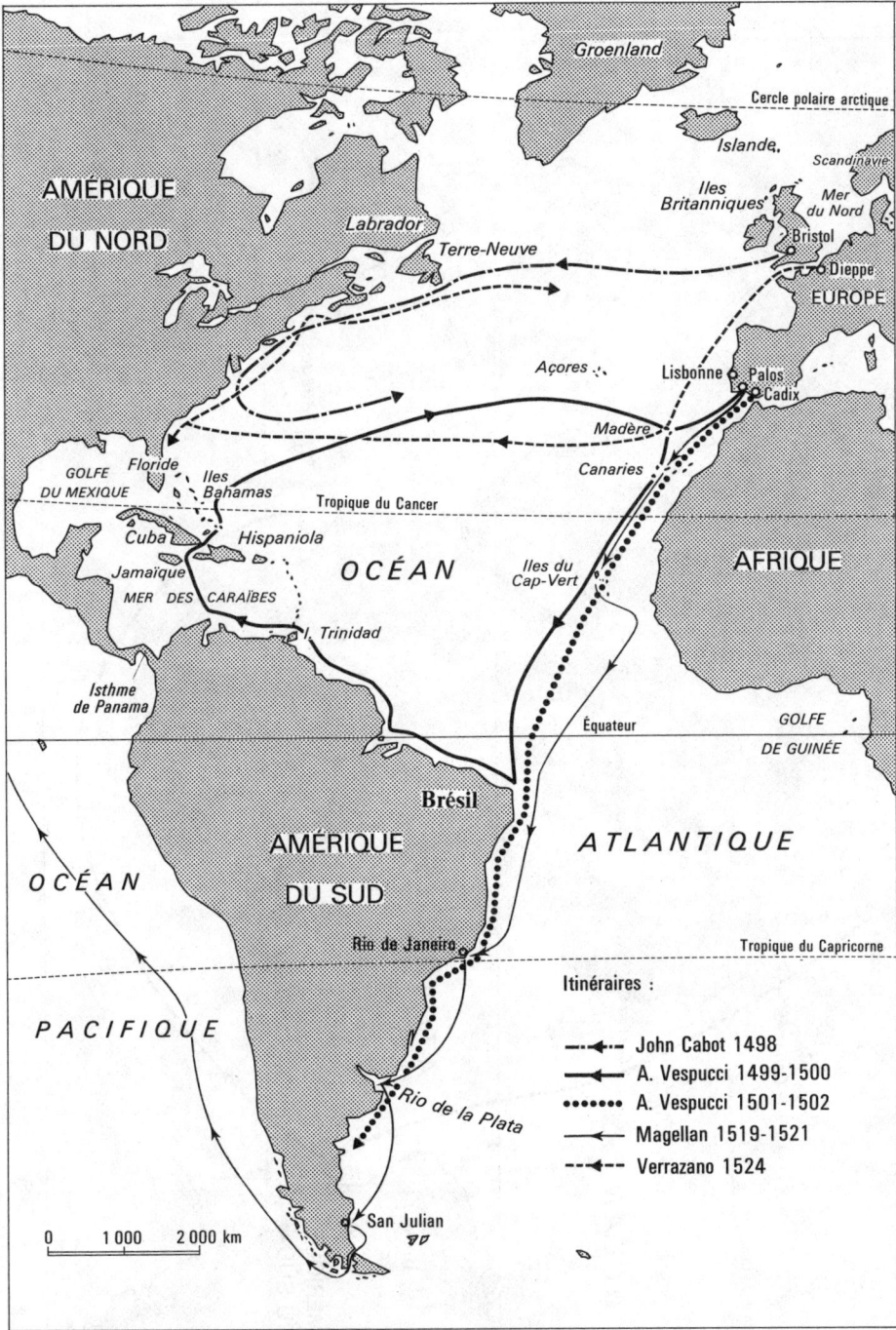

3. Routes atlantiques des découvreurs

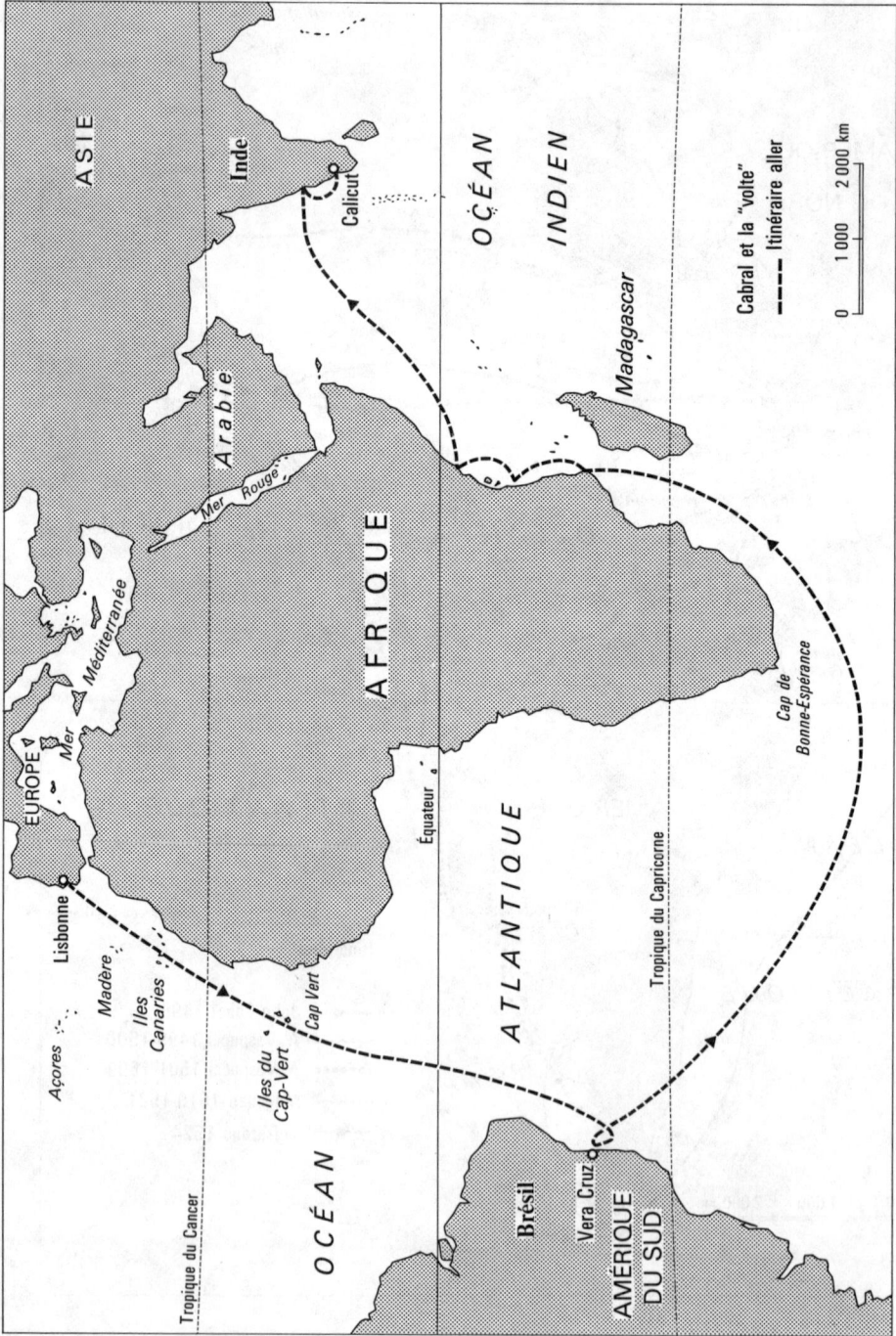

4. Cabral et la « Volte »

GOLFE DU MEXIQUE

Villa de la Veracruz
Cempoala
Veracruz
Xicalango

Jalapa
Cofre
de Perote ▲ 4 282

Zautla

Tlaxcala
Cholula

Otumba
○ Texcoco
Ixtaccihuatl
▲ 5 286
5 452 ▲
Popocatepetl

Tacuba
MEXICO
Chalco

0   50   100 km

Marche sur Mexico 1519
Retraite sur Tlaxcala 1520

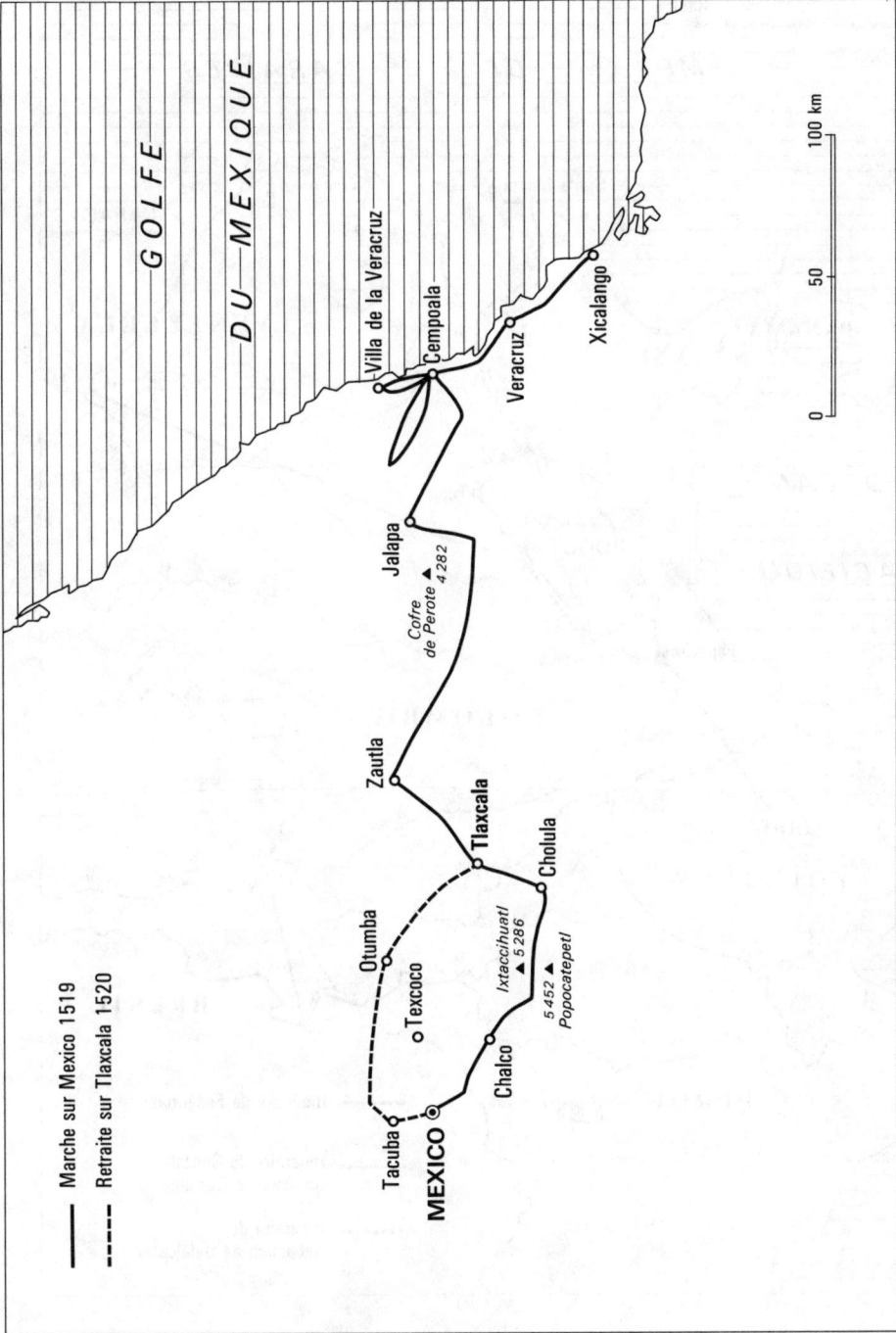

5. Cortès au Mexique

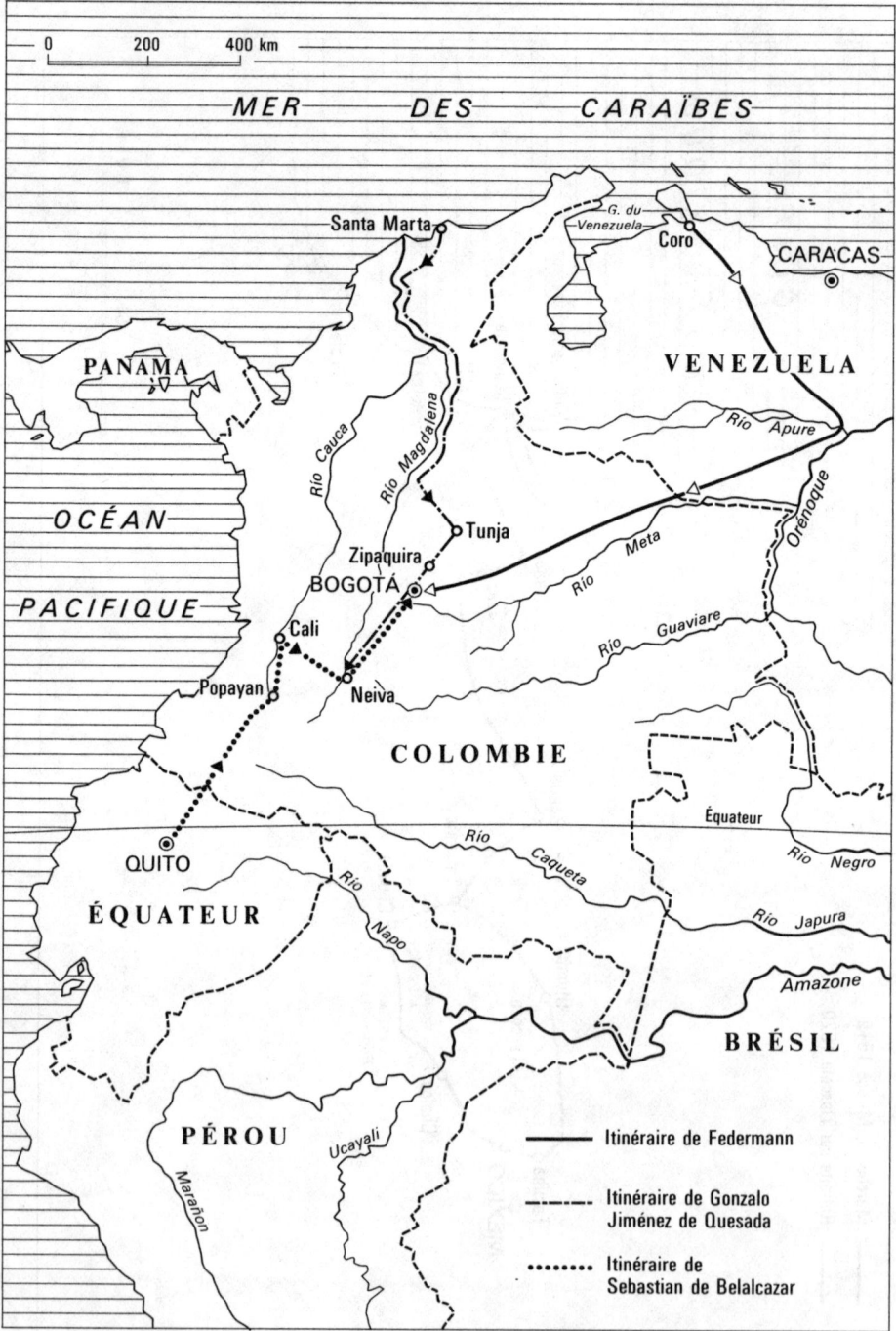

MER DES CARAÏBES

Santa Marta

G. du Venezuela

Coro

CARACAS

PANAMA

VENEZUELA

Río Apure

OCÉAN

Río Cauca

Río Magdalena

Tunja

Meta

Orénoque

Zipaquira

BOGOTÁ

PACIFIQUE

Cali

Popayan

Neiva

Río Guaviare

COLOMBIE

Équateur

Río Caqueta

Río Negro

QUITO

Río Napo

Río Japura

ÉQUATEUR

Amazone

BRÉSIL

PÉROU

Ucayali

Marañón

Itinéraire de Federmann

Itinéraire de Gonzalo
Jiménez de Quesada

Itinéraire de
Sebastian de Belalcazar

6. Les rencontres de l'Eldorado

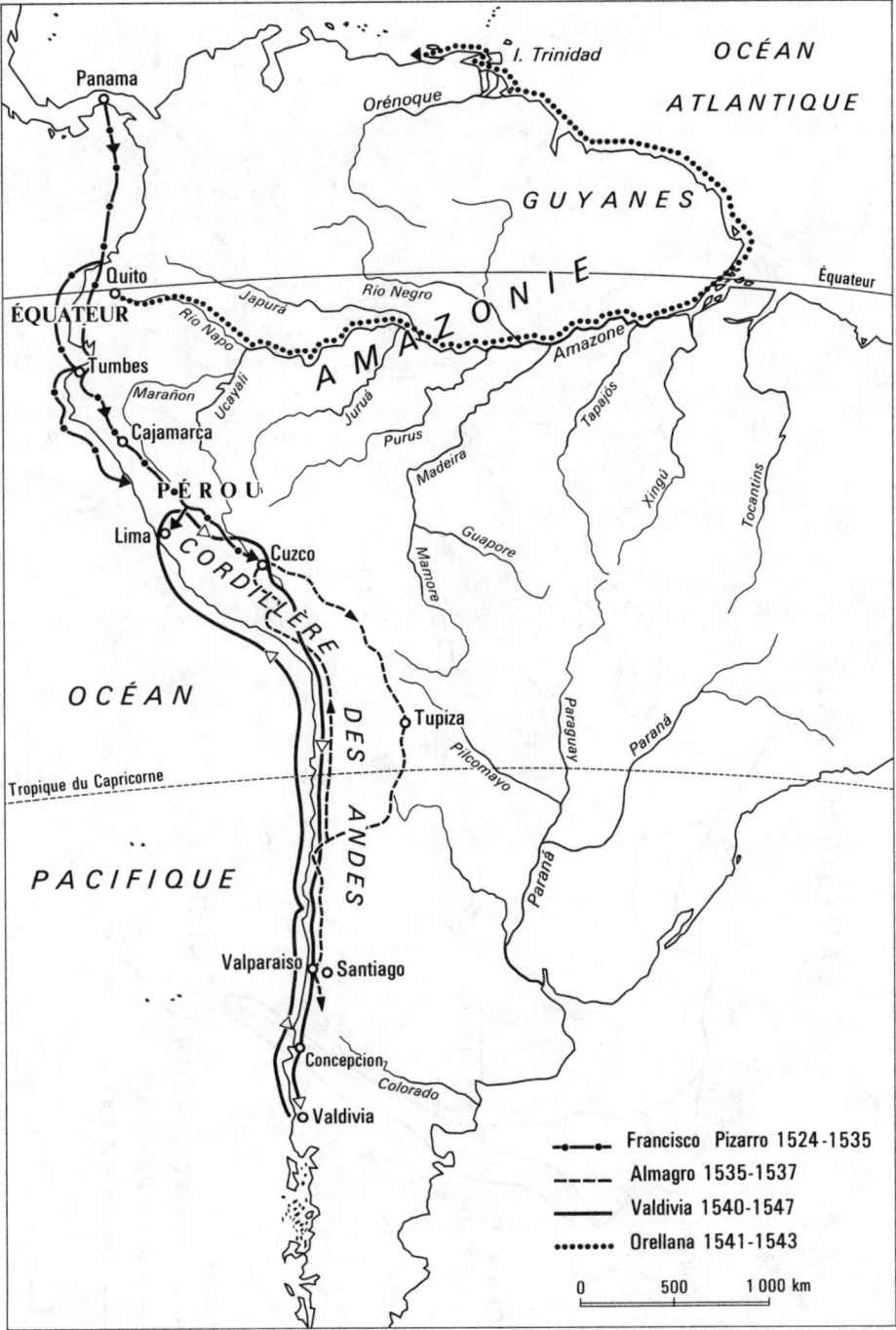

OCÉAN ATLANTIQUE

I. Trinidad

Panama

Orénoque

GUYANES

Quito

ÉQUATEUR

Japura   *Rio Negro*   *Équateur*

Rio Napo

A M A Z O N I E

Tumbes

Marañon   *Ucayali*   *Amazone*

Cajamarca   *Juruá*

Purus   *Tapajós*

P É R O U

Madeira   *Xingú*

Lima   *Guapore*   *Tocantins*

C O R D I L L È R E   Cuzco

Mamore

OCÉAN   **D E S   A N D E S**

Tupiza   *Paraguay*   *Paraná*

Tropique du Capricorne   *Pilcomayo*

PACIFIQUE   *Paraná*

Valparaiso   Santiago

Concepción   *Colorado*

Valdivia

Francisco Pizarro 1524-1535
Almagro 1535-1537
Valdivia 1540-1547
Orellana 1541-1543

0   500   1 000 km

7. La conquête du Pérou et ses suites

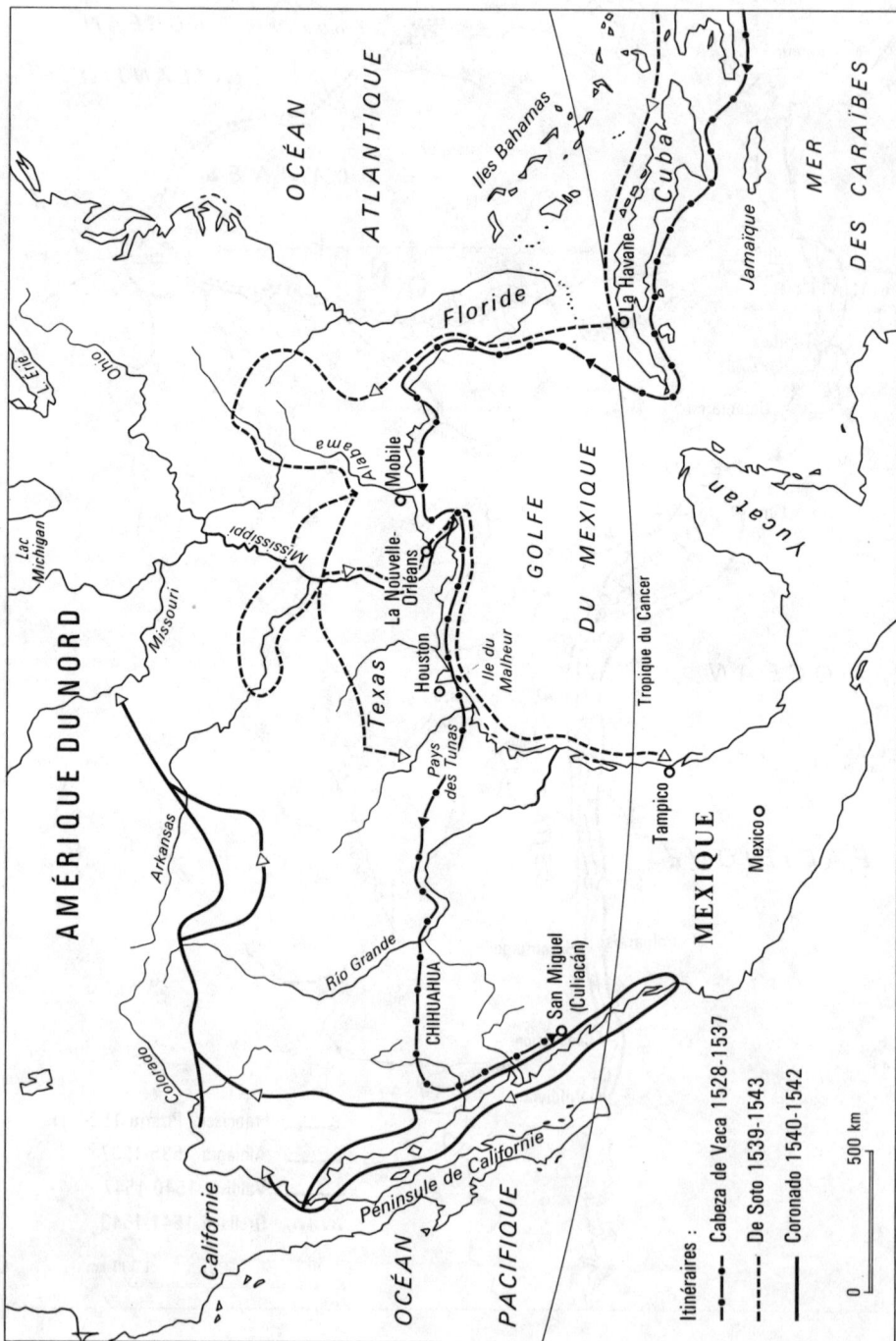

AMÉRIQUE DU NORD

OCÉAN ATLANTIQUE

Lac Érié
Ohio
Lac Michigan
Missouri
Arkansas
Río Grande
Colorado
Californie

Iles Bahamas
Floride
Mississippi
Alabama
Mobile
La Nouvelle-Orléans
Texas
Houston
Île du Malheur
Pays des Tunas
CHIHUAHUA
San Miguel (Culiacán)

GOLFE DU MEXIQUE

La Havane
Cuba
Jamaïque
MER DES CARAÏBES
Yucatán

Tropique du Cancer

Tampico
Mexico
MEXIQUE

OCÉAN PACIFIQUE
Péninsule de Californie

Itinéraires :
⎯•⎯ Cabeza de Vaca 1528-1537
------ De Soto 1539-1543
⎯⎯ Coronado 1540-1542

0   500 km

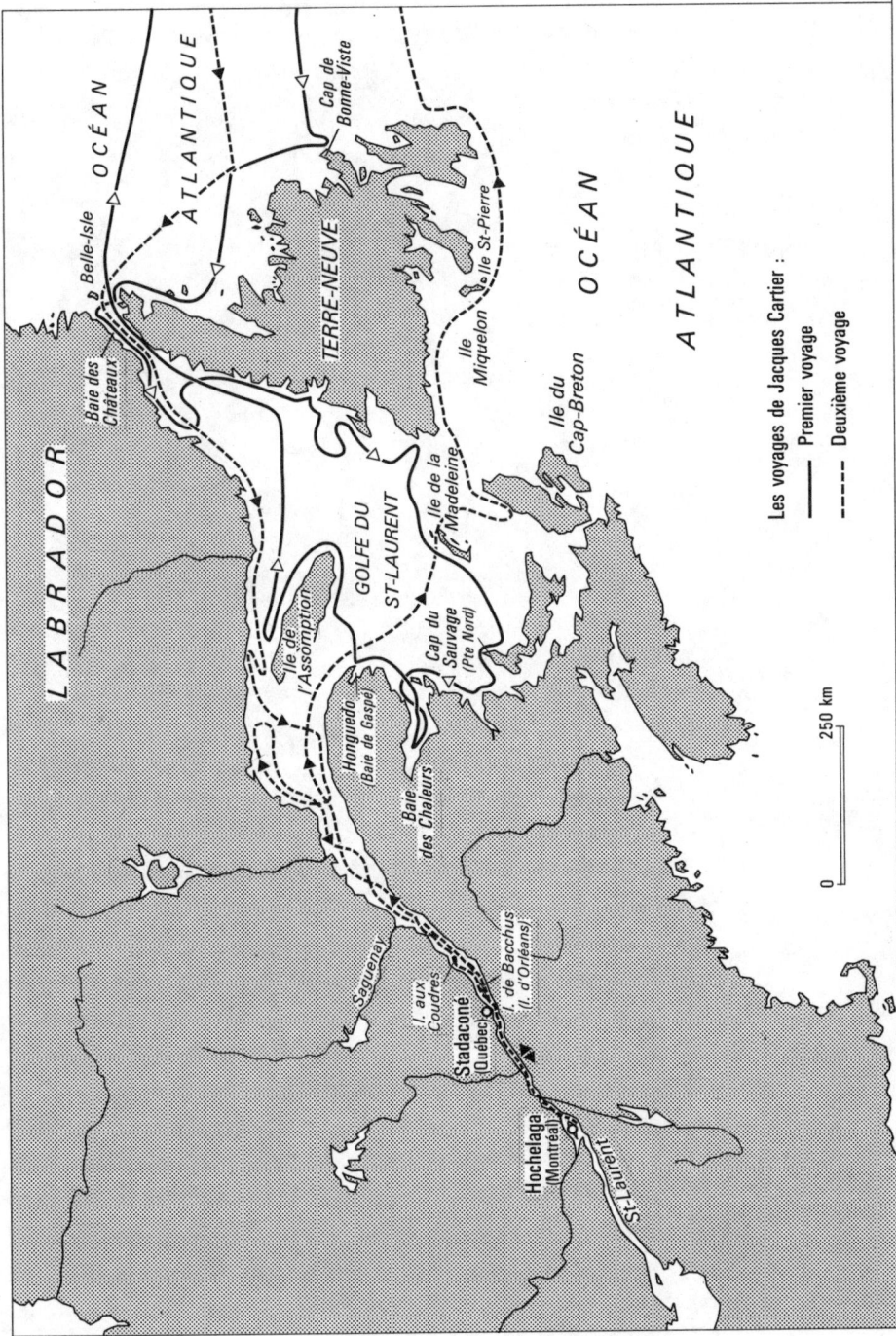

LABRADOR

OCÉAN ATLANTIQUE

Cap de Bonne-Viste

Baie des Châteaux

D Belle-Isle

TERRE-NEUVE

Île St-Pierre

Île Miquelon

GOLFE DU ST-LAURENT

Île de l'Assomption

Île de la Madeleine

Île du Cap-Breton

OCÉAN ATLANTIQUE

Cap du Sauvage (Pte Nord)

Honguedo (Baie de Gaspé)

Baie des Chaleurs

Saguenay

I. aux Coudres

Stadaconé (Québec)

I. de Bacchus (I. d'Orléans)

Hochelaga (Montréal)

St-Laurent

Les voyages de Jacques Cartier :
— Premier voyage
----- Deuxième voyage

0   250 km

9. Jacques Cartier au Canada

Table

DU MÊME AUTEUR

*Protest Song : mouvements de révolte aux États-Unis,
leur expression dans les chansons,*
Seghers.

Julienne et le vélo cosmique
contes, Hatier-Amitié.

François Varigos
Ma vie pour un rêve
Propos recueillis par Marie Hélène Fraïssé, Albin Michel.

Cet ouvrage, composé
par l'Atelier du Livre à Reims,
a été imprimé et broché
sur les Presses de l'imprimerie Pollina à Luçon
en octobre 1991
pour les Éditions Albin Michel.

N° d'édition : 11928. N° d'impression : 14214.
Dépôt légal : novembre 1991.